Peter Trawny

Martin Heidegger

Eine kritische Einführung

KlostermannRoteReihe

Bibliografische Information der Deutschen Nationalbibliothek

Die Deutsche Nationalbibliothek verzeichnet diese Publikation in der Deutschen Nationalbibliografie; detaillierte bibliografische Daten sind im Internet über *http://dnb.dnb.de* abrufbar.

Gedruckt auf Alster Werkdruck der Firma Geese, Hamburg, alterungsbeständig ⊗ ISO 9706 und PEFC-zertifiziert.
Satz: post scriptum, www.post-scriptum.biz
Druck: betz-druck GmbH, Darmstadt
Bindungd: Litges & Dopf, GmbH, Heppenheim
Printed in Germany
ISSN 1865-7095
ISBN 978-3-465-04261-7

Inhalt

Einleitung

>»Ich mache mir aus einem Philosophen gerade so viel
als er im Stande ist ein Beispiel zu geben.«[1]

Friedrich Nietzsche

»Wege – nicht Werke« (GA 1, IV)[2], schreibt Martin Heidegger am
Beginn seiner sich auf über hundert Bände auswachsenden Gesamtausgabe und will damit auf den offenen und performativen Charakter seines Denkens hinweisen. *Holzwege* (GA 5), *Wegmarken*
(GA 9) sind seine Texte. *Unterwegs zur Sprache* (GA 12) ist seine
Philosophie. Der *Feldweg* (GA 13, 87 ff.) ist dem Denker besonders
lieb. Der Plural »Wege« weist darauf hin, dass sein Denken nicht den
einen und einzigen Weg kennt, der sich in einem »Werk« vollendet.

Für Heidegger hat das Denken einen »Wegcharakter«[3], d. h. es
besteht mehr in seinem Vollzug als in der Produktion eines »Werks«:
»Ich habe keine Etikette für meine Philosophie – und zwar deshalb
nicht, weil ich keine eigene Philosophie habe [...].« (GA 35, 83),
sagt Heidegger einmal in einer Vorlesung. Für Heidegger ist Philosophie nichts, was man »haben« könnte. Sie ereignet sich: Philosophie – denkend die Welt erfahren, sie »be-wëgen«, d. h. mit »Wegen
versehen« (GA 12, 186). Für diese Auffassung der Philosophie gibt
es nicht die Gewissheit, dass ihre Wege zur Wahrheit führen. Im
Gegenteil, eine Philosophie, die unterwegs ist, kann sich verirren.

---

1   Friedrich Nietzsche: Schopenhauer als Erzieher. In: Ders.: Unzeitgemässe
Betrachtungen. KSA 1. Hrsg. von Giorgio Colli und Mazzino Montinari.
De Gruyter Verlag / Dtv: Berlin, New York u. München 1980, 350 f.
2   Vgl. Siglen-Verzeichnis am Ende des Buches.
3   Martin Heidegger: Eine gefährliche Irrnis. Jahresgabe der Martin-Heidegger-Gesellschaft 2008, 11. Vgl. dazu Peter Trawny: Irrnisfuge. Heideggers
An-archie. Matthes & Seitz: Berlin 2014.

»Holzwege« sind eine Art »Irrwege«; sie enden ziellos im Wald. »Wegmarken« sind Orientierungspunkte auf solchen Wegen. Seinen Weg zu finden, ist keine leichte Aufgabe. Deshalb geht Heideggers Denken mitunter in die Irre und begibt sich auf Abwege. Es gehört zum eigentümlichen Pathos dieser Philosophie, das Falsche, das Entlegene, auch das Obskure nicht zu scheuen. Dieses problematische Pathos, im Denken irren zu können, weil es keine Gewissheit gibt, stets auf dem »richtigen Weg« sein zu können, ist eines der Ärgernisse, die Heideggers Philosophie immer wieder erregt. Auf der einen Seite einer der wenigen wirklich bedeutenden Philosophen des 20. Jahrhunderts – für den Physiker Carl Friedrich von Weizsäcker ist er »vielleicht *der* Philosoph des 20. Jahrhunderts«[4] –, wird er von vielen Kritikern massiv abgelehnt. Diese Ablehnung geht nicht zuletzt auf Heideggers heillose Verirrung in den Nationalsozialismus zurück.

»Der Tiefgang einer *Philosophie* bemißt sich – falls das ein Messen ist – nach ihrer Kraft zum Irren« (GA 95, 16), schreibt Heidegger in den *Überlegungen VII*, einem seiner sogenannten *Schwarzen Hefte*. Die Veröffentlichung einer Anzahl dieser Aufzeichnungen im Frühjahr 2014 hat einen Erdrutsch in der Rezeption von Heideggers Denken verursacht. Wenn auch schon lange bekannt war, dass Heidegger sich am Beginn der dreißiger Jahre dazu entschied, sich für den Nationalsozialismus zu engagieren, wusste niemand, dass ein im privaten Rahmen sporadisch geäußerter Antisemitismus für ihn auch philosophische Bedeutung erlangte. Genau das aber belegen die zwischen 1938 und 1948 entstandenen Aufzeichnungen der *Schwarzen Hefte*.

Eine Einführung in die Philosophie Martin Heideggers führt demnach notwendig in seinen Antisemitismus mit ein. Ist das nicht ein Grund, eine solche Einführung besser erst gar nicht zu schreiben? Müsste nicht vielmehr vor einer solchen »Philosophie« gewarnt werden? Müssten wir sie nicht in den »Giftschrank« der Geschichte verbannen und nur denen einen Zutritt zu ihr erlauben, die in ihrer Bildung reif genug sind, die Verirrungen auch zu erkennen?

---

[4] Martin Heidegger im Gespräch. Hrsg. von Richard Wisser. Freiburg u. München 1970, 13.

Die antisemitischen Äußerungen, die in Heideggers Denken auftauchen, müssen – was den Kern der Aussagen betrifft – klar und
deutlich dargestellt werden. Bereits diese Darstellung wird eine gewisse Interpretation enthalten, die jedoch noch einmal gesondert
akzentuiert werden muss. Die Deutung wird das in mehreren Hinsichten höchst Problematische und Abwegige von Heideggers Aufzeichnungen über die Juden festhalten. Ich bin im Gegensatz zu
anderen Interpreten nicht der Ansicht, dass Heideggers gesamtes
Denken als antisemitisch zu bezeichnen ist. Ich habe meine Einführung von 2003 stark überarbeitet, weil ich sie nach Kenntnis der
Schwarzen Hefte nicht mehr unverändert lassen konnte.

Das Ärgerliche und Provozierende in Heideggers Denken lässt
sich jedoch nicht auf seine politischen und weltanschaulichen Irrwege reduzieren. Es hat viele Quellen, und es scheinen dieselben
Quellen zu sein, die glühende Verehrung und bittere Verachtung für
diesen Denker hervorgebracht haben und immer noch hervorbringen. Einer der einflussreichsten Schüler Heideggers, Hans-Georg
Gadamer, bekennt 71-jährig in einem Brief, dass er seinem Lehrer
zu Dank verpflichtet sei. Dann fügt er vielsagend hinzu: »[...] und
ich weiß auch recht gut, daß gerade meine Neigung zur Moderation,
eine letzte, fast bis zum (hermeneutischen) Prinzip erhobene Unentschiedenheit mich eingängig und zulässig macht, wo Ihr origi-
naler Einsatz unzugänglich ist und als unzulässig gilt.«[5] Heideggers
Denken ist alles, nur nicht »moderat«. Der Philosoph kennt die Extreme und nimmt kein Blatt vor den Mund, indem er das Äußerste
zum Maßstab für die Norm erklärt und andersherum nicht denken
möchte. Immer wieder thematisiert er die »Entscheidungen« und
»Brüche«, die tiefen Einschnitte und Schrecken der Existenz, aber
auch das Heilende, das jedes Leben kennt. Und war das Leben in
beiden Hälften des 20. Jahrhunderts nicht von Kriegen und Völker-
morden auf extreme Weise betroffen? In der Tat: Die Einzigartigkeit
des 20. Jahrhunderts lag in den Augen der Philosophen und Philo-
sophinnen auch darin, dass sie notwendig auf seine Ereignisse – die
Weltkriege, die Shoah, die Revolutionen – antworten mussten. Es
gibt kein anderes Jahrhundert der europäischen Geschichte, das so

---

5   Hans-Georg Gadamer: Ausgewählte Briefe an Martin Heidegger. Jahresgabe der Martin-Heidegger-Gesellschaft 2002, 43.

unausweichlich die Philosophie in den Bann seiner Katastrophen geschlagen hätte. Auch Heideggers Denken hat sich den Katastrophen dieses Jahrhunderts gestellt und ist dadurch eine Art Äußerung dieser Zeit geworden.

Das bedeutet freilich nicht, dass Heideggers provozierendes Denken sich allein auf konkrete Ereignisse beziehen lässt. Man kann die wenig verhohlene Lust an der Provokation spüren, wenn Heidegger in einem Vortrag aus dem Jahre 1952 die skandalösen Worte ausspricht: »Die Wissenschaft denkt nicht.« (GA 7, 133) Wusste er nicht, dass er damit viele Wissenschaftler vor den Kopf stößt? Ahnte er nicht, wie er damit die akademischen Philosophiegelehrten brüskiert, die sich nicht einem ständigen Selbstwiderspruch aussetzen wollen? Doch so provokant dieser Satz zu sein scheint, so verständlich wird er, wenn man ihn im Kontext versteht. Wieder einmal evoziert er mit gesteigertem Pathos eine »Entscheidung« und bringt zum Ausdruck, dass Indifferenz nicht geduldet werden kann. Ist die Philosophie eine Wissenschaft im modernen Sinne oder nicht? Heidegger hat von Anfang an erklärt, dass sie entweder im aristotelisch-hegelschen Sinne die Wissenschaft aller Wissenschaften oder keine Wissenschaft sei. Aber wie soll heute eine sich wissenschaftlich auslegende Philosophie mit einem Denken umgehen, das jede Forderung für unannehmbar hält, es müsse sich vor einer ihm überlegenen – auch moralischen – Instanz oder gar Institution rechtfertigen?

»Denken ist Danken« (GA 8, 149 ff.), sagt Heidegger in einer Vorlesung vom Anfang der fünfziger Jahre. Das Denken sei keine Wissenschaft, sondern ein »Danken« – eine scheinbar pathetische Übertreibung. Auch diese Äußerung weckt immer noch Befremden und wird zuweilen dem für kitschig gehaltenen Stil des Philosophen zugeschrieben. Dabei schwingt in diesem Gedanken nur das mit, was auch im Wort »Vernunft« anklingt, dass nämlich das Denken kein spontanes Vermögen ist, sondern auf das angewiesen ist, was es »vernimmt«. Wieder scheint es um eine »Entscheidung« zu gehen: Macht sich das Denken seine Gedanken selbst oder empfängt es sie – hat sich der Mensch die Sprache selbst erfunden oder entspringt der Mensch der Sprache?

Doch der Spruch »Denken ist Danken« kann noch anders verstanden werden. Auch wenn viele Kritiker vor dem gar nicht »moderaten« Ton und einem tatsächlichen esoterischen Moment in

Heideggers Denken zurückschrecken, wenn sie hier eine prophetische Pose vermuten, dann darf man doch nicht übersehen, dass kein anderer deutscher Philosoph des letzten Jahrhunderts so viele bedeutsame Schüler hatte und sich auf so viele und unterschiedliche Gesprächspartner einließ wie Heidegger. Unter den Schülern sind Hans-Georg Gadamer, Karl Löwith, Hans Jonas oder auch Herbert Marcuse zu nennen. Hannah Arendt hat unübersehbar von ihrem Lehrer und Geliebten gelernt. Mit Ernst Jünger trat er in eine philosophische Auseinandersetzung ein. Mit den Philosophen Max Scheler und Karl Jaspers führte er einen intensiven Gedankenaustausch. Mit dem ehemaligen Psychoanalytiker Medard Boss begründete er die »Daseinsanalyse«. Die Freundschaften mit der Pädagogin Elisabeth Blochmann und der Witwe des verehrten Hölderlin-Editors Norbert von Hellingrath Imma von Bodmershof dokumentieren ausführliche Briefwechsel. Der Theologe Rudolf Bultmann lernte von ihm in seiner Marburger Zeit. Die Germanisten Max Kommerell, Emil Staiger und Beda Allemann erkannten sein hermeneutisches Genie. Paul Celan suchte im schmerzhaften double bind von Anziehung und Abstoßung seine Nähe. Nach dem Krieg knüpfte er Beziehungen in Frankreich mit Jean Beaufret und dessen Schülern, er begegnete dem Dichter René Char. Viele andere wären noch zu nennen. Wenn das »Denken« ein »Danken« ist, dann wird damit auch gesagt, dass die Philosophie ein Gespräch ist und der Philosoph die Fähigkeit haben muss, sich etwas sagen zu lassen, also mehr zu hören und zu antworten, statt sich im Monolog abzuschließen. Man muss dem Anderen dankbar sein, weil er (und für Heidegger vor allem sie) uns denken lässt.

Heidegger hat häufig betont, dass jeder Philosoph nur eine einzige Frage habe. Seine war die »Frage nach dem Sinn von Sein«. Sie ist nur zu verstehen aus dem Anfang der europäischen Philosophie bei Platon und Aristoteles. An diese Denker lehnt sich Heidegger an, wenn er vom »Sein selbst«, vom »Seienden« und vom »Seienden im Ganzen« spricht. Doch es darf nicht verkannt werden, dass Heidegger in seinen ersten phänomenologisch-hermeneutischen Vorlesungen als Privatdozent in Freiburg zunächst die »Faktizität des Lebens« thematisiert, d. h. die Lebenswirklichkeit des Menschen. Ohne den Blick auf das gelebte Leben ist die »Seinsfrage« nicht zu verstehen. Als man daher Heideggers Denken zunächst als

»Existenzphilosophie« rezipierte, traf man in der groben Verkürzung etwas Richtiges. Die »Seinsfrage« ist sozusagen die Existenz-,
die Lebensfrage. Das »Faktische« blieb immer im Spiel, auch wenn
sich Heideggers Denken in den dreißiger Jahren in die »Geschichte
des Seins« begibt.

Als das erste Hauptwerk Heideggers gilt das Fragment geblie-
bene *Sein und Zeit* aus dem Jahr 1927. Ohne ein genaues Studium
dieser Schrift bleibt Heideggers gesamtes Werk unzugänglich. Hier
präsentiert sich sein Denken als »Daseinsanalytik«, im Grunde als
eine Analyse des »faktischen Lebens«. Doch nach seiner eigenen
Interpretation hat er dabei das Fragen nach dem »Sein selbst« zu
sehr aus der Perspektive des je eigenen »Daseins« initiiert, zu sehr
aus der Perspektive des Menschen. Eine Modifikation des Denkens
wurde nötig.

Diese Modifikation wird zumeist mit dem Begriff der »Kehre«
zu fassen versucht. Im Denken nach *Sein und Zeit* soll das Fragen
nicht mehr beim »Dasein«, sondern beim »Sein selbst« beginnen,
um von dort auf das Leben des »Daseins« zurückzukommen. Aber
die Einteilung von Heideggers Philosophie in ein Denken »vor«
und »nach« der »Kehre« ist schief. Vielmehr muss gesehen werden,
dass Heidegger stets »in« der »Kehre« denkt, das heißt, dass er das
Verhältnis von »Sein« und »Dasein« betrachtet. Wenn er in wenigen
Texten betont, einzig und allein das »Sein selbst« denken zu wollen,
dann weiß er um die extreme Schwierigkeit dieses Versuchs.

Um die Mitte der dreißiger Jahre findet Heidegger zu einer besonderen Interpretation des »Seins«. Das »Sein« sei in Wahrheit »das
Ereignis«. Bereits in seinem ersten Hauptwerk hatte er auf den Zusammenhang von Sein und Zeit aufmerksam gemacht. Für Heidegger stellt sich der »Ereignis«-Gedanke als eine Radikalisierung
dieses Zusammenhangs dar. Diese Radikalisierung betrifft besonders
ein bestimmtes Moment der »Zeitlichkeit«. Für uns geschieht Zeit
als »Geschichte«. Im Denken des »Ereignisses« wird die Geschichte
zu einem wichtigen Element. Es ist offensichtlich, dass auch diese
Betonung der Geschichte einen Anhaltspunkt im »faktischen Leben« hat – wurde es für Heidegger doch immer deutlicher, dass die
politischen Geschehnisse seiner Zeit nicht vom Himmel fielen. Sie
kamen aus ihrer Welt und waren deshalb durch eine Besinnung auf
ihre Herkunft in der europäischen Geschichte zu verstehen.

Wenn daher der Philosoph in der zweiten Hälfte der dreißiger Jahre, animiert durch eine immer wichtiger werdende Interpretation von Hölderlins Dichtung, den Gedanken fasst, bestimmte Leitmotive der europäischen Philosophie »überwinden« zu müssen, dann darf an der Koinzidenz dieser Absicht mit der sich immer stärker totalisierenden Herrschaft der Nationalsozialisten nicht vorbeigesehen werden. In der Tat steht der Gedanke der »Überwindung der Metaphysik«, der auf den schon in den frühen zwanziger Jahren entwickelten Begriff der »Destruktion« zurückgeht, mit dem »faktischen Leben« im totalen Staat des »Dritten Reichs« und den sich daraus ergebenden Schrecken in einer Verbindung. Die Frage nach der Technik und ihrer Macht wird jetzt immer brennender.

Nun aber brechen in seinem Denken auch die bereits angesprochenen antisemitischen Affekte aus, um sich in kruden Thesen über das Judentum auszuwachsen. An dieser Stelle bekommt Heideggers Zeitgenossenschaft mit dem Nationalsozialismus eine erschreckende Ambivalenz, aus der auch die Hölderlin-Interpretation nicht unbeschadet hervorgeht. Mit ihr will sich der Philosoph in ein epochales Geschick einschreiben, in dem »die Griechen« und »die Deutschen« die Hauptrolle spielen. Ein »erster Anfang« (bei »den Griechen«) wird von einem »anderen Anfang« (bei »den Deutschen«) beantwortet. Mit dem Ausstieg aus einer das »Sein« vergessenden Welt werden »die Deutschen« beauftragt, noch einmal ganz anders mit der Geschichte selbst anzufangen. Als dieser Auftrag durch die verheerende Politik Hitlers zu scheitern droht, verliert sich Heideggers Denken in Angriffe auf alles, was dieses Scheitern befördert. Neben die militärischen Feinde des Deutschen Reichs sowie die »das Deutsche« missinterpretierenden Nationalsozialisten tritt das »Weltjudentum«. Die Passagen, die Heidegger ihm widmet, gehören zum Schrecklichsten, aber auch zum Dümmsten, was der Denker je geschrieben hat.

Nach dem Krieg wird das »Ereignis«-Denken durch zwei neue Begriffe erweitert. In den dreißiger Jahren hatte Heidegger das »Wesen der Technik« sehr problematisch als »Machenschaft« charakterisiert. Jetzt fasst er es als das »Ge-Stell«. Dem »Ge-Stell« korrespondiert der Begriff des »Gevierts«, der eine spezifisch vierfach gegliederte Weltstruktur entfaltet. In dieser Zeit beschäftigt sich Heidegger beinahe ausschließlich mit der Frage, wie der Mensch in einer sich immer intensiver technisierenden Welt zu leben vermag. Dabei ist einerseits deutlich, dass Heidegger nicht glaubte, nach 1945 hätten sich die fundamentalen, Politik und Ethik bestimmenden Ideen wirklich geändert. Andererseits überwindet Heidegger in der Erörterung des »Ge-Stells« eine fatale Einseitigkeit im Verständnis der »Machenschaft«.

***

Eine Einführung in die Philosophie Martin Heideggers ist mit einem besonderen Problem der Sprache konfrontiert. Heideggers Begrifflichkeit sieht auf den ersten Blick sehr einfach aus. Der Philosoph verwendet kaum Spezialtermini, er spricht ein zuweilen eckig-expressives, dann wieder schlichtes, knorriges Deutsch. Dabei kommt es vor, dass er Worte, die wir alltäglich verwenden, in einem ganz eigentümlichen Sinne gebraucht. Das beginnt schon mit den Wörtern »Leben« oder »Ereignis«. Wenn das aber so ist, wird die Frage nach dem Gebrauch von Anführungszeichen akut. Sie werden im vorliegenden Text rigoros verwendet. Das Denken über und auch mit Heidegger muss von seinem Denken frei bleiben. Es darf sich weder von der Kraft seiner Sprache verführen lassen, noch darf es sich seine Sprache und seine Begriffe aneignen. In der Philosophie geht es darum, dass der Leser philosophischer Texte frei bleibt *sowohl* in der Zustimmung *als auch* in der Ablehnung. Das ist keineswegs einfach, doch substanziell.

Eine Einführung in Heideggers Denken sieht sich vor das Problem gestellt, dass der Philosoph eine unerschöpfliche Quelle der Begriffsbildung ist. Zuweilen verändert er von Vorlesung zu Vorlesung seine Terminologie, er kommt zu neuen Formulierungen von Manuskript zu Manuskript. *Eine* Bedeutung kann auf mannigfaltige Weise ausgesagt werden. Diese Bewegungen von Wort zu Wort hängen mit dem »Wegcharakter« des Heideggerschen Denkens zusammen. Eine Einführung muss dem Rhythmus dieser Schöpfungen folgen, ohne dem Anspruch auf Vollständigkeit genügen zu können. Ich habe mich von Fall zu Fall bemüht, dem Leser Hilfestellung zu leisten.

Der vorliegende Text ist eine *kritische* Einführung. *Kríno* heißt im wahrsten Sinne des Wortes »scheiden«, »trennen«, d. h. Unterscheidungen machen, die auf eine Entscheidung hinauslaufen. Die Frage ist aber: Was ist das Kriterium? Das ist schwer zu sagen. Vermutlich gibt es nicht nur eines. Gewiss geht es um die universelle Vernunft, die um ihre eigenen Schwächen und Gefahren weiß. Die Philosophie muss – bei allen Schwierigkeiten – an diesem Kriterium festhalten. Darüber hinaus und vor allem aber ist es »der Andere«, wie er sich besonders in der Dichtung Paul Celans bezeugt.[6] Die größten Probleme hat Heideggers Denken dort, wo es »den Anderen« vernichtet, indem es ihn dem »seinsgeschichtlichen« Narrativ opfert. Die Kritik an Heidegger ist in sich ein Eintreten für »den Anderen«. Sie hört auf die »lautlose Stimme« (GA 8, 161) der Toten – der Shoah. Sie hören uns sehr genau zu, wenn die Ereignisse des 20. Jahrhunderts diskutiert werden. Sie wissen, was wir niemals wissen werden. Sie sind der Ursprung des Gewissens dieser Zeit. Ich bin der Ansicht, dass wir vor allen *ihnen* die moralische Deutlichkeit in Sachen des Antisemitismus und der Shoah schuldig sind.

Diese Einführung ist für Leser geschrieben, die bereit sind, ein wenig mitzuarbeiten. Die Philosophie verlangt, obwohl sie einfache, alle Menschen angehende Fragen stellt, freie Zeit, Muße, um sich mit ihr zu beschäftigen. Die Muße schließt Anstrengung nicht aus. Doch diese Anstrengung gehört zu den besten Investitionen, die uns möglich sind. Denn wir beschäftigen uns in der Philosophie mit uns selbst, mit unserem Dunkel, das wir zu lichten versuchen. Möglich, dass besonders Philosophie Studierende, die auf Heidegger stoßen, von diesem Buch profitieren können. Es wäre aber schön, wenn in ihm auch die Liebhaber und Liebhaberinnen der Philosophie Anregungen finden könnten.

In der »Gesamtausgabe« der Schriften Heideggers sind bislang 89 Bände von 102 vorgesehenen erschienen. Bei dieser Menge von Texten kann eine Einführung unmöglich alle Themen berücksichtigen, die Heidegger behandelt hat. Eine Auswahl und Entscheidung war also nicht zu vermeiden. Wer das eine oder andere Moment des Heideggerschen Denkens in dieser Einführung nicht findet, der wird von ihr hoffentlich angeregt, selbständig weiterzugehen.

---

6 Vgl. Emmanuel Lévinas: Vom Sein zum Anderen – Paul Celan. In: Ders.: Eigennamen. Meditationen über Sprache und Literatur. Carl Hanser Verlag: München u. Wien 1988, 56–66.

Nietzsche behauptet, dass das Beispielhafte des Philosophen darin liege, »ganze Völker nach sich ziehen« zu können. Das beweise besonders die »indische Geschichte«. Dabei sei es wichtig, dass das Beispiel »durch das sichtbare Leben und nicht bloss durch Bücher gegeben« werde. Es gehe um die »Miene, Haltung, Kleidung, Speise, Sitte«, nicht so sehr um das »Sprechen oder gar Schreiben«. Der Philosoph soll gesehen werden, er soll seinen Schreibtisch verlassen, er soll leben. Und Nietzsche schließt die Überlegung resignativ: »Was fehlt uns noch alles zu dieser mutigen Sichtbarkeit eines philosophischen Lebens in Deutschland.«

Hat uns Heidegger das »Beispiel« eines »philosophischen Lebens in Deutschland« gegeben? Oder wurde ihm gerade dieses Leben in einem Deutschland verwehrt, das sich mit unerklärlicher Energie dem Tod verschrieben hatte? Oder hat er diese Energie mit seinem Denken verstärkt? Vielleicht ließe sich behaupten, dass sich die deutsche Geschichte des letzten Jahrhunderts in Heideggers Denken wie in kaum einem anderen manifestierte. Wer Heideggers Denken kennenlernen will, wird unweigerlich den Abgründen dieser Geschichte auf abgründige Art und Weise begegnen.

Die »Faktizität des Lebens«

>»Da war kaum mehr als ein Name,
>aber der Name reiste durch ganz Deutschland
>wie das Gerücht vom heimlichen König.«[1]
>
> *Hannah Arendt*

Phänomenologie und Hermeneutik

Martin Heideggers philosophischer Anfang lässt sich nicht einfach bestimmen. In einer Vorlesung sagt er einmal: »Begleiter im Suchen war der junge *Luther* und Vorbild *Aristoteles,* den jener haßte. Stöße gab *Kierkegaard,* und die Augen hat mir *Husserl* eingesetzt.« (GA 63, 5) Jede dieser Figuren hat Spuren im Denken Heideggers hinterlassen. Doch es wäre zu kurz gedacht, wollte man es bei diesem Quartett belassen. So wären auch Wilhelm Dilthey und Oswald Spengler oder Hegel und Nietzsche oder Dostojewskij und die Philosophie des Mittelalters zu nennen. Der Neukantianer und Lehrer Heideggers, Heinrich Rickert, schreibt in seinem Gutachten zur Habilitationsschrift seines Schülers, dass dieser sich in der Erforschung des »›Geistes‹ der mittelalterlichen Logik« »große Verdienste erwerben« könne. Mit anderen Worten: Heideggers philosophischer Beginn speist sich aus vielen Quellen, und es wäre verfehlt, sein Philosophieren aus nur einer Tradition ableiten zu wollen.

In einer Aufzeichnung aus den vierziger Jahren des letzten Jahrhunderts erwähnt Heidegger »beiläufig« die Wichtigkeit seiner »Habilitationsschrift über die Kategorien und Bedeutungslehre

---

[1] Hannah Arendt / Martin Heidegger: Briefe 1925 bis 1975 und andere Zeugnisse. Hrsg. von Ursula Ludz. Vittorio Klostermann Verlag: Frankfurt am Main 1998, 180.

bei Duns Scotus«[2] (GA 97, 287 f.). In der »Bedeutungslehre« sei
das »Wesen der Sprache«, in der »Kategorienlehre« das »Wesen des
Seins« bedacht worden. »Alsbald« habe er die »Erfahrung der Seinsvergessenheit« gemacht und *Sein und Zeit* wurde »auf den Weg gebracht«. Dieser »Fahrt« sei dann »die Denkart Husserls zur Hilfe«
gekommen. Aber in solch einem Rückblick ist die Absicht spürbar,
eine Geschichte zu erzählen. Der Anfang erscheint gleichsam nur
nachträglich. Und doch nennt Heidegger die zwei wohl wichtigsten
Quellen seines Denkens.

Es ist möglich, den Anfang von Heideggers Denken mithilfe
zweier philosophischer Methoden zu kennzeichnen. Es sind zwei
methodische Entscheidungen, die der Philosoph bereits in seinen
ersten Vorlesungen exerzierte und die seine Philosophie wiederholt mit immer neuen Anstößen belebt haben. Früh, am Beginn der
zwanziger Jahre, hat er sich auf die beiden philosophischen Methoden und Schulen der »Phänomenologie« und der »Hermeneutik«
eingelassen. »Schulen« lassen sich diese beiden Denkmethoden nur
insofern nennen, als man in der Schule lernt, *wie* gedacht werden
kann. Unter Phänomenologie und Hermeneutik sind also keine besonderen Denkinhalte zu verstehen, sondern Weisen, wie philosophische Fragen gestellt und beantwortet werden können.

Heidegger hat angegeben, bereits als Student in seinem ersten
Semester im Winter 1909/10 Edmund Husserls *Logische Unter-
suchungen* von 1900 bearbeitet zu haben. Dieses Werk gilt als das
Stiftungsdokument der »Phänomenologie«, einer philosophischen
Methode, die es sich zum Ziel gesetzt hat, nicht die Theorien über
die »Sachen«, sondern die »Sachen selbst«, die Art und Weise, wie
mir die »Sachen« gegeben werden, wie sie erscheinen, zu ihrem
Thema zu machen. Das Erscheinende heißt griechisch *phainóme-
non*. So ist die »Phänomenologie« ein Denken, das sich mit dem
Erscheinenden und seinem Erscheinen beschäftigt.

Schon Heideggers erste Vorlesungen zeigen eine eigenständige
Ausprägung und eine unabhängige inhaltliche Orientierung dieser

---

[2] Seit geraumer Zeit weiß man, dass der Text (»Grammatica speculativa«),
auf den sich Heidegger in dieser Schrift bezieht, nicht von Duns Scotus
(1266–1308), sondern von Thomas von Erfurt (Geburts- und Sterbedatum
unbekannt) stammt.

Methode. Das Thema dieser Vorlesungen, die Grundfrage seines Denkens zu jener Zeit, ist das »faktische Leben«. »Leben« bedeutet hier einen zumeist unthematischen Bezug des Menschen zu sich selbst. Es sei eine Art von »Selbstgenügsamkeit«. Ich lebe von mir selbst aus auf mich selbst zu. Die »Faktizität des Lebens«, d. h. seine Tatsächlichkeit bzw. Gegebenheit, besteht im alltäglichen Vollzug des Existierens und seiner Motivationen. Das Leben geschehe jederzeit gleichsam von selbst uns selbst. Heidegger bringt das mit einer Redeweise zum Ausdruck: »So ist nun einmal das Leben, so gibt es sich.« (GA 58, 35) Eine Philosophie des »faktischen Lebens« habe es mit dessen »Gegebenheitsweisen« zu tun. Ein Phänomen stelle sich als eine unvordenkliche »Phänomengabe« (GA 61, 89) dar. Die Phänomenologie ist ein zurückhaltendes Denken, weil sie betrachtet, was »es gibt«.

Dabei hält Heidegger das Grundphänomen seines frühen Denkens, seinen Begriff vom »Leben«, nicht ganz unproblematisch von allen biologischen bzw. leiblichen Nuancen frei. Die Phänomenologie ist »absolute Ursprungswissenschaft des Geistes überhaupt« (GA 58, 19, Hervorh. P. T.). Es ist also nicht das Leben des Leibes, sondern das Leben des »Geistes«, das den jungen, theologisch gebildeten Philosophen interessiert. Der Einfluss früher Lektüren von Werken Georg Wilhelm Friedrich Hegels (vgl. GA 1, 410 f.) und Wilhelm Diltheys (vgl. GA 56/57, 164 f.) ist spürbar. In seiner *Phänomenologie des Geistes* z. B. hatte Hegel das »Leben des Geistes« in seinen ihm eigenen Metamorphosen auseinandergelegt.

Das Leben liegt nie als isolierter Gegenstand vor. Es hat jeweils seinen eigenen Ort und seine eigene Zeit. »Unser Leben ist unsere Welt« (ebd., 33), schreibt Heidegger und meint damit, dass das Leben sich auf vielfältige Weisen in undurchdringlichen Verhältnissen zu den Mitmenschen und den Dingen entfaltet. Eine Phänomenologie des Lebens hat es mit den »Lebenswelten« (GA 61, 146) zu tun, in denen sich der Mensch auf seine jeweilige Art und Weise praktisch und theoretisch verstrickt.

Der Begriff »Welt« oder »Lebenswelt« – von Husserl schon früher verwendet – korrespondiert mit diesem Begriff des »Lebens« vorzüglich. Er bietet Möglichkeiten zu einer Differenzierung, die der »Lebens«-Begriff zu seiner Bereicherung fordert. So ist »Welt« immer »Umwelt«, »Mit-welt« und »Selbstwelt« (GA 58, 33). Wir leben in konzentrisch ineinander übergehenden »Welten«, die möglicherweise schließlich eine einheitliche »Welt« bilden. Ich lebe mit meinen Freunden, Geliebten und Feinden etc., und ich lebe in einer je »personalen Rhythmik«. Auf der Basis eines so differenzierten »Welt«-Verständnisses führt Heidegger seine phänomenologischen Analysen durch. Wir werden sehen, inwiefern er auf dem gesamten Weg seines Denkens das von ihm sehr ernst genommene »Weltproblem« immer wieder untersucht.

Das Leben, das Heidegger in seinen Vorlesungen am Beginn der zwanziger Jahre thematisiert, ist ein »faktisches« »Existieren«. Zur »Existenz« gehört eine fundamentale Unsicherheit und Endlichkeit. Es gebe »irregeleitetes Leben«, wie es »echtes Leben« (ebd., 22) gebe. »Leben«, das in die »Irre« geht, und »echtes Leben« schließen sich nicht aus. Beide Tendenzen finden sich in der Unsicherheit des »Lebens« zusammen. Das »Leben« hat einen »Fraglichkeitscharakter«, dem es sich nicht entziehen kann. Die Realisierung des »faktischen Lebens« besteht gerade darin, diese »Fraglichkeit« immer wieder zu erfahren. Es bildet einen »faktischen Erfahrungszusammenhang«. »Erfahrung« ist der primäre Ausdruck des »faktischen Lebens« so, wie sie der Zugang zu ihm ist. Diese »Erfahrung« hat nichts oder nur wenig mit einem empiristischen Begriff von Erfahrung zu tun. Heideggers Verständnis von »Erfahrung« ist stets eingebettet in ein bestimmtes Pathos. Eine »Erfahrung« wird nicht »gemacht«, sondern erlitten. Sie ist immer eine pathische »Erfahrung«, sozusagen eine passive Aktivität.

Aus diesem Sachverhalt ergibt sich schon für den frühen Heidegger ein Problem, das ihn bis zuletzt beschäftigen wird. Wenn »Erfahrung« der eigentliche Zugang zum Grundphänomen der Philosophie ist, wenn der Philosoph nur dann über sein Thema sprechen kann, wenn er dieses Thema »lebt«, dann muss die Frage nach der »Wissenschaftlichkeit« von Philosophie überhaupt gestellt werden. Für gewöhnlich halten wir die Philosophie für eine »Wissenschaft«. Letztere charakterisiert Heidegger als »erkennendes, rationales Verhalten« (GA 60, 8). Doch das »Leben« besteht nur am Rande in einem solchen »Verhalten«. Zumeist erfahre ich das »Leben« gerade nicht »erkennend«. Deshalb macht Heidegger früh darauf aufmerksam, dass »das Problem des Selbstverständnisses der Philosophie« »immer zu leicht genommen« wurde.

Ist das »Leben« das Thema der Philosophie, und ist dieses Thema nur dadurch zu erreichen, dass auch der Philosoph seinem »Leben« nicht aus dem Wege geht, dann kann geschlossen werden, »daß die Philosophie der faktischen Lebenserfahrung entspringt«. Für Heidegger ist die Philosophie von Anfang an eine endliche Tätigkeit des Denkenden – so endlich das »Leben«, so endlich ist auch das Denken, das dieses volle Leben thematisiert. Die Philosophie, die der »faktischen Lebenserfahrung entspringt«, »springt [...] in diese selbst zurück«. Daraus ergibt sich eine Verstrickung des Denkens in das Leben, die es schwierig macht, das »Ideal der Wissenschaft« für die Philosophie aufrecht zu erhalten. Zugleich wird damit offenbar, dass eine später von Heidegger selbst behauptete Trennung zwischen der Biographie und dem Denken fragwürdig ist.

Diese anfängliche Einsicht in die Verstricktheit von Denken und Leben hat Heidegger schon früh dazu getrieben, über das Verhältnis von Philosophie und Universität nachzudenken. Bereits im Kriegsnotsemester 1919 bespricht Heidegger die Möglichkeit einer »echten Reform im Bereich der Universität« (GA 56/57, 4). Drei Jahre später befragt er noch einmal den »lebendigen Lebenszusammenhang« »Universität« und denkt darüber nach, »ob die Universität weiter auf Bedürfnisse zugeschnitten werden soll« (GA 61, 70). Wenn Heidegger im Jahre 1933 auf die »Selbstbehauptung der deutschen Universität« zu sprechen kommen wird, greift er auf einen Themenkomplex zurück, der ihm schon am Beginn seines Philosophierens am Herzen lag. Wenn das »Leben« der Anfang der Philosophie ist – muss dann nicht die »Universität« ihr Ende sein?

»Faktizität« ist der Titel für die Verstricktheit von Denken und Leben. Wenn Heidegger an diesem Titel im Verlauf seiner Karriere auch nicht festhalten wird, so können wir dennoch sehen, dass er dem Phänomen »Faktizität« treu geblieben ist. Das philosophische Denken ist in seiner Endlichkeit in die welthaften Verflechtungen des jeweils Philosophierenden dermaßen eingewoben, dass es eine von diesen Verflechtungen vollkommen befreite Erkenntnis nicht geben kann. Zwei wesentliche Momente der Verstrickung in die »Faktizität« sind die Phänomene »Sprache« und »Geschichte«.

Bereits Aristoteles bezeichnet den Menschen als ein Lebewesen, das die Sprache hat (*zôon lógon échon*). Menschliches Leben ist dadurch ausgezeichnet, dass es sich selbst über sich verständigen kann.

Für den Menschen ist charakteristisch, dass »das Leben immer in seiner eigenen Sprache sich anspricht und sich antwortet« (GA 58, 42). »Leben« und »Sprache« sind für den Menschen keine unabhängigen Phänomene, sondern gehören von vornherein zusammen. Die Betonung dieser Zusammengehörigkeit weist auf eine wichtige Tendenz von Heideggers Denken. Das Leben, das er in den Blick nimmt, ist das poetische oder praktische Leben, das ich arbeitend und handelnd mit den Anderen führe, in dem ich mich in einem ständigen Gespräch befinde. Obgleich Heidegger sich gerade für die scheinbaren Randbereiche dieses Gesprächs und des Sprechens, d. h. für das »Schweigen« oder die »Stille« interessiert, steht er den vermeintlich sprachlosen Instinkten und Trieben des Lebens skeptisch gegenüber.

Eine Phänomenologie des »Lebens« hat damit zu tun, dass sich dieses Leben ausspricht. Leben geschieht in einem Spielraum von Bedeutungen oder »Bedeutsamkeiten«. Unser Handeln ist zweckhaft, wir verfolgen Ziele. So lebe ich »im Faktischen als einem ganz besonderen *Zusammenhang* von Bedeutsamkeiten, die sich ständig durchdringen« (ebd., 105). »Bedeutsamkeiten« verweisen aufeinander, widersprechen, durchkreuzen sich. Wenn man das »Leben« betrachtet, muss man sich diesem ständigen Erscheinen von »Bedeutsamkeiten« zuwenden.

Die »Bedeutsamkeiten« des »Lebens« zeigen sich dem handelnden Menschen einerseits in der »Wahrnehmung«. Sie »erscheinen« und bilden als »Erscheinungen« den Gegenstand der »Phänomenologie«. Doch sie rufen danach, »ausgelegt« zu werden. Das faktische Handeln besteht in einem unentwegten Auslegen von verschwindenden und neu auftauchenden Zielen und Zwecken. Darum ist die »Phänomenologie« ein auslegender Umgang mit dem Erscheinenden. Die Phänomenologie Heideggers ist von Anfang an eine »phänomenologische Hermeneutik« (GA 61, 187).

Vermutlich ist Heideggers Bezugnahme auf die »Hermeneutik« durch Wilhelm Dilthey angeregt worden. Aber der Philosoph macht selbst darauf aufmerksam, dass der erste explizite Hinweis auf die Hermeneutik den Gott Hermes als ihren Ahnvater nennt (GA 63, 9). Hermes ist der Bote, der den Menschen mitteilt, was die Götter über sie entschieden haben. Im Verlauf der Geschichte der Philosophie ist die »Hermeneutik« zu einer Auslegungskunst von Texten geworden. Die »Hermeneutik« etwa bei Friedrich Schleiermacher ist die Kunst des »Verstehens« von schriftlichen Mitteilungen. Für Heidegger stellt sich dies aber als eine Verkürzung des ursprünglichen Begriffs der »Hermeneutik« dar. Nach ihm ist das Leben in Bedeutungen überhaupt hermeneutisch. Das »faktische Leben« ist grundsätzlich ein Verstehen, sei es, dass es sich selbst verstehen und auslegen muss, sei es, dass es das, was in der Welt geschieht, interpretiert. Das Leben ist in sich hermeneutisch, weil es ein fragendes, antwortendes, verstehendes und sich verkennendes Leben ist.

Die Berührung der Philosophie mit diesem sich verstehenden und missverstehenden Leben ist alles andere als ein einfaches Phänomen. Wie kommt die Philosophie eigentlich an das »faktische Leben« heran? Für gewöhnlich lebt man ziemlich unreflektiert in den Tag hinein. Wir sind unmittelbar betroffen von dem, was uns geschieht. Die Philosophie ist hingegen ein vermittelndes Denken, ist nicht nur die Reflexion unseres Handelns, sondern darüber hinaus die Reflexion der Reflexion. Diese Sachlage zeigt sich in der Weise, wie die Philosophie ihre Gegenstände be- und verhandelt, wie sie sie bespricht. Sie vermag es nicht, einfach im »Faktischen« zu bleiben. Sie gibt den Problemen des »faktischen Lebens« eine »Gegenständlichkeit«, welche die faktischen Phänomene normalerweise nicht haben, sie macht die lebendigen Phänomene zu Objekten, die sie im Lebensvollzug nicht sind. Es besteht ein Unterschied zwischen einer philosophischen Behandlung der Liebe oder des Todes und dem Leben, in welchem Liebe und Tod uns betreffen. Für Heidegger ist diese »formale Bestimmtheit des Gegenständlichen« (GA 60, 63) der Philosophie ein »Präjudiz«, eine vorgegebene Einstellung, die auch die Begrifflichkeit des Philosophierens bestimmt. Eine »phänomenologische Hermeneutik der Faktizität« muss diese vorgegebene Einstellung berücksichtigen.

Das leistet sie nach Heidegger mit der so genannten »formalen Anzeige«. Sie ist eine hermeneutische Methode, welche das »Faktische« »dahingestellt« sein lässt, »formal« auf es hinzeigt, ohne es mit einer vorgegebenen philosophischen Begrifflichkeit so zurechtzuschneiden, dass es seinen unmittelbaren und offenen Sinn verliert. Für die »Hermeneutik der Faktizität« hat die »formale Anzeige« eine »unumgängliche Bedeutung« (GA 59, 85), weil sie die Geltungsansprüche der philosophischen Begriffsordnungen einschränkt. Die »formale Anzeige« versucht das »Faktische« in der Philosophie so erscheinen zu lassen, wie es ist.

Die »Bedeutsamkeiten«, die wir im Leben verstehen und auslegen, bilden einen bestimmten zeitlichen Zusammenhang aus. Ich lebe nicht nur im Heute, sondern habe es mit Bedeutungen zu tun, die uns von früheren Generationen überliefert werden oder die noch aus der Zukunft auf mich zukommen. Das »faktische Leben« sei ein Leben in der »Geschichte«. Der frühe Heidegger bezeichnet dieses Phänomen als »das Historische« (GA 60, 31). Er geht so weit zu behaupten, dass der Begriff des »Faktischen« nur vom »Begriff des ›Historischen‹ her verständlich« wird. Denn das »Faktische« unseres Lebens ist immer auf die eine oder andere Weise von der Geschichte her bestimmt. So können bestimmte Voraussetzungen der politischen Öffentlichkeit der Bundesrepublik Deutschland nur verstanden werden, wenn die Shoah berücksichtigt wird.

Mit diesem Phänomen hängt zusammen, dass das »Historische« nicht bloß als Gegenstand der Geschichtswissenschaft aufgefasst werden darf. In der Geschichtswissenschaft wird das »Historische« nicht mehr aus der »Faktizität des Lebens« her verstanden, sondern als ein zu erforschender Gegenstand objektiviert. Heidegger geht es um die »unmittelbare Lebendigkeit« des »Historischen« oder, wie er anschaulich sagt, um die »lebendige Geschichtlichkeit, die sich in unser Dasein gleichsam eingefressen hat« (ebd., 33). Die »lebendige Geschichtlichkeit« teilt sich uns vordringlich aus der Überlieferung mit. Eine »lebendige Geschichtlichkeit« ist eine kulturelle Erbschaft, die wir in der Geschichtswissenschaft vergegenständlichen können, in der wir (und das heißt auch die Historiker) aber primär »leben«. Die Fundamente der europäischen Kultur in der griechischen Philosophie, dem römischen Rechtsdenken und der christlichen Religion bilden eine »lebendige Geschichtlichkeit«. Überall lassen sich ihre Spuren im »faktischen Leben« auffinden. Um ein Beispiel zu nennen, sei noch einmal auf die Shoah verwiesen. Sie hat einerseits Einfluss auf unser alltägliches Leben, kann aber andererseits zum Gegenstand der Geschichtswissenschaft gemacht werden.

Für Heidegger hat die »unmittelbare Lebendigkeit« der Geschichte einen Vorrang vor ihrer Vergegenständlichung in der Wissenschaft. Dieser Vorrang ergibt sich aus dem Sachverhalt, dass das »faktische Leben« selbst stets den Bezugspunkt bilden soll, an den die Geschichte zurückgebunden bleibt. Geschichte ist für ihn immer hier und jetzt gelebte Geschichte. Wenn sie zu einem reinen Wissensobjekt gemacht wird, wird ihr eigentlicher Sinn verfehlt. Später wird sich dieser Gedanke, dass Geschichte vordringlich gelebte Geschichte ist, zuweilen in einer unbändigen Wut auf die Geschichtswissenschaft Luft machen, da sie nach Heidegger den Kontakt mit der »lebendigen Geschichtlichkeit« und der »Geschichte des Seins« verloren hat. Die »Historie« (GA 95, 100) ist dann nichts anderes als die alles verwüstende »Technik«.

Heideggers frühe Wendung zur Geschichte ergibt sich systematisch aus der Bestimmung einer »phänomenologischen Hermeneutik der Faktizität«. Das »faktische Leben« sei in sich geschichtlich verfasst. Ich habe gezeigt, inwiefern sich aus dieser Bestimmung der Philosophie gewisse methodische Probleme ergaben. Erstens entsteht eine Spannung im Verhältnis von Philosophie und Wissenschaft. Wissenschaftlichkeit, wie sie beispielsweise Max Weber definiert, besteht in einer Voraussetzungsfreiheit der Perspektive, die wir im »faktischen Leben« niemals einnehmen oder auch nur anstreben. In ihm geht es gerade um praktische Ziele und Zwecke, um Realisierungen von ethischen Orientierungen und Voraussetzungen. Zweitens ergibt sich eine Spannung zwischen der »Hermeneutik der Faktizität« und den überlieferten Begriffsstrukturen der Philosophie selbst. Diese Spannung bekundet sich in Heideggers Gedanken einer »formalen Anzeige«, einer spezifisch hermeneutischen Zugangsweise zum »Faktischen«. Beide Probleme konzentrieren sich in der Bedeutung der »lebendigen Geschichtlichkeit« des Denkens. Sie entstammen seiner Überlieferung von der Antike an. Die Fragen: Wie verhält sich die Philosophie zu einem etablierten Ideal der Wissenschaftlichkeit?, oder: Vermag die Philosophie aus ihrer eigenen Überlieferung heraus das »faktische Leben« zu erreichen?, lassen es als notwendig erscheinen, die Geschichte des europäischen Denkens selbst einer »Destruktion« zu unterziehen. Sie wird als ein »Grundstück phänomenologischen Philosophierens« (GA 59, 35) eingeführt.

Das Wort »Destruktion« stammt vom lateinischen Wort »destruere« (zerstören) ab. Die »phänomenologische Destruktion« der europäischen Geschichte des Denkens hat hingegen nicht die Absicht, das überlieferte wissenschaftliche bzw. philosophische Denken bloß zu zerstören. Vielmehr soll sie diese Überlieferung so erschüttern,

dass Verdeckungen und Verstellungen der Quellen dieser Überlieferung abgetragen werden. Es gibt in Heideggers Denken von Anfang
an eine Neigung, die Ursprünge des »faktischen Lebens« und das
aus diesen hervorkommende und in sie zurückgehende Denken frei-
zulegen. Diese Intention bezeugt bereits die erste Kennzeichnung
der Phänomenologie als einer »Ursprungswissenschaft«.

Es gehört zu Heideggers Eigentümlichkeiten, dass sich für ihn
die Herkunft einer europäischen »Faktizität« oder, wenn man so
will, Identität aus zwei Quellen speist. Die »Hermeneutik der Faktizität« habe es mit einer *»griechisch-christlichen Lebensauslegung«*
(NB, 35) zu tun. Dem Traditionsstamm der römischen Antike
schenkt Heidegger zunächst keine Aufmerksamkeit, später wird er
ihm polemisch begegnen. Die »Destruktion« der europäischen Geschichte des Denkens bezieht sich dementsprechend auf jene beiden
Quellen. So schreibt er im Wintersemester 1920/21:

»Es wird nicht zu vermeiden sein, daß die Aufdeckung der Phänomen-
zusammenhänge die Problematik und Begriffsbildung von Grund aus
ändert und eigentliche Maßstäbe beistellt für die *Destruktion* der christlichen Theologie und der abendländischen Philosophie.« (GA 60, 135)

Am Ausgangspunkt seines Denkens bezeichnet Heidegger die The-
menfelder, mit denen er sich zeit seines Lebens beschäftigen sollte.
Es geht um eine Destruktion bzw. Freilegung der Herkünfte des
»faktischen Lebens«; eines Lebens, das sich selbst zu verstehen sucht
und darum seine Geschichte betrachtet.

Die »urchristliche Faktizität des Lebens«

In einem kurzen Text aus dem Jahre 1954 erinnert sich Heidegger
an seine Kindheit:

»In der Frühe des Weihnachtsmorgens gegen halb vier Uhr kamen die
Läuterbuben ins Mesmerhaus. Dort hatte ihnen die Mesmermutter den
Tisch mit Milchkaffee und Kuchen gedeckt. Er stand neben dem Christ-
baum, dessen Duft von Tannen und Lichtern noch vom Hl. Abend her in
der warmen Stube lag. Seit Wochen, wenn nicht das ganze Jahr, freuten

sich die Läuterbuben auf diese Stunde im Mesmerhaus. Worin mag sich
ihr Zauber verborgen haben?« (GA 13, 113)

Heideggers Vater war »Mesmer« oder »Küster« der katholischen
Kirche St. Martin am Schloss in Meßkirch, dem Geburtsort des Philosophen. Die »Läuterbuben« erschienen, um beim (überregional
berühmten, im Internet zu hörenden siebenstimmigen) Läuten der
Glocken zu helfen und das *Geheimnis des Glockenturms* erklingen
zu lassen. Der katholische Theologe Conrad Gröber, ebenfalls in
Meßkirch geboren und ab 1932 Erzbischof in Freiburg, gehörte zu
den ersten Förderern des heranwachsenden Denkers. Es lag nahe,
dass Heidegger im Winter 1909/10 begann, in Freiburg Theologie
zu studieren. Viel später, wiederum um das Jahr 1954, schrieb Heidegger: »Ohne diese theologische Herkunft wäre ich nie auf den Weg
des Denkens gelangt. Herkunft aber bleibt stets Zukunft.« (GA 12,
91) Heideggers philosophischer Anfang ist mit jenem »Zauber« des
»Duftes von Tannen und Lichtern« verbunden.

Wenn sich in Heideggers fortgeschrittenem Denken kaum noch
Spuren einer systematischen Auseinandersetzung mit der Theologie oder mit dem Christentum finden lassen, so ist das am Beginn
seiner Dozententätigkeit anders. Die phänomenologisch-hermeneutische Erforschung der »Faktizität des Lebens« führt von sich aus
zum Phänomen der »Geschichte«. Diese muss der Philosoph einer
»Destruktion« unterziehen, einer Freilegung der ursprünglichen Gedanken, die im Verlauf der Geschichte durch fortwährende, sich
ablagernde Auslegungen verschüttet wurden. Im Zuge dieser hermeneutischen Wendung zur Geschichte schreibt Heidegger schon
im Sommersemester 1920:

»Es besteht die Notwendigkeit einer prinzipiellen Auseinandersetzung
mit der griechischen Philosophie und der Verunstaltung der christlichen
Existenz durch sie. Die *wahrhafte Idee der christlichen Philosophie*;
christlich keine Etikette für eine schlechte und epigonenhafte griechische. Der Weg zu einer ursprünglichen christlichen – griechentumfreien –
Theologie.« (GA 59, 91)

Der eigentliche Kern des Christentums sei die »christliche Existenz«,
ein ohne Zweifel durch Kierkegaard beeinflusster Begriff. Sie unter-

liege einer »Verunstaltung« durch die »griechische Philosophie«, die
»destruktiv« zu beseitigen sei. Erst auf Grund einer solchen »Destruktion« könne die »*wahrhafte Idee der christlichen Philosophie*«
untersucht werden.

Das Motiv zur Bezugnahme auf die »christliche Existenz« ergibt
sich aus der phänomenologisch-hermeneutischen Untersuchung des
»faktischen Lebens«. Dieses erscheint als in »geschichtlichen Zusam-
menhängen« verstrickt. Die Absicht, »ein echtes und ursprüngliches
Verhältnis zur Geschichte zu gewinnen«, dient seiner Erhellung der
»Faktizität«. Heidegger konturiert diese Absicht mit der methodischen Erkenntnis, dass es »eine Geschichte nur aus einer Gegenwart
heraus« gebe. Wenn sich aus diesen Vorgaben eine Bezugnahme zur
christlichen Existenz ergibt, dann hängt diese sowohl mit der Frage
nach der »Geschichte« als auch mit der »Gegenwart« (GA 60, 124 f.)
zusammen, von der aus diese Frage gestellt wird und an welche sie
stets zurückgebunden bleibt.

Das Verhältnis zur »Geschichte« betrifft nicht nur das methodische Problem, dass jede Auffassung des »Sinnes der Geschichte«
vom Standpunkt desjenigen abhängt, der ihn fassen möchte. Dass
die Gegenwart mit dem »Sinn der Geschichte« verknüpft ist, verweist auf das Verhältnis von »Geschichte« und »Zeit«: Das Leben
in der Geschichte ist ein in sich zeitliches Phänomen. Das leuchtet
darum unmittelbar ein, weil die Geschichte Fakten und Daten enthält, die vergangen sind. Aber diese haben nicht bloß als Vergange-
nes eine Bedeutung. Indem ich mich aus der Gegenwart heraus mit
der Geschichte beschäftige, hat sie eine Bedeutung für das »faktische
Leben« hier und jetzt.

Die Frage nach der Geschichte wirft also das Problem einer
»Zeitlichkeit« des »faktischen Lebens« auf. Die phänomenologische Denkweise verlangt, dieses Verhältnis von »Geschichtlichkeit«
und »Zeitlichkeit« in der »ursprünglichen faktischen Erfahrung
von Zeitlichkeit« selbst zu erklären. Diese »faktische Erfahrung«
der »Zeitlichkeit« untersucht Heidegger im Blick auf die »urchristliche Religiösität«.[3] Sie, die »urchristliche Religiösität«, ist für ihn
die »faktische Lebenserfahrung« selbst. Denn:

---

3   Von der hier zitierten Vorlesung »Einleitung in die Phänomenologie der

»Die faktische Lebenserfahrung ist historisch. Die christliche Religiösität lebt die Zeitlichkeit als solche.« (GA 60, 80)

Um diese Zusammenhänge deutlich werden zu lassen, führt Heidegger eine Interpretation der im *Neuen Testament* überlieferten zwei *Briefe an die Thessalonicher* (GA 60, 87 ff.), die er beide dem Paulus zuschreibt, durch. Aus dieser Auslegung extrahiert Heidegger die Grundzüge einer »urchristlichen Religiösität« bzw. einer »christlichen Existenz«.

Das »Ziel« der »urchristlichen Religiösität« sei das »Heil« (*soteria*) und das »Leben« (*zoé*). Aus diesen beiden Polen sei »die Grundhaltung des christlichen Bewußtseins« zu verstehen. Der christliche Bezug zum Heil und zu dem aus diesem Bezug entspringenden Leben sei nur einer spezifischen Situation der Existenz zu entnehmen. Das Heil wird »verkündigt« und mit ihm der Anspruch verbunden, das alltägliche, von vorchristlichen Gewohnheiten geprägte Leben hinter sich zu lassen. In der »urchristlichen Existenz« gehe es um einen »vollen Bruch mit der früheren Vergangenheit, mit jeder nicht-christlichen Auffassung des Lebens« (GA 60, 69). Dieser »volle Bruch« betrifft die Vergangenheit der jeweiligen Existenz. Zugleich besteht er in einer *absoluten Umwendung* « (GA 60, 95). Es geht nicht nur darum, dasjenige, was einst als Gewohnheit galt, hinter sich zu lassen, sondern sich einer anderen Existenzweise zuzuwenden, indem diese als eine Möglichkeit des Lebens übernommen und realisiert wird.

Mit diesem »vollen Bruch« erhält das christliche Leben eine ganz eigentümliche Charakteristik. Die »absolute Umwendung« (*metánoia*) als »Bruch« ist nicht als sukzessive Veränderung zu verstehen. Im »Bruch« hört augenblicklich etwas auf, etwas anderes beginnt. Das christliche Leben fängt erst an, wenn dieser »Bruch« vollzogen ist. Dabei ist es nicht so, als würde das anders angefangene Leben dem Willen des handelnden Subjekts unterliegen. Die »Faktizität« des christlichen Lebens kann »nicht aus eigener Kraft gewonnen werden«, sie »stammt von Gott« (GA 60, 121). Die christliche Existenz ist sich dessen bewusst, dass sie der »Gnade« Gottes ent-

Religion« vom Wintersemester 1921 existiert kein Vorlesungsmanuskript. Die Veröffentlichung in der Gesamtausgabe stützt sich auf Nachschriften.

springt. Christ zu sein steht ursprünglich nicht im Vermögen des Menschen. Die christliche Existenz ist eine »Gnade« Gottes, die nur durch jenen »Bruch«, der eine vergangene Zeit beendet und eine neue Gegenwart erschließt, zu empfangen ist.

Diese Zuwendung zu einer neuen Gegenwart hängt für die »urchristliche Faktizität« damit zusammen, dass Jesus Christus seine Wiederkehr angekündigt hatte und damit das Ende aller Zeiten bringen wird (in der Theologie wird von der »Parusieerwartung« und der »Eschatologie« gesprochen, von einer erwarteten neuen Anwesenheit Christi, die die Zeit und damit die Geschichte beenden wird). Dadurch entsteht in der Gegenwart eine eigentümliche Spannung, die nicht nur Auswirkungen auf das Zukünftige, sondern auf das Leben jetzt und hier hat. Das »Heil« ist nicht aus der Gegenwart allein zu gewinnen. Es kommt vor allem aus der Zukunft. Dadurch gerät das Leben, das die »Wiederkunft des Herrn« erwartet, in der Gegenwart in eine »Bedrängnis«. Alles, was in der Gegenwart getan wird und getan werden muss, steht unter dem Zeichen dieser »Wiederkehr«. Der Christ »lebt ständig im Nur-noch, das seine Bedrängnis erhöht« (GA 60, 119). Was getan werden müsse, müsse »noch« getan werden. Die »christliche Existenz«, die in einem »vollen Bruch« das vergangene, nicht-christliche Leben hinter sich gelassen hat, kann sich der »Bedrängnis« nicht entziehen. Es muss sich für die »Wiederkehr des Herrn« durch ein »Sich-hinein-Stellen in die Not« (GA 60, 98) offen halten. Die »faktische Erfahrung« der Zeit und der Geschichte besteht also in einer solchen »Not« hinsichtlich einer zukünftigen Erfüllung der Existenz.

Diese Art der »zusammengedrängten Zeitlichkeit« erlaubt es nicht, den Zeitpunkt der Rückkehr des Herrn genauer zu erfragen oder zu bestimmen. Die »faktische Erfahrung« dieser Zeitlichkeit kennt keine »eigene Ordnung und feste Stellen« (GA 60, 104). Sie ist weder eine objektive noch eine subjektive Zeiterfahrung. Die »Wiederkehr des Herrn« könne nicht »als zukünftig in der Zeitlichkeit stehendes abgehobenes Ereignis« (GA 60, 114) erwartet werden. Die »christliche Existenz« bestehe einzig und allein im augenblicklichen Erleiden einer »Not«, die dem verkündeten »Heil« entspringe, indem die »Erlösung« von ihr verheißen werde.

Diese »Not« wird durch eine besondere »faktische Erfahrung« verstärkt. Im *Zweiten Brief an die Thessalonicher* spricht dessen

Verfasser von einer bestimmten Bedingung für die Rückkehr Christi. Bevor der Herr wieder erscheine, müsse ein »Widersacher« (*Zweiter Brief an die Thessalonicher* 1,4) auftreten. Dieser »Widersacher« wird als »Satan« (1,9) bezeichnet. Es ist vielleicht charakteristisch für Heidegger, dass er diesen Sachverhalt besonders ernst nimmt. Denn er folgert: »Wer wahrhaft Christ ist, das wird dadurch entschieden, daß er den Antichrist erkennt.« (GA 60, 110) Die besondere Zeiterfahrung der »christlichen Existenz« impliziere ein »Erkennen« des »Widergöttlichen« (GA 60, 155). Dieses »Erkennen« bestehe darin, die vom »Antichrist« verbreiteten Lügen und Verführungen zu durchschauen. Das »Heil« könne nicht ohne diese Möglichkeit oder Gefahr, sich in den Verführungen des »Widergöttlichen« zu verirren, erlangt werden. Die »Bedrängnis« der Gegenwart der »christlichen Existenz« werde von der Anwesenheit des »Antichristen« entscheidend bestimmt.

Die »christliche Existenz«, welche die »Zeitlichkeit als solche« »lebt«, kennt das »Widergöttliche«, das sich primär weder als Ursünde noch als moralische Verfehlung, sondern in der realen Gestalt des »Satan« – dieser mythischen Verkörperung des Bösen – darstellt. In einem Brief aus dem Jahr 1921 schreibt Heidegger an seinen Lehrer Rickert: »Die Gewissensforschung innerhalb der Phänomenologie ist unumgänglich geworden.« Diese Bemerkung steht ohne Zweifel in einem religionsphilosophischen Kontext. »Gewissensforschung« werde in der »christlichen Existenz« nötig, weil in der »faktischen Erfahrung« der Zeitlichkeit das »Widergöttliche« hervortrete. Später einmal wird Heidegger davon sprechen, dass das »Böse« »nicht in der bloßen Schlechtigkeit des menschlichen Handelns« (GA 9, 359) bestehe, sondern im »Bösartigen des Grimmes«. Dieses gehöre zum »Sein selbst«. Das »Böse« oder »Bös-artige« ist demnach ganz im Sinne der frühen Deutung der *Thessalonicher-Briefe* keine subjektive Eigenschaft des Menschen. Es geschieht vielmehr zeitlich-geschichtlich.

An dieser Stelle ist im Lichte des Antisemitismus der *Schwarzen Hefte* die Frage unvermeidbar, inwiefern bereits in diesen religionsphänomenologischen Überlegungen antisemitische oder antijudaistische Einflüsse zu spüren sein könnten. Heidegger bemerkt z. B., dass für seine Untersuchungen »allein« der »griechische Urtext« (GA 60, 68) zugrunde gelegt werden müsse. Man hat darauf

hingewiesen, dass er damit verheimlicht, wie sehr Paulus' Griechisch
vom Hebräischen durchdrungen wird.[4] Zudem legt die Radikali-
tät des für die »christliche Existenz« geforderten »vollen Bruchs«
mit der Vergangenheit nahe, dass zu den zurückzulassenden Dingen auch das Judentum, d. h. das Alte Testament, gehören könnte.
Heidegger bemerkt in der Tat, dass sich Paulus »im Kampfe mit
den Juden und den Judenchristen« (GA 60, 68) (zum Christentum
konvertierte Juden) befinde. Und ist die Zeiterfahrung, die Heidegger dem Christentum zuschreibt, nicht abhängig von einem vom
Philosophen ignorierten jüdischen Messianismus?[5] Das ist durchaus
möglich. Daraus ließe sich schließen, dass Heidegger die Bedeutung
des Judentums verdrängt. Gewiss hat er sie in seinem Interesse für
die »griechisch-christliche Lebensauslegung« ausgeblendet. Spätere
antisemitische Äußerungen lassen den Rückschluss zu, dass eine solche Ignoranz kein Zufall ist. Doch hätten wir uns gefragt, ob Heideggers Paulus-Interpretation antisemitisch sei, wenn wir nicht die
späteren Äußerungen über das Judentum kennengelernt hätten? An
dieser und – wie wir sehen werden – noch anderer Stelle stoßen wir
auf das Dilemma, dass ein Antijudaismus sich andeutet, doch nicht
eindeutig belegt werden kann. Wir stoßen auf das hermeneutische
Problem des »Verdachts«, auf das ich später noch eingehen werde.

Heideggers phänomenologisch-hermeneutische Beschäftigung
mit der christlichen Überlieferung des Glaubens steht im Zeichen
der Herausarbeitung einer »urchristlich-faktischen Existenz«, eines
Christentums an seinem Ursprung. Seine Absicht entspringt dem
Programm der »phänomenologischen Destruktion« der Geschichte.
Im Mittelpunkt dieser Freilegung steht der Versuch, ein ursprünglicheres Verstehen des »faktischen Lebens« mit seiner Verstricktheit
in Zeit und Geschichte zu ermöglichen. Heideggers Interpretationen der »christlichen Existenz« fallen in den engen Zeitraum des
Beginns der zwanziger Jahre. In dieser Form ist er auf sie nie mehr
zurückgekommen. Das freilich erlaubt es nicht, die Bedeutung dieser
Analysen für Heideggers Denken zu unterschätzen. So ist deutlich,

---

4   Vgl. Donatella Di Cesare: Heidegger, die Juden, die Shoah. Vittorio Klostermann Verlag: Frankfurt am Main 2016, 354 ff.
5   Vgl. Marlène Zarader: La dette impensée. Heidegger et l'héritage hébraïque. Éditions du Seuil: Paris 1990.

dass Heideggers eigene Auffassung der Zeitlichkeit in ihrer ganzen Bedeutung eher von einem christlichen (jüdisch-messianischen) als von einem griechischen Zeitverständnis bestimmt worden ist. Das wichtigste Charakteristikum dieser Zeitauffassung besteht sowohl im Vorrang der Zukunft vor der Vergangenheit und der Gegenwart als auch darin, dass das Verhältnis zu dieser Zukunft eine besondere Bedeutung für die aktuelle Praxis hat, indem sie sie radikal verwandelt. Es muss allerdings darauf hingewiesen werden, dass Heidegger später, gegen Ende des Zweiten Weltkriegs, zum Gedanken einer »Eschatologie des Seins« (GA 5, 327) findet, mit dem er die christliche Zeitauffassung in die »Geschichte des Seins« einzubinden versucht.

Anfänge mit Aristoteles und Platon

Heidegger geht davon aus, dass eine Erkenntnis der »Faktizität des Lebens« nur durch eine Auslegung seiner geschichtlichen Herkunft zu gewinnen sei. Die geschichtliche Herkunft »unserer« »Faktizität« bilde die »*griechisch-christliche Lebensauslegung*« (auf Heideggers bewusste Verdrängung der jüdischen Einflüsse wurde schon hingewiesen). Eine »Hermeneutik der Faktizität« müsse sich darüber Rechenschaft ablegen, dass ihre Begrifflichkeit und ihre praktische Bedeutung von dieser »Lebensauslegung« bestimmt werde.

Die anthropologischen Selbstverständlichkeiten, die das europäische Menschenbild prägen, entstammen einer christlichen Auslegung griechischer Quellen. Der Ausgangspunkt einer solchen Auslegung sind für Heidegger die Philosophien *Platons* und des *Aristoteles*. Die christliche Auffassung des Menschen vor allem in der scholastischen Theologie des Mittelalters, die Heidegger durch sein Studium der katholischen Theologie genau kannte, besteht in einer spezifischen Rückübertragung christlich-theologischer Kategorien auf die aristotelische Philosophie. Daher lag es für Heidegger nahe, die Ausarbeitung der »Faktizität des Lebens« auf eine hinter die christlich-scholastische Aneignung des Aristoteles zurückgehende ursprünglichere Interpretation dieser Philosophie zurückzuführen. Das früheste Dokument dieses Rückgangs ist ein Text, den Heidegger Ende 1922 auf Nachfrage des Philosophen Paul Natorp anfertigte, der den Text verlangte, um eine Grundlage für die Besetzung einer in Marburg vakant gewordenen Professorenstelle (die Heidegger dann auch erhielt) zu haben. Dieser sogenannte *Natorp-Bericht* fasst Resultate zusammen, die Heidegger in eben jenen Jahren in seinen Vorlesungen vortrug. Zudem bildet er die Keimzelle des fünf Jahre später erschienenen Buches *Sein und Zeit. Erste Hälfte.* Er stellt sich als eine phänomenologische Ausarbeitung von aristotelischen Texten dar.

Die Besonderheit von Heideggers Zugang zur Philosophie des Aristoteles besteht darin, dass er die Texte des großen Mit-Initiators der europäischen Philosophie vor allem als eine begriffliche Entfaltung des poietisch-praktischen Lebens auslegt (poietisch im Sinne von herstellend). Entscheidend dabei ist die Verschiebung, die der Lebens-Begriff in dieser Interpretation erfährt. Das »Leben« wird nun als das »Sein« aufgefasst, das »Leben« wird »ontologisch« verstanden: »Es kommt auf das Sein an, d. h. daß es ›ist‹, *Seinssein*, daß Sein ›ist‹, d. h. als Sein echt und nach seinem Belang (im Phänomen) da ist.« (GA 61, 61), schreibt Heidegger in einer Vorlesung dieser Zeit. In diesem Kontext wird das Leben als »menschliches Dasein«, d. h. als ein besonderes »Seiendes« charakterisiert: »Leben = Dasein, in und durch Leben ›*Sein*‹.« (GA 61, 85). Der Gegenstand des philosophischen Denkens sei der »Seinscharakter« des »menschlichen Daseins«. Die hermeneutische Phänomenologie wird zu einer *»ontologischen Phänomenologie«* (GA 61, 60). Damit stellen sich die Weichen für die Begrifflichkeit von *Sein und Zeit.*

Diese Verschiebung des »Lebens«-Begriffs zur Frage nach dem »Sein« ist der entscheidende Schritt in Heideggers Denken überhaupt. Die »Frage nach dem Sinn von Sein« (GA 2, 1), wie es in *Sein und Zeit* heißen wird, hat Heideggers Denken umgetrieben und immer wieder angestoßen. Sie ist der Dreh- und Angelpunkt seiner eigentümlichen Wege. Ich werde darauf zurückkommen.

Die Uminterpretation des »Lebens« zum »Sein« geht zurück auf Anstöße, die Heideger von der Philosophie des Aristoteles empfing. Dessen Ontologie entfaltet sich in seinen Vorlesungen über die Natur bzw. über die Physik (*phýsis* = Natur) und über das Seiende, das über die Natur hinausgeht und den Hintergrund der Natur bildet (das Seiende *méta tà physikà* = das Seiende »hinter« den Naturdingen; es gibt noch eine andere, editorische Bedeutung des Begriffs der »Metaphysik«, die ich hier übergehe). Am Beginn des vierten Buches der Vorlesungen zur *Metaphysik* (1003 a 21) stellt Aristoteles eine Wissenschaft (*epistéme*) vor, die das »Seiende als Seiendes« (*tò òn hê ón*) betrachtet. Diese Theorie des »Seienden« sei mit keiner anderen Wissenschaft vergleichbar, da die anderen Wissenschaften jeweils besonderes »Seiendes«, beispielsweise das »Seiende« als Zahl, untersuchten, nicht aber allgemein vom »Seienden als Seiendem« handelten. Da die Philosophie ein Fragen nach den ersten Ursachen (*aitíes* oder *archaí*) des »Seienden« sei, müsse eine Theorie des »Seienden« als solchem nach seinen ersten Ursachen suchen.

Diese besondere Theorie des »Seienden als solchen« unterscheidet das Denken des Aristoteles von anderen Wissenschaften. Nicht alles Wissen hat es mit den ersten Gründen des »Seienden« zu tun. So gibt es neben dem theoretischen Wissen (*epistéme theoretiké*) ein Wissen von der Politik (*epistéme politiké*), vom Handeln (*epistéme praktiké*) und eines vom Hervorbringen (*epistéme poietiké*). Das theoretische Wissen umfasst drei Regionen des »Seienden«: die natürlichen Dinge (Physik), die Zahlen (Mathematik) und das Göttliche (Theologie). Diese theoretischen Wissenschaften haben vor den anderen einen Vorzug. Und unter ihnen ragt die des Göttlichen hervor. Die Theorie, die das Göttliche betrachtet, ist demnach die erste Philosophie (*próte philosophía*, 1026 2 24) schlechthin.

»Seiendes« zu untersuchen, bedeutet zuerst, sich mit dem Wesen (*ousía*) des »Seienden« zu beschäftigen. Das Wesen wird von Aristoteles dreifach differenziert (1069 a 30). So gibt es zwei natürliche (bewegte), sinnlich wahrnehmbare Wesen, die von einem dritten unbewegten unterschieden sind. Die zwei natürlichen Wesen sind erstens Lebewesen jeder Art, die vergehen, sowie zweitens die Sterne, die ewig sind. Das unbewegte Wesen ist das Göttliche (*theîon*) oder der Gott (*theós*). Dieser Gott ist nach Aristoteles ganz und gar Geist bzw. Denken (*noûs*). Er ist die reine Wirklichkeit (*enérgeia*), er vollzieht die beste aller möglichen Tätigkeiten, indem er unermüdlich zu denken vermag. Da er nur das Beste denken kann, denkt er immerwährend sich selbst. Darum kann Aristoteles dieses Wesen als das sich selbst denkende Denken (*nóesis noéseos*, 1074 b 24) bezeichnen. Diesem Göttlichen fällt zudem die Bedeutung zu, das All des »Seienden« in Bewegung gesetzt zu haben. Es ist das Wesen, das Alles bewegt, ohne selbst bewegt zu werden (*ti kinoûn autò akíneton*,

1072 b 7). Dieses Wesen ist das erste unbewegte Bewegende (*prôton kinoûn akíneton*).

Nun besteht nach Aristoteles die Glückseligkeit des Menschen darin, dieses Göttliche zu betrachten. Eine solche Betrachtung ist keine praktische und poietische, sondern eine theoretische Tätigkeit. Mit diesem Votum für die Theorie oder die erste Philosophie als Theologie hat Aristoteles der europäischen Philosophie sowie der christlichen Theologie eine Richtung gegeben, die noch heute das Ethos und Pathos vieler Philosophen bestimmt.

Heidegger jedoch hat dieser aristotelischen Entscheidung widersprochen. Im Mittelpunkt der konkreten Auslegung aristotelischer Texte steht für ihn das *Sechste Buch* der *Nikomachischen Ethik*, in dem Aristoteles die sogenannten »dianoetischen Tugenden«, d. h. diejenigen Tugenden oder, dem griechischen Wort *areté* entsprechender, Bestheiten, die das Denken und Erkennen leiten, erläutert. Von diesen Tugenden werden zwei von Heidegger hervorgehoben: die Klugheit (*phrónesis*) und das Wissen (*sophía*).

Die *phrónesis* ist nach Heidegger eine »fürsorgende Umsicht« (NB, 42) für die praktischen Belange des alltäglichen Lebens. Sie leitet den Umgang mit den Angelegenheiten, die das Leben betreffen, ohne dass schon die eigentlichen und letzten Fragen gestellt werden. Die *phrónesis* ist eine Art des Wissens, das in den alltäglichen Ereignissen des Lebens weiterhilft, eine Lebensklugheit. Sie kennt nicht die letzte Wahrheit des theoretischen Wissens, sondern eine Wahrheit, die praktische Bedeutung hat. Diese »Wahrheit der Praxis« finde sich im »jeweils unverhüllten vollen Augenblick des faktischen Lebens im Wie der entscheidenden Umgangsbereitschaft mit ihm selbst« (NB, 50). Dieser »volle Augenblick des faktischen Lebens« enthält den gesamten Bereich unseres nicht auf letzte Erkenntnisgültigkeit ausgehenden Handelns. Da Heidegger in jener Zeit, als er eine tiefe Beschäftigung mit dem Denken des Aristoteles beginnt, sich vor allem dem Phänomen des »faktischen Lebens« widmet, wird verständlich, warum und inwiefern er gerade die dianoetische *areté* der *phrónesis* für eine entscheidende Entdeckung des Aristoteles gehalten hat.

Dagegen geht Heidegger mit der *sophía* anders um. Sie sei ein »eigentliches, hinsehendes Verstehen« (NB, 42), das seine höchste Erfüllung in der Betrachtung der »Idee des Göttlichen« (NB, 55)

finde. Anders als die *phrónesis*, die sich mit der »Wahrheit der Praxis« auskennt, erkennt die *sophía* die höchste theoretische Wahrheit.
Diese ist das Göttliche, das für Aristoteles nicht in einer »religiösen
Grunderfahrung zugänglich« ist, sondern »in der ontologischen Radikalisierung der Idee des Bewegtseienden«. Dieses »Bewegtsein«
besteht nach Heidegger in einem »reinen Vernehmen«, das »frei von
jedem emotionalen Bezug zu seinem Worauf« ist. Gleichgültig, ob
diese Interpretation zutreffend ist oder nicht: Worauf Heidegger
hinaus will, das sind »die ontologischen Grundstrukturen, die spä-
terhin das göttliche Sein im spezifisch christlichen Sinne« bestimmt
haben. Er will darauf aufmerksam machen, dass die christliche Theologie und die unter ihrem Einfluss stehenden philosophischen Spekulationen etwa des »Deutschen Idealismus«, indem sie auf die erste
Philosophie des Aristoteles zurückgehen, »*in erborgten, ihrem eigenen Seinsfelde fremden Kategorien*« sprechen. Gegen diese Vermischung philosophischer und christlicher Begriffe betont Heidegger
eine klare Differenz zwischen der griechischen Ontologie und der
christlichen Predigt. Ich zeigte bereits, wie er paulinische Texte des
Urchristentums auslegt, ohne sich in »ontologische Grundstrukturen« zu verstricken, die durch die Aristoteles-Rezeption (natürlich
nicht *nur* durch sie) des Mittelalters in die christliche Theologie
eingedrungen sind.

Heideggers Beschäftigung mit der Philosophie des Aristoteles
wird von der Absicht getragen, in der Differenzierung von griechischer Philosophie und christlicher Religion ein Fundament für das
eigene Denken zu finden. Er glaubt, dass der Verlauf des europäischen Denkens eine Traditionsverwirrung erzeugt hat, in der das ursprüngliche Wissen von dem, was die Philosophie und was ein Philosoph sei, verloren gegangen ist. Im Rückgang auf die griechische
Philosophie glaubte Heidegger, sich ein solches Wissen erarbeiten
zu können. Das versuchte er jedoch nicht nur in seinen Aristoteles-
Interpretationen, sondern auch in seiner *Platon*-Lektüre.

Von der Annäherung an die platonische Philosophie zeugt die
Marburger Vorlesung aus dem Wintersemester 1924/25 über den
Dialog *Sophistes*. Heidegger geht zunächst auf Platons Denken zu,
indem er einen Rückgang zu ihm durch Aristoteles vollzieht. Er hält
sich an den hermeneutischen Vorsatz, »daß man beim Auslegen vom
Hellen ins Dunkle gehen soll« (GA 19, 11). Der Bezug zu Platon soll

tiefer in den Ursprung der europäischen Philosophie einführen. Von
Platon will Heidegger wissen, was die ursprüngliche Bestimmung
der Philosophie und des Philosophen sei.

Denn *»die Aufgabe, zu klären, was der Philosoph sei«* (GA 19,
245), leiste derjenige Dialog, der diskutiert, was ein Sophist im Unterschied zu einem Philosophen sei. Doch Heidegger will diesen
Unterschied nicht einfach bloß mitteilen, sondern in einer Interpretation des Dialogs Schritt für Schritt entfalten. Mit Platon geht es
um eine »Vergegenwärtigung der Sachen«, die explizieren, was ein
Sophist sei. So werde dieser Dialog zu einer »Probe«, ob die Philosophie des 20. Jahrhunderts »über die Freiheit der Sachlichkeit«
(GA 19, 257) verfüge. In der Betrachtung der griechischen Philosophie soll sich erweisen, ob das Denken in der Moderne noch die
Kraft aufbringe, »Philosophie« zu sein.

Dabei ist es offenbar unmöglich, das Wesen des Philosophen zu
erläutern, ohne danach zu fragen, was das Thema der Philosophie
sei. Heideggers Interesse an diesem Dialog gilt besonders den Passagen, in denen Platon dieses Thema untersucht. In diesem Sinne ist
folgende Äußerung Platons von größter Wichtigkeit. Sie hat Heidegger später zu einer Art von Motto von *Sein und Zeit* gemacht:

»Da nun wir keinen Ausweg wissen, so müsst ihr selbst uns zeigen, was
ihr doch andeuten wollt, wenn ihr Seiendes (ón) sagt. Denn offenbar
wisst ihr dies seit langem, wir aber glaubten es vorher zu wissen, jetzt
aber sind wir ratlos.« (Stephanus-Zählung 244a)

Die Frage nach der Bedeutung oder den Bedeutungen des »Seienden« zu beantworten sei *»das eigentlich zentrale Bemühen […] des
ganzen Dialogs«* (GA 19, 447).

Die Auseinandersetzung um die Bedeutung des »Seienden« wird
von der Hauptfigur des *Sophistes*, vom »Fremden« (*xénos*), etwas
später als eine *gigantomachía perì tês ousías* (St. 246a), als eine Rie-
senschlacht um das »Sein«, bezeichnet. Heidegger stellt sich dementsprechend die Frage, was der »Fremde« mit seinem Hinweis auf den
philosophischen Krieg um das »Sein« sagen will. Um was handelt es
sich bei dieser rätselhaften Bezeichnung? Nach Heidegger geht es
*»um die Entdeckung des Seienden, das dem Sinn von Sein eigent-
lich genügt«* (GA 19, 466). Das ist eine Einsicht, die nicht nur eines

der Hauptwerke der Philosophie des 20. Jahrhunderts beherrscht, sondern darüber hinaus Heideggers gesamtes Denken: Philosophieren heiße, die Frage nach dem »Sinn von Sein« zu stellen. Die ganze europäische Philosophie sei im Grunde gar nichts anderes als das Projekt, diese Frage stets unterschiedlich zu stellen und zu beantworten.

Wichtig ist allerdings, zu sehen, dass die europäische Philosophie seit Platon diese Frage nach dem »Sinn von Sein« *niemals explizit gestellt* hatte. Schon dieser große Lehrer europäischen Denkens habe diese Frage selbst nicht formuliert. Das heiße jedoch nicht, dass Platon oder Aristoteles den »Sinn von Sein« nicht gekannt hätten. Platon und Aristoteles stellten die Frage nach dem »Sinn von Sein« vielmehr deshalb nicht, weil er ihnen zu »*selbstverständlich*« gewesen sei. Der »Sinn von Sein« bilde folglich so etwas wie einen unthematischen Hintergrund des griechischen und damit des europäischen Philosophierens. Es gehe daher nun darum, diese »nicht befragte Selbstverständlichkeit« durch eine »nachkommende Auslegung ausdrücklich« zu machen. Heideggers Philosophie versteht sich selbst als diese »nachkommende Auslegung«. Man muss aber dabei sehen, inwiefern der Philosoph bei dieser »Auslegung« den »Sinn von Sein« modifiziert, so dass er sich vom unmittelbaren Einfluss des platonisch-aristotelischen Anfangs der europäischen Philosophie befreit und ihn uminterpretiert.

Der »selbstverständliche« »Sinn von Sein«, der das Denken des Platon und des Aristoteles unbemerkt leite, wird von Heidegger prägnant auf den Begriff gebracht. Er laute kurz und knapp: »Sein = Anwesenheit« (GA 19, 466). Der Philosoph gelangt zu dieser Erkenntnis, indem er auf eine spezifische Bedeutung des griechischen Wortes *ousía* verweist. *Ousía* bedeutet nämlich im Griechischen keineswegs bloß »Sein« oder »Wesen«. So wie mit dem deutschen Wort »Anwesen« auch der »Besitz« oder das »Haus« gemeint sein kann, so bedeutet auch *ousía* »Anwesen« im Sinne des »Besitzes«. Wenn jemand auf seinen Besitz, auf seinen Grund und Boden verweist, dann bezieht er sich auf etwas, worauf er sich verlassen kann. Das muss nicht erst werden und ist auch nicht vergangen, es ist für ihn anwesend. Für Heidegger ist dieser Zusammenhang zwischen *ousía* und »Anwesen« ein Hinweis darauf, dass der »Sinn von Sein« etwas mit der *Zeit* zu tun haben müsse.

Der »Sinn von Sein« als »Anwesenheit« entspringe demnach nicht einer abgehobenen philosophischen Idee, sondern – das zeige die Bedeutung von *ousía* als »Anwesen« in der Bedeutung von Besitz oder Haus – dem »faktischen Dasein«. Nach Heidegger haben weder Platon und Aristoteles noch andere Philosophen nach ihnen den nicht thematisch gebliebenen »Sinn von Sein« bedacht. Dieser aber sei das Gravitationszentrum europäischer Philosophie, weil *darin das ganze Problem der Zeit und damit der Ontologie des Daseins beschlossen«* (GA 19, 467) liege. Deshalb war es für Heidegger nötig geworden, die Frage nach dem »Sinn von Sein« explizit zur Hauptaufgabe der Philosophie zu machen.

Heideggers Denken ist mit der Verschiebung seines Themas von der »Faktizität des Lebens« zum »Sinn von Sein« auf einen seiner wichtigsten Wege gekommen. Für Heidegger bedeutet Philosophieren schlechthin, ihrer griechischen Prägung, die jedoch einer Zeit vor Platon entstammt, zu folgen. Immer wieder ist er darum auf Aristoteles und Platon sowie auf das dann für ihn »anfänglichere« vorsokratische Denken in der Nachbarschaft zur griechischen Dichtung Homers, Pindars und Sophokles' zurückgekommen. Diese Akzentuierung der Wichtigkeit der griechischen Prägung der europäischen Überlieferung der Philosophie hat ohne Zweifel die Philosophie des 20. Jahrhunderts angeregt. Weder Husserls Phänomenologie noch der Neukantianismus Ernst Cassirers hatten ein besonderes Verhältnis zum griechischen Anfang der Philosophie. Hannah Arendt drückte das einmal so aus:

»Technisch entscheidend war, daß z. B. nicht *über* Plato gesprochen und seine Ideenlehre dargestellt wurde, sondern daß ein Dialog durch ein ganzes Semester Schritt für Schritt verfolgt und abgefragt wurde, bis es keine tausendjährige Lehre mehr gab, sondern nur eine höchst gegenwärtige Problematik. Heute klingt Ihnen das vermutlich ganz vertraut, weil so viele es jetzt so machen; vor Heidegger hat es niemand gemacht.«[6]

Heideggers ständiger Rekurs auf »die Griechen«, sein Vermögen, ihr Denken lebendig erscheinen zu lassen, hat Generationen von Phi-

---

[6]   Arendt/Heidegger: Briefe 1925 bis 1975 und andere Zeugnisse. A.a.O., 182.

losophen und auch Philologen bis heute beeinflusst. Freilich wurde
es auch von ihnen kritisiert. Außer Zweifel steht ein systematischer
Gewinn an profunderen Auslegungsmöglichkeiten wichtiger Phänomene der Welt des 20. Jahrhunderts aus dieser Quelle. Trotzdem
ist zu bemerken, dass sich Heidegger mit der Entscheidung für die
griechische Tradition des Denkens festgelegt hat: Philosophieren
heißt immer, nach dem »Sein« zu fragen.

Jahrzehnte später hat Heidegger einmal angemerkt, dass, wenn er
»noch eine Theologie« schriebe, »das Wort ›Sein‹« darin nicht vor-
käme (GA 15, 437). In seiner Interpretation des am Urchristentum
erörterten »faktischen Lebens« hatte er ein Phänomen vor Augen,
das durch die »ontologischen Grundstrukturen« des platonisch-
aristotelischen Denkens nicht zu fassen war. Der Schritt vom »faktischen Leben« zum »faktischen Dasein«, von der »Faktizität des
Lebens« zum »Sinn von Sein« scheint kein notwendiger gewesen zu
sein. Es gibt daher Heidegger-Forscher, die gerade die frühen Vorlesungen zur »Faktizität des Lebens« attraktiv finden.[7] Doch selbst
wenn die Bewegung von der »Faktizität des Lebens« zum »Sinn von
Sein« keine notwendige Konsequenz darstellt, hat Heidegger dennoch in *Sein und Zeit* nicht darauf verzichtet, das Phänomen der
»Faktizität« weiter zu berücksichtigen. Nun aber wird es zu einem
Moment der »Fundamentalontologie«.

[7] Vgl. besonders Sophie-Jan Arrien: L'inquiétude de la pensée. L'herméneutique de la vie du jeune Heidegger (1919–1923). PUF: Paris 2014.

Der »Sinn von Sein«

Die Analytik des »Daseins« oder Existenz als »Sein zum Tode«

Als Heidegger 1927 sein Werk *Sein und Zeit. Erste Hälfte* erscheinen lässt, hatte er seit elf Jahren nichts mehr publiziert. Das Buch veränderte die Diskussionslage zunächst der deutschen und dann der europäischen Philosophie – es gilt heute als eines der wichtigsten philosophischen Werke des 20. Jahrhunderts. Selbst der Heidegger sehr kritisch betrachtende Jürgen Habermas merkt zum Erscheinen von *Sein und Zeit* an: »Noch von heute aus gesehen bildet dieser neue Anfang den wohl tiefsten Einschnitt in der deutschen Philosophie seit Hegel.«[1] Philosophen wie Jean-Paul Sartre oder Emmanuel Lévinas wurden von *Sein und Zeit* elementar beeinflusst. Doch das Buch beeinflusste nicht nur die Philosophie. Auch der Psychoanalytiker Jacques Lacan wurde von ihm angezogen. Darüber hinaus rief es sowohl eine theologische als auch eine literaturwissenschaftliche Rezeption hervor.

Mit *Sein und Zeit* erscheint der Denker Heidegger auf der großen Bühne der Philosophie. Um die ungeheure Wirkungsgeschichte dieses Buches zu verstehen, reicht es nicht aus, allein die sich in ihm ereignenden theoretischen Revolutionen zur Kenntnis zu nehmen. Sein Erfolg ist ohne Zweifel auch mit seinem Stil verbunden. Es handelt sich um den charakteristischen Schreibstil, der Leser ebenso verzaubert wie abschreckt. Der Germanist Emil Staiger z. B. spricht von der »finsteren Gewalt der Sprache« Heideggers, die ihn bei der ersten Lektüre von *Sein und Zeit* »unwiderstehlich« gefesselt

---

[1] Jürgen Habermas: Heidegger – Werk und Weltanschauung. Vorwort zu: Victor Farías: Heidegger und der Nationalsozialismus. S. Fischer: Frankfurt am Main 1989, 13.

habe. Zwar handele es sich um eine von der Öffentlichkeit »vielge-
schmähte Sprache«. Doch Staiger bekennt, dass sie ihm »als eine
der größten Leistungen auf dem Gebiet der philosophischen Prosa
erscheint«.[2] Wie auch immer ein Leser Heideggers Stil erfährt und
beurteilt, wie auch immer das Verhältnis von Stil und Philosophie zu
verstehen ist, Heideggers Prosa ist ähnlich wie Hegels oder Nietzsches Texte in einer besonderen deutschen Sprache verfasst.

    Sein und Zeit ist Fragment geblieben. Die ersten sechs Auflagen
tragen den Untertitel *Erste Hälfte*. Gemäß dem im § 8 vorgestellten
»Aufriß der Abhandlung« hat Heidegger von zwei vorgesehenen
Teilen nicht einmal den ersten vollendet. Die Marburger Vorlesung
aus dem Sommersemester 1927 *Die Grundprobleme der Phänomenologie* enthält jedoch den überarbeiteten dritten Abschnitt, den
Heidegger als Schlussabschnitt des ersten Teils vorgesehen hatte. Die
Frage, ob er bereits über Partien der nicht veröffentlichten Teile ver-
fügte und sie vernichtete, weil er sie für unzureichend erachtete, ist
legendär. Nach allen diese Frage betreffenden bekannten Zeugnissen
muss tatsächlich angenommen werden, dass eine Fortsetzung von
Sein und Zeit zurückgehalten wurde. Das wirft ein besonderes Licht
auf den »Wegcharakter« von Heideggers Denken. Selbst noch die
Schrift, die am ehesten als ein »Werk« bezeichnet werden könnte,
ist eine fragmentarische Spur von Heideggers Denken, wie es sich
ungefähr zwischen 1920 und 1926 entwickelt hatte.

    In *Sein und Zeit* nimmt Heidegger den Faden, den er im *Natorp-
Bericht* sowie in seiner Vorlesung über Platons *Sophistes* zu spinnen
begann, wieder auf. Er stellt die Frage nach dem »Sinn von Sein«,
will sie auf ein »Fundament« bringen, sodass der Philosoph das Projekt von *Sein und Zeit* »Fundamentalontologie« nennt. Zum Ausgangspunkt seines Antwortversuchs auf die Frage nach dem »Sinn
von Sein« wählt er ein »exemplarisches Seiendes« (GA 2, 9). Dieses
»Seiende« sei eines, dem es »in seinem Sein *um* dieses Sein selbst«
(GA 2, 16) gehe, ein »Seiendes«, das sich nicht nur um sich, sondern auch um das »Sein selbst« zu sorgen vermag, das sich also von
allem anderen »Seienden« dadurch unterscheide, dass es »immer
schon« »Seinsverständnis« habe. Dieses »Seiende« sei der Mensch.

2   Emil Staiger: Ein Rückblick. In: Heidegger heute. Perspektiven zur Deutung seines Werks. Köln u. Berlin 1969, 242.

Der Mensch »versteht« »Sein«, indem er nach ihm zu fragen vermag. Doch Heidegger gibt diesem »Seienden« einen eigenen Titel oder Namen. Das »Seiende«, das nach dem »Sein« zu fragen vermag – der Mensch –, sei das »Dasein«.

Mit dieser Bezeichnung, die schon andere Philosophen wie Kant oder Hegel – allerdings in einem anderen Sinne – verwendeten, hat es eine besondere Bewandtnis. Die Aussage, der Mensch bzw. das, was den Menschen als einen solchen ausmache, sein »Wesen«, sei, insofern er eben »seinsverstehend« sei, das »Dasein«, schließt nicht aus, dass das »Wesen« des Menschen auch anders bezeichnet werden könnte. Bei Platon ist der Mensch das Lebewesen, das, weil es weiß, was Rhythmus sei, tanzen könne (*Nomoi*, 653e), nach Aristoteles ist der Mensch das politische Lebewesen, weil es Sprache hat (*zôon politikón* bzw. *zôon lógon échon*, *Politeia*, 1253a), im Christentum ist er als das Ebenbild Gottes (*imago dei*) das Geschöpf (*ens creatum*) des Schöpfers (*ens increatum*). Dieser Reihe der Definitionen des Menschen bzw. Menschlichen könnten noch andere hinzugefügt werden. Daraus entsteht der Eindruck einer Beliebigkeit, die Heidegger mit seiner »fundamental-ontologischen« Wesensbestimmung als »Dasein« überwinden will.

Sein und Zeit formuliert nicht die Aussage: der Mensch sei »Dasein«, sondern es sagt: das »Dasein« sei Mensch. Es ist nicht so, dass der Gattungsname »Mensch« als Grund verschiedener Definitionen fungiert, von denen eine »Dasein« heißen könnte. Auch versteht Heidegger das »Dasein« nicht als eine Eigenschaft des Menschen. Vielmehr sei das »Dasein« der Grund, von dem aus der Mensch, der er eben »ist«, zu sein beginne. Indem das »Dasein« dieses Fundament ist, kann sich der Mensch auch als tanzendes oder politisches Lebewesen bestimmen. Allerdings kann nach Heidegger der Mensch auch »Dasein« oder »Da-sein« – und nichts anderes sonst – sein.

Das »Dasein« ist keine Eigenschaft eines Gegenstandes »Mensch«. Das »Dasein«, so Heidegger, sei das »Sein des Da« (GA 2, 316). Das »Da« darf nicht in seiner deiktischen (zeigenden) Bedeutung – im Sinne von: »Da« ist ein Mensch – verstanden werden. Das »Da« kennzeichne vielmehr die »Erschlossenheit« oder »Offenheit« für das Verstehen des »Seins« überhaupt. *Dass* es ein Verstehen und Begreifen geben kann, das ermöglicht die »immer schon« aufgebro-

chene »Offenheit« des »Da«, die »Existenz« im Sinne der »Ausge-
setztheit zum Seienden« (GA 65, 302). Wenn »Dasein« und Mensch
zwar keine identischen Phänomene sind, so wird doch von der »Offenheit« her deutlich, dass es einzig und allein der Mensch vermag,
das »Dasein« zu sein. Tiere sind nach Heidegger nicht dazu in der
Lage, das »Sein« zu verstehen.[3]

Heidegger versucht also, die Frage nach dem »Sinn von Sein« zu
stellen und sich einer Antwort anzunähern, indem er ein bestimmtes »Seiendes«, das »Dasein«, zur Grundlage seiner Untersuchung
macht. Denn das »Dasein« ist die »Offenheit«, die »Seinsverständnis« ermögliche. In dieser Bedeutung ist es eher der Grund des Menschen, als der Mensch selbst. Dieser Unterschied ist essentiell, denn
er schlägt in der Geschichte der Philosophie ein neues Kapitel auf.
Die neuzeitliche Philosophie hatte den Grund des Menschseins insofern mit dem Menschen identifiziert, als sie voraussetzte, dass das
Verstehen des »Seins« von den Erkenntnisvermögen des Menschen
abhänge. Seit Descartes wurde der Mensch als der Grund des »Seins«,
als das »Subjekt«, als dasjenige, was allem anderen »Seienden« zu
Grunde liegt (*subiectum* = das Daruntergelegte, das Zugrundeliegende), bestimmt. Das »Dasein« ist dagegen zwar als Grund des
Fragens nach dem »Sinn von Sein« ein besonderes oder, wie Heidegger sagt, »ausgezeichnetes Seiendes«. Doch indem es hinsichtlich
des »Seins« genau wie die Tiere und Pflanzen ein »Seiendes« bleibt,
weil wir vom »Dasein« genauso wie vom Tier sagen müssen, dass es
»ist«, ist es nicht der Grund des »Seins«. Das »Dasein« ist nicht das
»Subjekt«, es ist nicht die Instanz, auf die alles andere »Seiende« als
auf einen universalen Maßstab zurückbezogen werden kann. Diese
Unterscheidung von »Dasein« und »Subjekt« gilt in *Sein und Zeit*
auch dann, wenn Heidegger den Begriff des »Subjekts« an einigen
Stellen affirmativ verwendet.

Doch selbst wenn er das »Dasein« als ein »Seiendes« betrachtet,
bestimmt er es als ein »ausgezeichnetes«. Diese Nuance ist wichtig.
Auch wenn Heidegger mit der Untersuchung von *Sein und Zeit*

---

[3]   Diese von Heidegger beinahe überall gegen das Tier aufrechterhaltene
Abgrenzung wurde kritisiert von Jacques Derrida: Geschlecht (Heidegger).
Sexuelle Differenz, ontologische Differenz. Heideggers Hand (Geschlecht II).
Edition Passagen: Wien 1988, 66 f.

den Standpunkt des cartesianischen Denkens hinter sich lässt, entkommt er doch nicht ganz der Tradition dieses Denkens. Das liegt daran, dass er das »Sein« als *das transcendens schlechthin* « (GA 2, 51) bezeichnet. Dieses »transcendens«, wörtlich übersetzt: Übersteigende, soll nach Heidegger, wie er in einer später hinzugefügten Randbemerkung schreibt, zwar nicht »scholastisch und griechisch-platonisch« als das Absolute verstanden werden, zu dem das Denken unterwegs ist, wenn es das endliche »Seiende« hinter sich lässt. Dennoch bleibe »jede Erschließung von Sein als des transcendens« »*transzendentale* Erkenntnis«, eine Erkenntnis die Bedingungen von Erkenntnis betreffend. (Heidegger hat später einmal, in einem Rückblick auf *Sein und Zeit*, von einer »potenzierenden Anwendung der transzendentalen Frage« gesprochen. Doch eine »Potenzierung« ist noch keine Überwindung. *Sein und Zeit* habe daher »die Bahn der transzendentalen Fragestellung« nicht verlassen.)

Um die Frage nach dem »Sinn von Sein« stellen zu können, beginnt Heidegger seine Untersuchung beim »Dasein«. An ihm sollen Merkmale »analysiert« werden, die den »Sinn von Sein« erhellen. Heidegger nennt diese Merkmale »Seinsweisen« bzw. »Seinsmodi«. Die »Seinsweisen« des »Daseins« zeigen sich, wenn dieses zum »Gegenstand« der Betrachtung gemacht wird. Doch das »Dasein« ist kein isolierter »Gegenstand«. »Dasein« geschieht auf eine spezifische Weise, die durch die »Analyse« nicht verändert werden darf. Deshalb schreibt Heidegger: »Die Zugangs- und Auslegungsart muß vielmehr dergestalt gewählt sein, daß dieses Seiende sich an ihm selbst von ihm selbst her zeigen kann. Und zwar soll sie das Seiende in dem zeigen, wie es *zunächst und zumeist* ist, in seiner durchschnittlichen *Alltäglichkeit*.« (GA 2, 23) Das »Dasein« solle sich »an ihm selbst von ihm selbst her zeigen«. In diesem gleichsam unberührten Zustand befinde sich das »Dasein« im Alltag. Die »Daseinsanalytik« beginnt folglich mit einer Thematisierung der alltäglichen Praxis.

Die Untersuchung der Alltäglichkeit des »Daseins« bringt allerdings eine Voraussetzung ins Spiel, die äußerst weitreichende Folgen hat. Heidegger will von vornherein das »Dasein« in seiner »Ganzheit« betrachten. Auf den ersten Blick ist die »Ganzheit« ein eher abstraktes Merkmal des »Daseins«. Der Alltag erscheint uns diffus, ich finde mich in viele unzusammenhängende Tätigkeiten verstrickt.

Heidegger spricht demnach von einer »phänomenalen *Vielfältigkeit* der Verfassung des Strukturganzen und seiner alltäglichen Seinsart« (GA 2, 240). Doch bei aller Zerstreutheit bleibe das »Dasein« ein einheitliches »Strukturganzes«.

Die »Ganzheit« des »Daseins« ist wie seine alltägliche Zerstreutheit ein zeitliches Phänomen. Erst dann ist das »Dasein« »ganz«, wenn es sein »Ende« gefunden hat, wenn es gestorben ist. Insofern das »Dasein« in seiner zeitlichen Entfaltung besteht, insofern es endlich ist und sterben muss, bildet es eine einheitliche »Struktur«. Heidegger nennt dieses »Strukturganze« »Sein zum Tode« (GA 2, 314 ff.). So diskontinuierlich das »Dasein« alltäglich geschieht, so versammelt es sich, da es zu sterben hat, doch in einer Einheit. »Dasein« ist in seiner »Ganzheit« »Sein zum Tode«.

Die alltägliche Praxis ist das zentrale Paradigma, an dem Heidegger seine »Daseinsanalytik« ausrichtet. Im Hintergrund dieser Ausrichtung befindet sich der Kerngedanke von *Sein und Zeit*. Indem das »Dasein« in seiner Alltäglichkeit untersucht wird, zeigt sich die »*Zeitlichkeit*« als sein »Sinn« (GA 2, 24). Doch die »Zeitlichkeit« ist nur insofern der »Sinn«, als wir durch ihn hindurch auf die Frage nach dem »Sinn von Sein« schauen können. »Zeitlichkeit« ist also der »Sinn« des »Daseins«, indem sie der erste und letzte »Horizont des Seinsverständnisses« ist. Die sich unmittelbar an der Alltäglichkeit des »Daseins« abarbeitende Analytik hat daher mittelbar das Ziel, die Zeit als den »Horizont des *Seins*« (GA 2, 577) zu bedenken. In dieser Konsequenz erreicht *Sein und Zeit* seine eigentliche Absicht, nämlich den »Sinn von Sein« zu erläutern.

Die Orientierung der »Daseinsanalytik« folgt dem Phänomen, das Heidegger früher die »Faktizität des Lebens« genannt hatte. So ist es verständlich, dass die Analyse nicht nach einem *allgemeinen* Subjekt der Alltäglichkeit Ausschau hält, weil doch alles, was »faktisch« gelebt wird, ein Besonderes oder Individuelles ist. Daher fragt Heidegger nicht, »was« das alltägliche »Dasein« sei, sondern »*wer*« ist es, der in der Alltäglichkeit das Dasein« (GA 2, 152) sei. Diese Verlagerung der Analyse von der »Was«- zur »Wer«-Frage ist alles andere als ein Randphänomen. Ohne ausführlicher auf die Tragweite dieser Verlagerung eingehen zu können, sei an folgende alltägliche Situation erinnert:

»Wenn uns in unserem Bereich dergleichen wie ein Mensch als ein Befremdliches begegnet, *wie* fragen wir ihm entgegen? Wir fragen nicht unbestimmt, *was*, sondern *wer* er sei. Wir erfragen und erfahren den Menschen nicht im Bereich des *So* oder *Was*, sondern im Bereich des *Der* und *Der*, der *Die* und *Die*, des *Wir*.« (GA 38, 34)

Das »Dasein« des Alltags ist kein Exemplar einer Gattung, kein Einzelfall eines Allgemeinen, sondern etwas Besonderes und Einzigartiges. Freilich wird später genauer zu fragen sein, ob es stets zu einem »Wir«, zu einer Gemeinschaft also, gehören muss.

Zu fragen, wer das alltägliche »Dasein« sei, setzt schon etwas Selbstverständliches, dennoch aber Wichtiges, voraus. Es wurde bereits darauf hingewiesen, dass das »Dasein« als ein »Strukturganzes« betrachtet wird. Diese »Ganzheit« erlange das »Dasein« aber nicht nur im »Sein zum Tode«. Zunächst müsse das einzelne »Dasein« beginnen. Genauso wie sein »Ende« ist dem »Dasein« sein Beginn entzogen. Es kommt zur »Welt«, als würde es »ins kalte Wasser geworfen«. Heidegger nennt dieses Merkmal, dass das »Dasein« beginnt, ohne dass es selbst diesen Beginn wollen und kontrollieren kann, »Geworfenheit«. Doch es ist nicht bloß »geworfen«. Neben der unausweichlichen Anerkennung der Entzogenheit des eigenen Beginns, d. h. der »Geworfenheit«, habe das »Dasein« die Möglichkeit zum »Entwurf«. Wenn das »Dasein« nicht über seinen Beginn verfügen kann, ist es doch in der Lage, das, was aus diesem Beginn folgt, zu entwerfen, d. h. ihm eine gewisse Gestalt zu verleihen. Es ist aber auch wichtig zu wissen, dass für Heidegger der »Entwurf« sich niemals vollkommen von der »Geworfenheit« lösen kann. Das »Dasein« kann nicht willkürlich sein wollen, was oder wer es ist. Daher erscheint seine Existenz als ein »geworfener Entwurf«.

Ein Moment des »Geworfenseins« besteht darin, dass das »Dasein« ursprünglich, d. h. »immer schon«, mit Anderen zusammen ist. Doch diese Ursprünglichkeit ist nicht so zu verstehen, dass das »Dasein« ein Ursprung wäre, von dem das Miteinandersein logisch abgeleitet werden könnte. »Dasein« und Miteinandersein sind schon im Ursprung beide zugleich gegeben. »Dasein« und »anderes Dasein« sind, um einen Begriff aus dem späteren Denken Schellings zu verwenden, »gleichursprünglich«. In Heideggers Worten: »Die Nachforschung in der Richtung auf das Phänomen, durch das sich

die Frage nach dem Wer beantworten lässt, führt auf Strukturen des
Daseins, die mit dem In-der-Welt-sein gleichursprünglich sind: das
Mitsein und *Mitdasein*.« (GA 2, 152) »Dasein« sei demnach »immer
schon« »Mitsein« und »Mitdasein«.
      Diese Aussage kennzeichnet kein kontingentes (zufälliges) Merk-
mal des »Daseins«. Es ist eine ontologische Eigenschaft des »Daseins«, dass es »Mitsein« und »Mitdasein« ist. Es gehört von Anfang an zum »Seinsverständnis«, dass das »Dasein« mit Anderen
lebt. Das »Mitsein« ist ein Merkmal des »je eigenen Daseins«. »Mitdasein« charakterisiert anderes »Dasein«. Übrigens ist Heidegger
nicht der Ansicht, das andere »Dasein« könne vom eigenen her verstanden werden. Nur à propos kann darauf verwiesen werden, dass
für ihn der Andere »keine Dublette des Selbst« (GA 2, 166) ist. Insofern aber das »Dasein« ursprünglich »Mitsein« ist, kann es als
»Mitdasein« für Andere dasein. Es »sorgt« für sie. Eine markante
»Seinsweise« des »Daseins« sei die »Sorge« (GA 2, 162).
      Das »Dasein« verrichte in der Alltäglichkeit irgendwelche Tä-
tigkeiten, die seine Subsistenz ermögliche. Es kümmert sich um
Dinge, »besorgt« Angelegenheiten. Auch dieser Charakter muss
dem »Dasein« strukturell zugesprochen werden. Das »Dasein« sei
durch und durch ein »Besorgen«. Die »Sorge« sei »das Sein des Daseins überhaupt«, eben weil es dem »Dasein« »in seinem Sein *um*
dieses Sein selbst« gehe, weil es die reflexive Struktur des »Selbst«
aufweise. Heidegger hat darauf aufmerksam gemacht, dass »Sorge«
hier nicht als eine gewöhnliche Besorgnis interpretiert werden dürfe.
Das »Dasein« »macht sich keine Sorgen«, sondern »besorgt« seine
alltäglichen Sachen oder »sorgt« für die Anderen.
      Das wesentlichste Merkmal der »Sorge« ist, dass sie sich selten
auf vergangene Begebenheiten und Handlungen und auch nicht
vordringlich auf gegenwärtige Situationen bezieht. Die »Sorge« hat
eine Orientierungsfunktion für die Zukunft. In der »Sorge« nämlich reiche das »Dasein« gleichsam über sich selbst hinaus zu dem,
das sich ankündige oder womöglich drohe. Selbst wenn sich nichts
ankündigte und nichts drohte, würde das »Dasein« über sich hinaus »sorgen«. Dass es sich also im Alltag um seine Angelegenheiten
kümmert, entspringt keiner jeweils neu einsetzenden »Sorge«, sondern ist zurückgebunden an einen Grundcharakter des »Daseins«.
Es ist grundsätzlich »sorgend« auf das bezogen, was aus der »Welt«

auf es zukommt. Es existiere »sorgend«. Diese Offenheit zur Zukunft hat Heidegger stiltypisch folgendermaßen beschrieben: »Das
Sein des Daseins besagt: Sich-vorweg-schon-sein-in-(der-Welt-) als
Sein-bei (innerweltlich begegnendem Seienden). Dieses Sein erfüllt
die Bedeutung des Titels *Sorge* [...].« (GA 2, 256). Das »Dasein« ist
sich stets »vorweg«, es ist immer auf etwas bezogen, das sich nicht
in seiner Anwesenheit erfüllt. Indem es sich selbst »vorweg« ist, ist
es »bei« den Dingen, die es zu erledigen hat und haben wird.

Dieses »Besorgen« seiner alltäglichen Angelegenheiten okku-
piert das »Dasein« auf eine spezifische Weise. An dieser Stelle der
phänomenologisch-hermeneutischen Bestandsaufnahme der Alltäglichkeit führt Heidegger einen Begriff oder, besser, eine terminolo-
gische Differenzierung ein, die noch heute Anlass zur Kritik bietet.
Dabei sei zunächst daran erinnert, dass Heidegger ja fragte, »wer«
das »Dasein« im Alltag sei. Diese Frage wird nun beantwortet. Das
alltägliche »Besorgen« des »Daseins« finde stets in einer bestimmten
»Seinsweise« statt. Wenn ich Bus fahre oder zum Arbeitsamt gehe,
wenn ich einen Kredit aufnehme oder mir eine Hose kaufe, dann
tue ich all das so, wie »man« es tut. Im Alltag bzw. in der alltäglichen Öffentlichkeit »besorgt« das »Dasein« seine Angelegenheiten
so, wie »man« sie »besorgt«. Im Alltag erscheine das »Dasein« in der
»Seinsweise« des »Man« (GA 2, 168 ff.). Diese »Seinsweise« unterscheidet Heidegger von der Möglichkeit, »eigentlich« zu existieren.
Alles, was das »Dasein« – wie die Liebe oder die Freundschaft, der
Tod oder die Geburt – »eigentlich« betreffe, wird nicht wie alltägliche Erledigungen »besorgt«. Das »Man« sei das »Neutrum« der
alltäglichen Öffentlichkeit; das »eigentliche Selbstsein« (GA 2, 172)
dagegen biete die Möglichkeit, jenseits der Alltäglichkeit zu leben.

Heidegger hat in *Sein und Zeit* der Beschreibung des »Man«
viel Platz eingeräumt. Es sei eine »*positive Verfassung des Daseins*« (GA 2, 172), d. h. es gehöre notwendig zu ihm. Die Analyse
des »Man« stellt den Versuch dar, den Alltag des Menschen in einer für Heidegger neuartigen »Massengesellschaft« des 20. Jahrhunderts samt ihrer Öffentlichkeit zu beschreiben. Mit dem »Begriff«
des »Man« kommt Heidegger dem Phänomen von Neutralisierun-
gen und Funktionalisierungen entgegen, die das »Dasein« im Alltag
»faktisch« anzuerkennen hat. Das »Man« steht für ein Anonymisie-
rung, ohne die der Alltag von Massengesellschaften nicht denkbar ist.

Im Grunde böte das »Man« Anknüpfungspunkte für eine politische
oder soziologische Theorie der Öffentlichkeit. In dieser Hinsicht
ist Heideggers Analyse nicht weit entfernt von Rilkes Großstadt-
Beschreibungen im *Malte Laurids Brigge* oder Adornos späteren
Äußerungen zur »Kulturindustrie«.

Doch ähnlich wie schon bei Heideggers Paulus-Interpretation
darf der Leser auch in der »Man«-Analyse nicht mehr naiv bleiben.
Bereits 1916 hatte Heidegger in einem Brief an seine Frau Elfride
von einer »Verjudung unsrer Kultur und Universitäten«[4] gesprochen. Es ist ein antisemitisches Stereotyp der Zeit, die Großstadt-
existenz mit dem Judentum zu verbinden. Nicht interessiert daran,
den »heimatlichen Acker« zu bestellen, lebe der Jude mobil zur
Miete, organisiere die Massenmedien, folge dem Fluss des Kapitals
und widme sich den modernen Erfindungen in Kunst und Wissenschaft. Ist daher das »Man« nicht geradezu ein Beschreibungsregis-
ter der »Verjudung«? Der Verdacht liegt nahe. Doch lässt er sich
erhärten?

Das »Man« sei das »Dasein«, das seine alltäglichen Angelegenheiten besorgt. Insoweit stellt es eine Möglichkeit dar, das »Dasein«
der Alltäglichkeit zu beschreiben. Das »Dasein« hat die Tendenz,
im Alltag »aufzugehen«. Die Zerstreutheit des Alltags ist eine ge-
suchte Lebensmöglichkeit. Das »Dasein« ist geneigt, sich im »Man«
zu zerstreuen und zu verlieren. Heidegger schreibt: »Das Aufgehen
im Man und bei der besorgten ›Welt‹ offenbart so etwas wie eine
Flucht des Daseins vor ihm selbst als eigentlichem Selbstsein-kön-
nen.« (GA 2, 245) Das »Dasein« sucht Möglichkeiten, sich selbst
aus dem Wege zu gehen. Eine dieser Möglichkeiten ist das Ausweichen in die Welt der Arbeit und der Unterhaltung. Heidegger nennt
dieses Ausweichen »Verfallen«. Das »Dasein« ist »zunächst immer
schon abgefallen« von sich selbst, indem es an die Welt »verfallen«
ist. Diese Zerstreuungstendenz in den Besorgungen seiner Angelegenheiten gleicht einer natürlichen Verführung (Verfallenheit) von
Seiten des Alltäglichen.

Das »Dasein« flieht vor sich selbst. Diese »Flucht« hat einen
Grund. Denn indem sich das »Dasein« mit sich selbst konfrontiert,

---

[4] »Mein liebes Seelchen!« Briefe Martin Heideggers an seine Frau Elfride
1915–1970. Hrsg. von Gertrud Heidegger. DVA: München 2005, 51.

stellt sich eine bestimmte »Befindlichkeit« ein: Es handelt sich um die »Angst« (GA 2, 247).

Heidegger hält sie sogar für eine »Grundbefindlichkeit« des »Daseins«. Diese »Grundbefindlichkeit« unterscheidet er von der »Furcht«. »Furcht« komme auf, wenn das »Dasein« von »inner-weltlichem Seienden« wie z. B. einem bissigen Hund bedroht werde. Das »Wovor der Angst« sei dagegen kein »innerweltliches Seiendes«.

Um diesen Unterschied zwischen »Furcht« und Angst« zu ver-stehen, kann eine typische »Angst«-Situation rekapituliert werden: Wenn ich mich vor einem Hund fürchte, dann befindet sich das Be-drohliche unmittelbar vor mir. Es kann lokalisiert werden. In der »Angst« gibt es eine solche Lokalisierung meiner selbst und des Bedrohlichen nicht. Der gute Horror-Film inszeniert genau diese Erfahrung. Wie in *Blair Witch Project* (1999) erscheint das, was uns »Angst« einjagt, kaum. Doch genau auf diesen Rest kann die eigent-liche »Angst« noch verzichten. Ich habe »Angst« vor meinem phy-sischen Verfall auch dann, wenn dieser noch nicht eingetreten ist. Es genügt, an ihn zu denken. Die »Angst« hängt demnach nicht von der Anwesenheit eines bestimmten »Seienden« ab. Genau das ist nach Heidegger ein wichtiges Anzeichen der »Angst«: »Daß das Bedro-hende *nirgends* ist, charakterisiert das Wovor der Angst.« (GA 2, 248) Es ist nicht möglich, das »Wovor der Angst« zu lokalisieren. Diese Unmöglichkeit macht den »positiven« Gehalt des Phänomens aus. Die Nichtlokalisierbarkeit ist ein Aspekt der »Angst«:

>»Das Drohende kann sich deshalb auch nicht aus einer bestimmten Rich-tung her innerhalb der Nähe nähern, es ist schon ›da‹ – und doch nirgends, es ist so nah, daß es beengt und einem den Atem verschlägt – und doch nirgends.« (GA 2, 248)

Das, was »beengt«, macht »Angst« . »Angst« und »Enge« gehören etymologisch zusammen.

Dass das, wovor das »Dasein« sich ängstigt, »nirgends« ist, ver-weist auf seinen ontologischen Status. Das »Wovor der Angst« ist kein Ding, keine Sache. Das kann Heidegger mit einer Redensart an-deuten: »Wenn die Angst sich gelegt hat, dann pflegt die alltägliche Rede zu sagen: ›es war eigentlich nichts‹.« (GA 2, 248) Das »Wo-vor der Angst« sei eigentlich »*nichts*«. Was ist dieses »Nichts«? Es ist kein Gegenstand, kein »Seiendes«. Dennoch ist es etwas. Dieses ungegenständliche Etwas (»Nichts«) ist unsichtbar allgegenwärtig. Nach Heidegger ist es die »Welt«:

»Im Wovor der Angst wird das ›Nichts ist es und nirgends‹ offenbar. Die Aufsässigkeit des innerweltlichen Nichts und Nirgends besagt phänomenal: *das Wovor der Angst ist die Welt als solche.*« (GA 2, 248)

Das »Nichts und Nirgend«, um das es in der »Angst« geht, ist die »Welt als solche«, die gerade daher so bedrängend erscheint, weil sich alles, was dem »Dasein« Halt geben könnte, in »Nichts« auflöst.

Die »Angst« reicht also tiefer als die »Furcht«. In der »Furcht« hat das »Dasein« es mit dem »Seienden« zu tun. In der »Angst« geht es eigentlich um »Nichts«. Doch indem das »Dasein« es mit dem »Nichts« zu tun hat, indem es vor »Nichts« »Angst« hat, erscheint die »Welt als solche« oder, um einen Buchtitel von Peter Handke zu zitieren, *Das Gewicht der Welt*[5]. Es ist nun entscheidend, die »Welt« nicht wiederum als ein »Seiendes« zu betrachten, das sich vom »Dasein« unterscheidet: »Wenn sich demnach als das Wovor der Angst das Nichts, das heißt die Welt als solche herausstellt, dann besagt das: *wovor die Angst sich ängstet, ist das In-der-Welt-sein selbst.*« (GA 2, 249) Das »In-der-Welt-sein« ist das »Dasein«. »Angst« bedeutet, da sein zu müssen. Dieses »Dasein« ist in der »Sorge« stets auf sich selbst bezogen. Daher zeigt sich, dass das »Dasein« sich vor sich selbst »ängstet«. Das »Man« überlässt sich der Zerstreuung in vielfältigen Unterhaltungen, d. h. flieht vor sich selbst, weil es sich davor »ängstet«, das »Gewicht der Welt«, d. h. sich selbst tragen und ertragen zu müssen.

In dieser Hinsicht hat die »Angst« nicht nur ein »Wovor«, sondern auch ein »Worum«. Beide sind identisch. Wenn das »Man« vor dem »Gewicht der Welt« flieht, dann hat es »Angst«, die »Welt« oder sein »In-der-Welt-sein« zu verlieren:

»Die Angst benimmt so dem Dasein die Möglichkeit, verfallend sich aus der ›Welt‹ und der öffentlichen Ausgelegtheit zu verstehen. Sie wirft das

---

5   Peter Handke: Das Gewicht der Welt. Ein Journal (November 1975 – März 1977). Residenz Verlag: Salzburg 1997.

Dasein auf das zurück, worum es sich ängstet, sein eigentliches In-der-Welt-sein-können.« (GA 2, 249)

Das »Dasein« hat zugleich »Angst« vor dem und um das »eigentliche In-der-Welt-sein-können«. In dieser Doppelheit schließt sich die Struktur der eigentlichen Bedrohung. In der Lebensangst droht das Bedrohliche und der Verlust des Bedrohlichen. Gerade in der Analyse der »Angst« konnte Heideggers *Sein und Zeit* eine Brücke z. B. zur Psychoanalyse Jacques Lacans schlagen, obgleich sich dieser gerade in der Analyse der »Angst« eher an Kierkegaard hielt.[6]

In der »Angst« wird mir deutlich, inwiefern ich mich zugleich um meine und vor meinen Lebensmöglichkeiten ängstige. Die »Angst« betrifft mein »Dasein« deshalb nicht nur von Fall zu Fall. In der Angst« steht es in seiner »Ganzheit« auf dem Spiel. Dass es eine »Ganzheit« des »Daseins« überhaupt gibt und dass diese »Ganzheit« eine fragile Eigenschaft ist, zeigt sich in der »Grundbefindlichkeit« der »Angst«. Denn das »Nichts«, wovor sich das »Dasein« ängstigt, erweist sich als die »mögliche Unmöglichkeit seiner Existenz« (GA 2, 352). Die »Angst« gibt dem »Dasein« unmissverständlich zu erkennen, dass das »Dasein« dereinst »ganz« und damit vorbei sein wird. Sie zeigt, dass das »Dasein« »Sein zum Tode« ist.

Der Mensch ist, wie Heidegger später sagen wird, »der Sterbliche« (GA 79, 17). Mit dieser Bestimmung knüpft er an einen alten Gedanken an. So sprechen die griechischen Tragiker Aischylos, Sophokles und Euripides vom Menschen als dem Sterblichen (*tò thnetón*, *hò brotós*), das Menschliche und das Sterbliche sind semantisch identisch. Diese Bestimmung, dass der Mensch im Unterschied zu den Unsterblichen, den Göttern, der Sterbliche ist, bezeugt sich auch in einem Spruch des für die griechische Philosophie überaus wichtigen Orakels von Delphi. Von ihm aus ist der berühmte Spruch »Erkenne dich selbst!« (*gnothi seautón*) in die europäische Geistesgeschichte eingegangen. Im Mythos des Orakels wird dieser Spruch dem Gott Apollon zugeschrieben. Der nach Delphi pilgernde Mensch soll sich im Unterschied zu ihm, dem Gott, als ein Sterblicher erkennen. Das »Dasein« ist endlich. All sein Denken und Handeln muss dieser Endlichkeit entsprechen. Vergisst es diese End-

---

6   Jacques Lacan: Die Angst. Das Seminar, Buch X. Turia + Kant: Wien 2011.

lichkeit, wird es – wie in der Hybris die tragischen Helden – von den Göttern an sie erinnert. Die Erkenntnis der Endlichkeit ist demnach Selbsterkenntnis. Diesen Zusammenhang weisen auch die Analysen von *Sein und Zeit* auf.

Das »Dasein« verhält sich zu seinem »je eigenen« »Sein zum Tode« unterschiedlich. Das »Man« als die sich in die Alltäglichkeit zerstreuende »Seinsweise« des »Daseins«, geht dem »Sein zum Tode« aus dem Weg. Es fliehe die »Angst«, die entstehe, wenn das »Dasein« sich der »*Gewißheit*« (GA 2, 339 f.) aussetze, dass es sterben werde. Das »eigentliche Dasein« dagegen setze sich seinem eigenen »Sein zum Tode« aus. Es vollziehe ein »vorlaufendes Freiwerden *für* den Tod« bzw. ein »Vorlaufen zum Tod« (GA 2, 350). Weil dieses »Vorlaufen zum Tod« das »uneigentliche Dasein« aus einer alltäglichen Selbstverdunkelung zu einem »eigentlichen Dasein« befreie, kann Heidegger es auch als »vorlaufende Entschlossenheit« (GA 2, 404 f.) bezeichnen. Das »eigentliche Dasein« findet sich selbst »ent-schlossen«, d. h. in seiner Offenheit, in seiner Endlichkeit oder Sterblichkeit notwendig begrenzt. Das »Dasein« wäre keine sich zu sich selbst verhaltende Offenheit, wenn es nicht vom »Sein zum Tode« begrenzt würde.

Das »Sein zum Tode« ist ein »Sein zum Ende«. Heidegger enthält sich der Frage, ob nach dem Ende noch »etwas« folgen könnte (GA 2, 327 ff.). Damit widersetzt er sich einer philosophischen Tradition, die gegenüber dem Sterben stets die Unsterblichkeit der Seele behauptet hat. Ob Platon, der im *Phaidon*, dem Sterbedialog des Sokrates, eine Aussicht auf ein anderes Sein der Seele jenseits des Körpers eröffnet, oder Aristoteles, der die Philosophie geradezu als eine Teilhabe an der Unsterblichkeit betrachtet; ob Kant, der die Unsterblichkeit der Seele als ein Zentralproblem der Vernunft bestimmt, oder Hegel, der dialektisch vom »Tod des Todes« spricht – immer wieder hat die metaphysische Philosophie den Tod nicht als eine absolute Grenze des Menschen verstanden. Die »Eigentlichkeit« des »Daseins« besteht für Heidegger jedoch genau darin, sich weder über diese Grenze Illusionen zu machen, noch sie durch theoretischen Aufwand wegzudenken. Das »eigentliche Dasein« erfahre im »Vorlaufen zum Tod« seine Grenze und das an dieser Grenze entspringende Maß der Zeit.

So sehr Heideggers Interpretation des »Daseins« als eines »Seins zum Tode« die Leser von *Sein und Zeit* über Generationen beeindruckt hat, so sehr wurde dieser Zusammenhang auch kritisiert.

Max Scheler notiert noch im Erscheinungsjahr von *Sein und Zeit* in fragmentarischen Aufzeichnungen: »Die erste Wendung zum *Welt-immanenten* ist doch *Eros*, nicht Abstoßung, Angst, Flucht vor sich.« Ein anderes Mal schreibt er: »Das, was uns die Welt aufschließt, ist ›Liebe‹, nicht Angst.«[7] Die Kritik wendet sich gegen eine bestimmte Tendenz der »Daseinsanalytik«, das »Dasein« zu sehr zu vereinzeln, es vom Bezug zum Anderen abzutrennen. Der »Eros« bzw. die »Liebe« sei die »erste Wendung« nicht nur zum Anderen, sondern zur Welt überhaupt.

Dieser Kritik schließt sich Jahrzehnte später ein ehemaliger Student Heideggers an. Emmanuel Lévinas hebt hervor, dass nicht der »je meine« Tod der »erste Tod« sei, der mich betreffe. Er schreibt:

»Jemand, der sich durch seine Nacktheit – das Antlitz – ausdrückt, ist jemand, der dadurch an mich appelliert, jemand, der sich in meine Verantwortung begibt: Von nun ab bin ich für ihn verantwortlich. All die Gesten des Anderen waren an mich gerichtete Zeichen. [...] Der Tod des Anderen, der stirbt, betrifft mich in meiner Identität selbst als verantwortliches Ich – eine Identität, die weder substantiell ist, noch aus dem einfachen Zusammenhang unterschiedlicher, identifikatorischer Akte besteht, sondern aus unsagbarer Verantwortung erwächst. Mein Betroffensein durch den Tod des Anderen macht gerade meine Beziehung zu seinem Tod aus. In meiner Beziehung, meinem Mich-Beugen vor jemandem, der nicht mehr antwortet, ist diese Affektion bereits Schuld – Schuld des Überlebenden.«[8]

Lévinas protestiert geradezu gegen Heideggers Zentrierung des Todes und des Sterbens auf das »jemeinige Dasein«. Der Tod bedrängt nicht von dem Faktum her, dass ich sterben werde, sondern dass der Andere sterben wird. Insofern wir »immer schon« auf den

---

[7]   Max Scheler: Späte Schriften. Hrsg. von Manfred S. Frings. Francke Verlag: Bern u. München 1976, 294.
[8]   Emmanuel Lévinas: Gott, der Tod und die Zeit. Edition Passagen: Wien 1996, 22.

Anderen antworten, gibt es eine »unsagbare Verantwortung«, die
auch vor dem Tod nicht abbricht. In diesem Sinne bin ich gleichsam
noch für den Tod des Anderen verantwortlich. Indem ich diese Verantwortung anerkenne, bin ich für den Anderen da.

Mit dieser ganz anders gearteten Phänomenologie des Todes bei
Lévinas wird ein neuer und kritischer Blick auf Heideggers Analyse
des »Seins zum Tode« möglich. Wird in Heideggers »Daseinsanalytik« der Andere und sein Tod vernachlässigt? Heideger charakterisiert das »Dasein« nicht bloß als »Sein zum Tode«, sondern auch als
»Mitsein«. Eine Weise der »Sorge« sei die »Fürsorge«. Sie wird unter
anderem als die »vorausspringend-befreiende Fürsorge« (GA 2, 163)
definiert. Diese »eigentliche Sorge« redet dem »Mitdasein« seinen
Kummer nicht aus, sondern »verhilft dem Anderen dazu, *in* seiner
Sorge sich durchsichtig und *für* sie *frei* zu werden«. Es geht nicht
darum, dem Anderen die Sicht auf seinen Tod zu versperren. Die
»eigentliche Sorge« soll dem Anderen die Möglichkeit nehmen, vor
seinem Tod in Alltägliches auszuweichen und sich über ihn hinweg-
zutäuschen. Anders als Lévinas ist Heidegger der Ansicht, dass der
»erste Tod« »je meiner« ist: »*Keiner kann dem Anderen sein Sterben
abnehmen.* […] Das Sterben muß jedes Dasein jeweilig selbst auf
sich nehmen. Der Tod ist, sofern er ›ist‹, wesensmäßig je der meine.«
(GA 2, 319) Für Heidegger ist der eigene Tod der »erste Tod«, ja,
vielleicht ließe sich behaupten, dass das Wissen von einem eigenen
Tod erst ermöglicht, vom Tod und damit auch vom Tod des Anderen
überhaupt eine Ahnung zu bekommen. Dennoch hat Lévinas Recht,
dass die Auffassung vom Tod ein Indikator für die Bedeutung des
Anderen schlechthin ist. Meine »Sorge« für den Anderen lebt von
der Angst, dass er mir entrissen wird.

Niemand anderes als Heidegger selbst hat die philosophische
Tragweite von *Sein und Zeit* eingeschränkt. Die Hauptfrage des
Buches richtet sich auf den »Sinn von Sein«. Dieser wird mit dem
»Horizont der Zeit« verknüpft. Der letzte Satz des Buches lautet:
»Offenbart sich die *Zeit* selbst als Horizont des *Seins*?« (GA 2, 577)
Die Frage gibt einen Hinweis, der die »Daseinsanalytik« in ihrer
Bedeutung begrenzt. Wenn die Zeit der Anfang einer Antwort auf
die Frage nach dem »Sinn von Sein« ist, müsste sie dann nicht ei-
nen unmittelbareren Zugang zum »Sein« eröffnen? Müsste das Den-
ken nicht bei der Zeit oder bei dem »Sein selbst« beginnen, um den

»Sinn« von »Sein« und »Zeit« zu erfassen? Warum muss das »Dasein« in der Frage nach dem »Sinn von Sein« soviel Raum beanspruchen? Gewiss wäre es problematisch, das Verhältnis von »Sein« und
»Dasein« zu ignorieren, um das »Sein selbst« zu bedenken – ein pro-
blematisches Unternehmen, das Heidegger in seinem auf *Sein und
Zeit* folgenden Denken hier und dort prüfte. Das Verhältnis selbst
konnte nicht gesprengt werden. Doch eine Gewichtsverlagerung in
diesem Verhältnis kündigt sich in den letzten Sätzen von *Sein und
Zeit* an. Diese Gewichtsverlagerung bzw. Umdrehung hat Heidegger
später selbst »Kehre« genannt. Sein Denken nach *Sein und Zeit* hat
am Verhältnis von »Dasein« und »Sein« festgehalten. Aber es hat
sich nicht mehr als »Daseinsanalytik«, sondern als ein »Denken des
Seins« verstanden.

In diesem »Denken des Seins« ist Heidegger dann sogar soweit
gegangen, die »*Seinsfrage*«, die Frage nach dem »Sinn von Sein«, als
den »*Holzweg meines Denkens*« (GA 73.2, 1275) zu bezeichnen.
»Durch Sein als Anwesen« sei eine »Beirrung« entstanden, »Sein von
der ›Zeit‹ her zu denken«. Dass die »Seinsfrage« aber ein »Holzweg«
sei, spricht nicht gegen sie. Der Gedanke betont den schon erwähnten »Wegcharakter« des Heideggerschen Denkens. Zu ihm gehört,
auch noch hinter die fruchtbarsten Einsichten ein Fragezeichen zu
setzen.

Die »ontologische Differenz«

Die drei wichtigsten Grundbegriffe in Heideggers Denken wurden
bereits genannt. Es handelt sich um die Begriffe des »Seins«, des
»Seienden« und – als eines »ausgezeichneten Seienden« – des »Daseins«. Obwohl es drei sind, bilden sie offenbar eine Einheit. Doch
zugleich zeigt sich ein Unterschied. Das »Sein« ist kein »Seiendes«.
Diesen Unterschied bezeichnet Heidegger zunächst als »ontologische Differenz«. Sie bildet die eigentliche Grundstruktur von Heideggers Philosophie. Auch sie hat er – wie die Frage nach dem »Sinn
von Sein« – später einer wichtigen Kritik unterzogen. In der Erläuterung dieser Grundstruktur erreicht eine Einführung in Heideggers Denken ihre Grenzen. Sie gehört zum Schwierigsten, was
dieses Denken beschäftigte. Es braucht Zeit, sie zu verstehen. Wem

es beim ersten Male nicht gelingt, soll sich nicht entmutigen lassen:
Die Philosophie nicht nur Heideggers wird nur dem vertraut, der
sich wiederholt um sie bemüht.

Von Heideggers ersten Beschäftigungen mit der »ontologischen
Differenz«, also mit der Unterscheidung des »Seins« vom »Seienden«, berichten seine Marburger Vorlesungen *Die Grundprobleme
der Phänomenologie*, die *Einleitung in die Philosophie* sowie sein
Aufsatz *Vom Wesen des Grundes*. In der zuerst genannten Marburger Vorlesung aus dem Jahre 1927 heißt es:

»Das Problem des Unterschiedes von Sein überhaupt und Seiendem steht
nicht ohne Grund an erster Stelle. Denn die Erörterung dieses Unterschiedes soll erst ermöglichen, eindeutig und methodisch sicher dergleichen wie Sein im Unterschied von Seiendem thematisch zu sehen und zur
Untersuchung zu stellen. Mit der Möglichkeit eines hinreichend klaren
Vollzuges dieser Unterscheidung von Sein und Seiendem und demnach
mit der Möglichkeit des Vollzuges des Überschritts von der ontischen
Betrachtung des Seienden zur ontologischen Thematisierung des Seins
steht und fällt die Möglichkeit der Ontologie, d.h. der Philosophie als
Wissenschaft.« (GA 24, 322)

Die Formulierung »Sinn von Sein« betont die Möglichkeit, von einem »Sein« zu sprechen, das nichts »Seiendes« ist. Indem Heidegger
nach diesem »Sinn« fragt, möchte er das »Sein selbst« diskutieren.
Doch in *Sein und Zeit* hatte er behauptet, um die Frage beantworten
zu können, müsse man mit der Analyse eines »exemplarischen Seienden« beginnen. Wie geschieht dann aber der »Überschritt« von einer
Analyse des »Seienden« zur eigentlich »ontologischen Thematisierung des Seins«? Die Philosophie als »Ontologie« ist für Heidegger
keine »Wissenschaft« allein des »Seienden«, sondern des »Seienden«
in seinem Bezug zum »Sein«. Der »Überschritt« von der »Ontik«
zur »Ontologie« hängt mit diesem Bezug, diesem Verhältnis, das
Heidegger immer häufiger thematisieren wird, zusammen.

Gemäß dem methodischen Ansatz von *Sein und Zeit* beginnt
eine »ontologische Thematisierung des Seins« mit der Betrachtung
eines bestimmten »Seienden«, und zwar des »Daseins«. Dessen
»Seinsweise«, das hatte *Sein und Zeit* betont, gründe in der »Zeitlichkeit«. So führen die ersten Schritte der Beschäftigung mit der

»ontologischen Differenz« dazu, diese spezifische »Seinsweise« des »Daseins«, die »Zeitlichkeit« bzw. »Temporalität« (GA 24, § 20) zu erläutern.

Im Verlauf der Klärung der »Zeitlichkeit« in ihrem Verhältnis zum »Dasein« zeigt sich für Heidegger die Notwendigkeit, die »Grundbedingung für die Erkenntnis von Seiendem sowohl wie für das Verstehen von Sein« (GA 24, 402) zu thematisieren. Dabei beruft er sich auf Platons im 6. Buch seiner *Politeia* dargestellten Sonnengleichnis. Es deutet sich an, dass der »Überschritt von der ontischen Betrachtung des Seienden zur ontologischen Thematisierung des Seins« in einem Grundgedanken der platonischen Philosophie anklingt, nämlich dass das Gute noch über das Sein selbst hinausgehe, also sich »jenseits des Seins« befinde. So kann Heidegger sagen: »Was wir suchen, ist das *epékeina tês ousías*.« (GA 24, 404) Die Wiederkehr dieses platonischen Gedankens in der Klärung der »ontologischen Differenz« ist sehr wichtig. In seinem einflussreichen Buch *Platons Ideenlehre* hatte der Neukantianer Paul Natorp den Gedanken eines Bereichs »jenseits des Seienden« mit dem »Begriff des Transzendentalen«[9] im Sinne Kants in Verbindung gebracht. Dies hinterließ in Heideggers Denken der »ontologischen Differenz« Spuren. Dass Heidegger in Marburg, dieser Heimat des Neukantianismus, die Grundlegung einer Philosophie als »Ontologie« in einer Auseinandersetzung mit Platon und Kant bewerkstelligen wollte, ist vielleicht kein Zufall. Was allerdings aus dieser Beschäftigung resultierte, unterschied sich sehr von dem, was die Neukantianer dachten.[10]

»Grundbedingung«, die es dem »Dasein« ermögliche, nicht nur »Seiendes«, sondern das nichtseiende »Sein selbst« zu verstehen, sei, dass es eine Sphäre gebe, die über das »Seiende« hinausgehe, die sich erst »jenseits des Seienden« öffne. Diese Sphäre kann Heidegger »Welt« nennen. In der genannten anderen Marburger Vorlesung, der »Einleitung in die Philosophie«, erläutert er, inwiefern die »Seins-

[9] Paul Natorp: Platons Ideenlehre. Eine Einführung in den Idealismus. Felix Meiner Verlag: Hamburg 1994, 463.
[10] Vgl. Heidegger und der Neukantianismus (Studien und Materialien zum Neukantianismus). Hrsg. von Claudius Strube. Königshausen & Neumann: Würzburg 2008.

frage« mit der Frage nach der »Welt« verflochten sei (GA 27, 394).
Wie das »Dasein« »immer schon« »Seinsverständnis« habe, so habe
es auch ein »*vorgängiges Verständnis von Welt, Bedeutsamkeit*«
(GA 24, 420f.). Dieses Verständnis, mit dem sich das »Dasein« in
einem Spielraum bewege, der das »Seiende« übersteige, sei in sich
der »*echte ontologische Sinn von Transzendenz*« (GA 24, 425). Das
bedeutet, dass das »Dasein« in seinem »In-der-Welt-sein« über sich
selbst hinausgehen und das nur Vorhandene und Zuhandene »übersteigen« (GA 9, 137) könne.

Doch noch ein anderes wesentliches Moment der platonischen
Philosophie zeigt eine strukturelle Analogie zum Gedanken der
»ontologischen Differenz«. Der vor allem im Dialog *Phaidon* the-
matisierte Begriff des *chorismós* (St. 67d), der die Trennung, die
Unterscheidung der Seele vom Körper anzeigt, ermöglicht es, die
Unsterblichkeit der nichtkörperlichen Seele im Verhältnis zu einem offensichtlich zerfallenden Leib zu behaupten. Der Begriff der
»ontologischen Differenz« ist gleichsam ein Echo dieser Grund-
differenz in der platonischen Ontologie. Der *chorismós* ist, wie
auf eine andere Weise das *epékeina tês ousías*, eine Bedingung der
»Transzendenz«. Mit ihnen öffnet sich ein Raum, in den hinein das
»Dasein« das vorhandene »Seiende« »übersteigen« und hinter sich
lassen kann.[11]

Was so als »Transzendenz« gedacht wird, will Heidegger zugleich
von Kant her und gegen Kants Bestimmung des »Transzendentalen« verstanden wissen. Kant habe im »Transzendentalen« zwar
das »Problem der inneren Möglichkeit von Ontologie überhaupt
erkannt«, doch die von Kant angenommene »wesentlich »kritische««
Bedeutung des »Transzendentalen« habe ihn davon abgehalten, »mit
einer radikaleren und universaleren Fassung des Wesens der Transzendenz [...] eine ursprünglichere Ausarbeitung der Ontologie und
damit der Metaphysik« (GA 9, 140) begründen zu können. Eine
weitergehende Darstellung, wie Heidegger Kant gedeutet hat, ist

[11] Nicht nur an dieser Stelle klingt die Möglichkeit an, Heideggers Denken
mit Plotin zu verbinden. Warum ignorierte Heidegger Plotin, bei dem er so
viele Motive des eigenen Denkens hätte finden können? Vgl. auch Werner
Beierwaltes: Das wahre Selbst. Studien zu Plotins Begriff des Geistes und
des Einen. Vittorio Klostermann Verlag: Frankfurt am Main 2001, 120ff.

hier nicht möglich und für die Sache auch nicht nötig. Festzuhalten
ist bloß, dass in der ersten Auslegung der Bedeutung der »ontologischen Differenz« Platon und Kant die beiden Denker waren, mit
denen Heidegger sich am meisten beschäftigte.

Die erste Bestimmung, der Ausgangspunkt aller weiteren Modi-
fikationen in der Interpretation der »ontologischen Differenz« ist
gefunden. Heidegger schreibt in seinem Aufsatz »Vom Wesen des
Grundes« richtungsweisend: »Diesen Grund der ontologischen Differenz nennen wir [...] die *Transzendenz des Daseins*.« (GA 9, 135)
Die Unterscheidung des »Seins« vom »Seienden« gibt die Sphäre des
»Jenseits des Seins« frei, die Dimension der »Welt« oder der »Transzendenz des Daseins«.

Heideggers Klärung der »ontologischen Differenz« hat zu dieser
Zeit eine epistemologische Funktion. So interessiert er sich für eine
Grundlegung der Philosophie als einer »absoluten Wissenschaft vom
Sein« (GA 24, 15) oder als einer »universalen Ontologie« (GA 24,
16). Diese »absolute Wissenschaft« sei die »*transzendentale Wis-
senschaft*« (GA 24, 460), weil ihr Gegenstand die »Welt« bzw. das
»Sein« als die Offenheit des »Daseins«, die »Transzendenz«, ist. Die
Methode dieser Wissenschaft soll die »Phänomenologie« (GA 24,
27 ff.) sein.

Die Bestimmung einer »Phänomenologie« als »universaler Ontologie«, als »transzendentaler Wissenschaft«, liegt am Ende der zwanziger Jahre auf einer von *Sein und Zeit* ausgehenden philosophischen Linie. Die Bestimmung einer Philosophie als »universaler
Ontologie« richtet sich gegen den Begriff der »Weltanschauungs-
philosophie«, den Heidegger für ein »hölzernes Eisen« (GA 24, 16)
hält. (Die Bezeichnung ist ein Oxymoron, es verbindet sich aus-
schließende Bedeutungen.) Es ist die Zeit, in der sich Heidegger mit
dem u. a. von Kant her kommenden Begriff der »Weltanschauung«
beschäftigt (vgl. GA 9, 155). Dass die Philosophie eine »Weltanschauung« sein könne, wird zurückgewiesen, obwohl zum »Dasein«
»notwendig« eine solche gehöre. Nicht anders als z. B. Husserl mit
seiner »transzendentalen Phänomenologie« erhebt Heidegger den
Anspruch, mit der »universalen Ontologie« eine Grundlegung aller
Wissenschaften zu liefern (GA 2, 14). Doch so deutlich das Programm einer wissenschaftlichen Philosophie an dieser Stelle von
Heideggers Denken erscheint, so deutlich sind die Probleme zu er-

kennen, die das Programm in eine Krise treiben. Zumindest zwei
seien hier genannt und erläutert: Das eine betrifft den »universalen«
Charakter des »Seins«. Der Begriff des »Universalen« bleibt unter-
bestimmt, weil Heidegger auf ein Merkmal des »Seins« stößt, das
seine »Universalität« in Frage stellt. Das andere Problem hängt mit
der im nächsten Kapitel zu berücksichtigenden »Geschichtlichkeit«
des »Daseins« zusammen.

Die Begründung einer »universalen Ontologie« ist problematisch,
weil die Weise, wie das »Sein« ist, den Charakter des »Entzugs« oder
der »Verbergung« hat. Bereits im Jahre 1923 notiert Heidegger:

»Sollte es sich herausstellen, daß es zum *Seins*charakter *des Seins*, das
Gegenstand der Philosophie ist, gehört: *zu sein* in der Weise des *Sich-
verdeckens* und Sich-verschleierns – und zwar nicht akzessorisch, sondern seinem Seinscharakter nach –, dann wird es eigentlich ernst mit der
Kategorie Phänomen.« (GA 63, 76)

Heidegger behauptet, dass die »Kategorie Phänomen«, also das Erscheinen an sich, erst dort zu einem philosophischen Problem werde,
wo ein »Sich-verdecken«, ein Nichterscheinen, geschehe. Der Gedanke scheint paradox zu sein. Er kehrt wieder in *Sein und Zeit*,
wenn Heidegger schreibt, dass das Phänomen etwas sei, »was sich
zunächst und zumeist gerade *nicht* zeigt, was gegenüber dem, was
sich zunächst und zumeist zeigt, *verborgen* ist« (GA 2, 47). Diese
»Verbergung« im Erscheinen, dieses »Sich-verschleiern«, als Phänomen zu erblicken, sei die grundlegende Aufgabe der Phänomenologie. Der Gegenstand der »universalen Ontologie« sei demnach – ein
Nicht-Gegenstand, ein Nicht-Phänomen.

In der schon angesprochenen »Destruktion [...] der abendländischen Philosophie« hatte Heidegger erkannt, dass das metaphysische Denken seit Platon und Aristoteles das »Sein« mit der »Anwesenheit« identifizierte (GA 19, 466). Doch die Konsequenz dieses Gedankens wurde nicht sogleich erkannt. Nach Heidegger besteht der »Seinscharakter des Seins« in einem »Sich-verdecken«. Ein
»Sich-verdecken« lässt sich jedoch keineswegs als »Anwesenheit«
verstehen. Vielmehr verweist die Verdecktheit des »Seins« auf eine
elementare »Abwesenheit«, auf einen »Entzug«. Das »Sein selbst«
konnte nicht mehr als eine in sich stabile Entität gedacht werden.

Hatte die »abendländische Philosophie« etwa das »Sein« stets als »Seiendes« verstanden? Setzt der »universale« Charakter dieser Philosophie nicht eine stabile »Anwesenheit« ihrer Grundideen voraus? Heidegger merkte, dass er sich von dieser Tradition der Philosophie verabschieden musste. Damit musste auch der Gedanke fallen gelassen werden, eine »universale Ontologie« begründen zu können.

Eine wichtige Modifikation des Gedankens der »ontologischen Differenz« als der Voraussetzung für die »Transzendenz des Daseins« wird von einer Einsicht motiviert, die bereits in den letzten Paragraphen von *Sein und Zeit* auftaucht. Dort nämlich spricht Heidegger vom »ontologischen Rätsel der Bewegtheit des Geschehens« (GA 2, 514), d. h. vom »ontologischen Rätsel« der »Geschichte«. Die Rätselhaftigkeit ihrer »Bewegtheit« veranlasste Heidegger dazu, eine Grundlegung der »Ontologie« auf den Fundamenten eines platonisch-aristotelischen Philosophieverständnisses wiederholt zu überdenken. Dabei kamen ihm Zweifel, ob dieses Philosophieverständnis den eigentlichen Intentionen seines Denkens entsprechen konnte. Dieser Zweifel brachte ihn dazu, ein Denken vorzutragen, welches das europäische Philosophieverständnis als Wissenschaft von den ersten Gründen, als »Metaphysik«, zu »überwinden« trachtet. Die »Überwindung der Metaphysik« ist derjenige Themenbereich, von welchem aus die erheblichen Verwandlungen der »ontologischen Differenz« zu erläutern sind. Die »Metaphysik« überhaupt in ihrer Unterscheidung des Sinnlichen vom Übersinnlichen scheint von der »ontologischen Differenz« begründet zu werden, ohne dass sie etwas davon weiß (GA 7, 71). Dabei liegt es im Sinn der Sache selbst begründet, dass nicht zu entscheiden ist, ob die zu denkende »Überwindung der Metaphysik« die noch anzusprechende »Überwindung der ontologischen Differenz« bestimmt oder ob es sich andersherum verhält.

Ein herausragendes Zeugnis, das den Versuch einer »Überwindung der Metaphysik«, den Versuch, die gesamte Geschichte des europäischen Denkens in neue, andere Bahnen zu leiten, zur Sprache bringt, sind die *Beiträge zur Philosophie*, ein Text, der einer Gruppe von Schriften zugeordnet wird, die als »seinsgeschichtliche Abhandlungen« bezeichnet werden. In den *Beiträgen zur Philosophie* heißt es zur »Unterscheidung« des »Seins« vom Seienden« selbstkritisch:

»Diese Unterscheidung ist seit ›Sein und Zeit‹ als ›ontologische Differenz‹ gefaßt, und dieses in der Absicht, die Frage nach der Wahrheit des Seyns gegen alle Vermischung sicher zu stellen. Aber sogleich ist diese Unterscheidung auf die Bahn gedrängt, aus der sie herkommt. Denn hier macht sich die Seiendheit geltend als die *ousía*, *idéa*, und in ihrem Gefolge die Gegenständlichkeit als *Bedingung der Möglichkeit* des Gegenstandes.« (GA 65, 250)

Der »Sinn von Sein« wird zur »Wahrheit des Seyns«. Das Verständnis der »ontologischen Differenz« als Grund für die »Transzendenz des Daseins« habe den Ort nicht erreicht, den Heidegger jetzt als »ihren Ursprung selbst und d. h. [als] ihre echte *Einheit*« (GA 65, 250) denkt. Festgehalten von der »Seiendheit des Seins«, von der Vorstellung eines »allem Seienden Gemeinsamen« (GA 65, 425), blieb das »Sein selbst«, das nun als »Seyn« erscheint, verstellt. Indem Heidegger sich in seinem ersten Klärungsversuch der »ontologischen Differenz« einerseits am platonischen Gedanken des *epékeina tês ousías* und andererseits an der kantischen Theorie des »Transzendentalen« orientierte, hat sich ihm das entzogen, zu dem sein Denken unterwegs war: der »Ursprung« der »ontologischen Differenz«, den Heidegger nun als die »*Wesung* des Seyns« (GA 65, 465) bezeichnet.

Indem Heidegger jetzt platonische und kantische Gedanken zurückweist, weil diese den »Ursprung« oder die »echte Einheit« der »ontologischen Differenz« unter ihren eigenen Voraussetzungen begraben, setzt er in der Klärung eigener philosophischer Ansichten früher, *vor* der Ära der platonisch-aristotelischen Philosophie, an. Er zeigt, inwiefern bereits diese Initiatoren der europäischen Philosophie einer eigentümlichen »Vergessenheit« anheim gefallen seien. Schon sie vermochten es nicht mehr, das »Sein selbst« als »Sein selbst« und nicht etwa als »Seiendheit«, d. h. als die Allgemeinheit des »Seienden« wie die *idéa* oder *ousía* oder als ein besonderes »Seiendes« wie das Göttliche zu verstehen. Diese »Vergessenheit« darf aber nach Heidegger nicht als eine Art von Amnesie verstanden werden. Es geht nicht darum, dass die Philosophen das »Sein« »vergessen« haben, sondern dass die »Seinsvergessenheit« und die mit ihr zusammenhängende »Seinsverlassenheit« (GA 65, 116 f.) von einer sich selbst entziehenden und verbergenden »Wahrheit des Seyns« aus möglich wurde.

Der Gedanke der »ontologischen Differenz« verlagert sich, er wird auf einen Weg gebracht, wird immer wieder neu gewendet. Mit dem Hinweis auf den »Ursprung« der »ontologischen Differenz« als ihrer »Einheit« hat sich bereits gezeigt, dass es sich bei der »ontologischen Differenz« keineswegs nur um eine zweigliedrige Struktur handelt. Die »Wesung des Seyns« als der »Ursprung« der »Differenz« ist das, was »zwischen« dem »Sein« und dem »Seienden« ist (GA 9, 123). Es geht demnach um die Erkenntnis eines dritten Strukturelements. Im Verstehen der Unterscheidung zwischen dem »Sein« und dem »Seienden« geht es weder um das »Sein«, noch um das »Seiende«, sondern um das »Zwischen«, das beide auseinanderhält und verbindet.

Mit der Entdeckung dieses »Zwischen« hat Heidegger eine Dimension erreicht, in der die gängigen ontologischen Erklärungskategorien kaum noch zureichen. Der Philosoph spricht daher einfach von einer »Differenz *als* Differenz« (GA 11, 76). Sie sei »der Grundriß im Bau des Wesens der Metaphysik«, ohne doch von dieser *als* sie selbst gedacht werden zu können. Mit der Freilegung dieses »Grundrisses« hat die »Überwindung der Metaphysik« ihren leitenden Gedanken gefunden.

Der auffällige Begriff des »Grundrisses« soll dabei zweierlei besagen. Zunächst verweist er auf den schon erwähnten Gedanken, dass die gesamte Geschichte der »Metaphysik« in ihrer Unterscheidung des Sinnlichen und Übersinnlichen, wenn man so will, in der Unterscheidung des »Idealismus« vom »Materialismus«, auf diesem »Grundriss« aufbaut. Dann aber soll auch deutlich werden, dass der »Grund« des europäischen Denkens ein »Riss« ist. Dieser »Riss« kann nicht in eine »Einheit« oder »Identität« vertieft oder aufgehoben werden. Das europäische Denken jedoch tendiert zur Behauptung einer stabilen »Anwesenheit« seiner wesentlichen Kategorien. Sollte es aber auf nichts anderem als auf einer »Differenz als Differenz« begründet sein, müsste es sich darüber aufklären lassen, inwiefern die Behauptung stabiler Entitäten in Verbindung mit einer funktionierenden Begrifflichkeit in Wahrheit grundlos ist.

Doch der »Wegcharakter« von Heideggers Denken erfasst gerade seine zentralen Formate. Indem die »Seinsfrage« zu einem »Holzweg« wird, zeigt sich auch die »ontologische Differenz« in einem neuen Licht. Sie wird als »Wegsperre« (GA 73.2, 1330) ausgemacht. Am Ende der fünfziger Jahre kommt Heidegger daher auf den Gedanken der »Preisgabe« bzw. einer »Destruktion der ontologischen Differenz«. Diese »Destruktion« wird nun nicht mehr auf die »abendländische Philosophie« und ihren »Anfang« bezogen. Es gehe nicht mehr um den »Rückblick in den Anfang«, sondern um den »Vorblick in den An-fang, in das Ereignis als das zu-Denkende«. Heidegger spricht nun vom »Anwesenlassen des Anwesenden«, wobei das »*Lassen*« akzentuiert wird. Denn dieses sei das »Er-eignen«. Das dürfe nicht mehr mit der »Seinsfrage« in Zusammenhang gebracht werden. In der Aussage »Sein des Seienden heißt Anwesen des Anwesenden« werde dem »Anwesenden das Anwesen als Prädikat« zugeschrieben. Das »Anwesen« wäre etwas dem »Anwesenden Zukommendes«. So bliebe das Denken »im Aussagen über das Sein hängen, gleich als sei es etwas Vorkommendes«. Um dem »Sachverhalt«, dem »Ereignis«, näher zu kommen, müsse die »Seinsfrage« und damit die »ontologische Differenz« zurückgelassen werden.

Nun versucht Heidegger in einem neuen, durchaus esoterischen Stil die »Differenz als Differenz« zu erfassen. Das zentrale Wort, das er dafür verwendet, lautet »Unterschied«. Er sei der »Schied des Zwischen«, der »einen noch ungeklärten Zusammenhang mit dem Zwischen« bekunde. Dieses »Zwischen« sei der sogenannte »Zeit-Raum – der den Entwurfsbereich für Anwesen, Gegenständigkeit« (GA 73.2, 1392) bestimme. »Seinsvergessenheit« sei nun »das Selbe« wie die »Vergessenheit des Unter-schieds«.

Heideggers Denken der »ontologischen Differenz« wurde von vielen Philosophen aufgenommen. Jacques Derrida hat bereits in der »Grammatologie« von 1967 darauf aufmerksam gemacht, dass für Heidegger der »Sinn von Sein kein transzendentales oder transepochales Signifikat«[12] sei. Derrida nennt den »Sinn von Sein« vielmehr eine »determinierte signifikante Spur«. Damit ist gemeint, dass »im entscheidenden Begriff der ontisch-ontologischen Differenz *nicht alles in einem Zug zu denken*« sei. Die Bestimmung »ontisch-ontologisch« sei im Hinblick auf die »Differenz« abgeleitet. Derrida selbst spricht von der »*différance*«, die er einen »ökonomischen Begriff« nennt, da sie die »Produktion des Differierens im doppelten

---

12 Jacques Derrida: Grammatologie. Suhrkamp Verlag: Frankfurt am Main 1974, 44.

Sinne« bezeichne. Différer bedeutet im Französischen zugleich »aufschieben« und »verschieden sein«. Wer sich mit Derridas Projekt der »Dekonstruktion« beschäftigen möchte, ist auf ein Verständnis der »différance« angewiesen. Im selben für Derrida so entscheidenden Jahr 1967 hatte er in seinem Aufsatz *Gewalt und Metaphysik* gegen Emmanuel Lévinas gezeigt, inwiefern ohne die »ontologische Differenz« bzw. das »Denken des Seins« »keine Ethik« und erst recht »keine Ethik« à la Lévinas gedacht werden könne.[13] Kritisch betont er, dass sie im Vergleich mit der »Differenz« zum Anderen die »ursprünglichere Differenz«[14] sei. Der Gedanke einer »Differenz als Differenz« wird im ethischen Kontext angewendet.

Die ethische Bedeutung eines Denkens der »Differenz als Differenz« besteht darin, dass, anders als in der Überlieferung der europäischen Philosophie, die »Differenz« nicht mehr ihrem Gegenbegriff der »Identität« untergeordnet wird. Häufig haben die klassischen europäischen Philosophen das Phänomen des Anderen und Andersartigen als etwas aufgefasst, das in einer ersten und letzten »Identität« als in einer alles vereinigenden »Totalität« aufgehoben und damit überwunden werden müsse. Das ist nicht so, wenn die »Differenz als Differenz« der »Grundriss des Denkens« ist. Dennoch werden Heideggers eigene Aussagen zur Ethik eher zurückhaltend beurteilt.[15] Es gibt Tendenzen in Heideggers Denken, die der Formulierung einer Ethik entgegenstehen.

Die »Geschichtlichkeit« des »Daseins«

Heidegger früheres Philosophieren ist davon mitbestimmt, die urchristliche Religiosität und die griechische Philosophie in ihrer Bedeutsamkeit für die »Faktizität des Lebens« zu reflektieren. Schon hier spielt der »Begriff des Historischen« als »*Kernphänomen*« (GA 60, 31 ff.) eine große Rolle. Als Heidegger in *Sein und Zeit* da-

---

13 Jacques Derrida: Gewalt und Metaphysik. In: Ders.: Die Schrift und die Differenz. Suhrkamp Verlag: Frankfurt am Main 1976, 208.
14 Ebd., 138. Nach der Veröffentlichung der *Schwarzen Hefte* liest man diese Kritik von Derrida an Lévinas vielleicht mit anderen Augen.
15 Eine Ausnahme bildet Jean-Luc Nancy: Das nackte Denken. Diaphanes: Zürich u. Berlin 2014, 103–149.

rangeht, den »Sinn« der »Geschichte« im Rahmen seiner »Daseins-analytik« auszuloten, steht die Wichtigkeit dieses Phänomens für ihn außer Frage. Was *Sein und Zeit* leisten musste, war, den systemati-schen Zusammenhang zwischen dem »Dasein« und der »Geschichte« hinsichtlich der Frage nach dem »Sinn von Sein« darzustellen.

Heidegger erklärt, inwiefern die »Seinsweise« der »Sorge« der In-dikator für die »Ganzheit« des »Daseins« sei. Das »Dasein« beziehe sich in der »Sorge« auf sich selbst. Es besorge seine Angelegenheiten, um seine Zukunft zu sichern. So sei es »immer schon« über sich hin-aus auf etwas bezogen, was noch nicht ist. Auch die »Fürsorge«, die sich auf den Anderen bezieht, reicht in die Zukunft. Diese Bewe-gung des »Daseins«, dass es sich von dem aus, was es gewesen ist, zu dem, was es sein wird, entfaltet, ist das »Geschehen«, das Heidegger ontologisch als »Geschichte« bzw. als die »Geschichtlichkeit« des »Daseins« versteht. Die »Zeitlichkeit« sei demnach die »Bedingung der Möglichkeit« dafür, dass das »Dasein« »geschichtlich« existiere (GA 2, 27).

Diese »Geschichtlichkeit« des »Daseins« zeigt sich in zweifacher Hinsicht. Es kann sich zur »Geschichte« »eigentlich« verhalten, wo-bei die Art dieses Verhaltens noch zu klären ist. Es kann zu ihr aber auch ein »uneigentliches« Verhältnis einnehmen, sodass es schließ-lich die »Geschichtlichkeit« ignoriert. Heideggers spätere Bemer-kungen zur »Geschichtslosigkeit« gehen über diese Ignoranz noch hinaus.

Das »Dasein« findet ein »entschlossenes« Verhältnis zu seiner »Geschichte«, d. h. zu seinen »jeweiligen faktischen Möglichkei-ten eigentlichen Existierens«, insofern es in ihr ein »*Erbe*« (GA 2, 507) erkennt. »Alles ›Gute‹« sei »Erbschaft«, und »der Charakter der ›Güte‹« liege in der »Ermöglichung eigentlicher Existenz«. Die »Möglichkeiten eigentlichen Existierens« müssen vom »Dasein« er-kannt und angeeignet werden. Das finde als »*Wiederholung*« (GA 2, 509) statt. »Wiederholung« bedeute hier nicht Repetition, sondern ein Zurückholen von Handlungsmöglichkeiten, die das »Dasein« als wiederholbar betrachtet (das ganze Buch *Sein und Zeit* beginnt mit einer »ausdrücklichen Wiederholung der Frage nach dem Sein«, GA 2, 3). Dazu kann natürlich nicht alles gehören, was geschah. Das »Dasein« kann sich im »*Widerruf*« (GA 2, 510) kritisch zur Ge-schichte verhalten. Es zeigt sich verantwortlich für sein »Erbe«, indem es bestimmte zurückliegende Geschehnisse »widerruft«. Doch diese Beachtung des »Erbes« ist nur der Beginn einer »eigentlichen Geschichtlichkeit«.

Zur »Entschlossenheit« zum »Erbe« gehört das »Vorlaufen in den Tod« (GA 2, 507). Allein das »Freisein *für* den Tod« gebe dem »Dasein das Ziel schlechthin« und stoße die »Existenz in ihre Endlichkeit«. So gelange das »Dasein in die Einfachheit seines *Schicksals*«. Das »Dasein«, das sich seine »Endlichkeit« verschweige, verhalte sich zur Geschichte indifferent. Es gehe auf das »Erbe« nicht ein, indem es sich der »uneigentlichen« Praxis des »Man« überlasse. Erst wenn das »Dasein« sich in seiner »Endlichkeit« erfasse, verlasse es seine alltägliche Indifferenz. Es »wählt« seine »Möglichkeiten«, die ihm vom »Erbe« angeboten werden. Jetzt erhalte es ein »Ziel«. Das »Dasein« finde »sein Schicksal«.

Für Heidegger ist der »Tod« die »Macht«, durch die sich das »Dasein« »in der eigenen *Übermacht* seiner endlichen Freiheit« (GA 2, 508) selbst erkenne. Diese »Übermacht« des »Daseins« bestehe darin, »die *Ohnmacht* der Überlassenheit an es selbst zu übernehmen und für die Zufälle der erschlossenen Situation hellsichtig zu werden«. Der Vollzug der »Endlichkeit« im »Vorlaufen zum Tod« mache gleichsam sensibel für Ereignisse, die dem »Erbe« entstammen bzw. entsprechen. Die »Geschichtlichkeit« wird zu einer Instanz, die das konkrete Handeln bestimmt. Dazu aber gehört, dass das »Dasein« in seinem Verhältnis zu seinem »Erbe« nicht allein sei. Das liege schon daran, dass das »schicksalhafte Dasein als In-der-Welt-sein wesenhaft im Mitsein mit Anderen« existiere. Daher sei sein »Geschehen ein Mitgeschehen«, das Heidegger als »*Geschick*« versteht. Dieses sei das »Geschehen der Gemeinschaft, des Volkes«. Demnach gehöre zur »Geschichtlichkeit« des »Daseins« »immer schon« seine Zugehörigkeit zu einer »Gemeinschaft« bzw. einem »Volk«.

Diese – wie noch zu zeigen sein wird: problematische – »fundamental-ontologische« Erörterung der »Geschichtlichkeit« strahlt weit in Heideggers gesamte Philosophie aus. Eine unmittelbare Folge dieser Erkenntnisse ist die tiefgehende Differenzierung zwischen »Geschichte« und »Historie« (GA 2, 518 ff.). Die Historie erscheint als Vergegenständlichung einer fundamentalen »Seinsweise« des »Daseins«. Die »Geschichtswissenschaft« verobjektiviere das, worin das »Dasein« »immer schon« existiere. Insofern spricht

Heidegger ihr eine gewisse Notwendigkeit für die Selbstverständigung des »Daseins« zu. Doch im weiteren Verlauf seines Denkens bestreitet Heidegger zunehmend den Anspruch der Historie,
die Geschichte erforschen zu können. So schreibt er ungefähr zehn
Jahre nach *Sein und Zeit* in der »seinsgeschichtlichen Abhandlung«
Besinnung:

»Sie – die politisch-historische Auffassung des neuzeitlichen Menschen –
hat denn auch zur Folge, daß erst mit ihrer Hilfe der *Historismus* zur
Vollendung gebracht wird. Historismus ist die völlige Herrschaft der
Historie als Verrechnung des Vergangenen auf ein Gegenwärtiges mit
dem Anspruch, dadurch das Wesen des Menschen als eines *historischen*
– nicht geschichtlichen – Wesens endgültig festzumachen.« (GA 66, 169)

Wenn in *Sein und Zeit* noch die Absicht vorherrscht, die Historie an
die »Daseinsanalytik« zurückzubinden, spricht Heidegger ihr später jede Kompetenz ab, die Geschichte erfassen zu können. Eine der
»Geschichtswissenschaft« vielleicht eigene methodische Neigung,
epochale Unterschiede zu nivellieren (sind Neandertaler und antike Griechen im Kontext einer europäischen Selbstauslegung gleich
wichtig?), löst bei Heidegger eine Kritik aus, die zur Idiosynkrasie
übergeht. Es ist evident, dass die Erläuterung der »Geschichtlichkeit« des »Daseins« von *Sein und Zeit* mit einer methodischen Indifferenz der »Geschichtswissenschaft« kollidieren muss. Der Historiker braucht durchaus nicht »zum Tod vorzulaufen«, um seine
Forschung zu planen.
    Eine weitere Konsequenz der ausführlichen Bezugnahme auf die
Geschichte besteht darin, dass Heidegger nach *Sein und Zeit* die
»Geschichtlichkeit« nicht mehr bloß als eine »Seinsweise« des »Daseins« betrachtet, sondern auf das »Sein selbst« bezieht. Bereits in
Sein und Zeit heißt es, »daß das Fragen nach dem Sein […] selbst
durch die Geschichtlichkeit charakterisiert« (GA 2, 28) sei. Wie
sich das »Sein selbst« philosophisch thematisieren lasse, werde »geschichtlich« entschieden. Dabei scheint es zunächst so zu sein, als
würde Heidegger das »Sein« zu einer Instanz machen, die sich jeweils in Epochen verschieden »zuschicke« und dementsprechend als
so etwas wie ein »Grund« der Geschichte betrachtet werden müsst.
In den *Beiträgen zur Philosophie* heißt es einmal: »Nur im We-

sen des Seyns selbst und das heißt zugleich in seinem Bezug zum Menschen, der solchem Bezug gewachsen ist, kann die Geschichte gegründet sein.« (GA 65, 492) Doch ein solches Fundierungsverhältnis schließt sich im Hinblick auf das »Sein« und die Geschichte darum aus, weil es nicht jenseits der »Zeitlichkeit«, d. h. jenseits der Geschichte, lokalisiert werden kann. Eine solche Vorstellung führte auf die Hegelsche Differenzierung eines ewigen »Geistes«, der »in die Zeit fällt«, zurück. Bei Heidegger geraten »Sein« und »Geschichte« vielmehr in ein Verhältnis, in dem das »Sein« zugleich die »Geschichte« ist und nicht ist. Heideggers Formulierung von der »Geschichte des Seins« lässt diese Zweideutigkeit im »seynsgeschichtlichen Genitiv« (GA 69, 170) deutlich werden: Die »Geschichte« wird vom »Sein selbst« »er-eignet«. Was die »Geschichte« sei, werde vom »Sein selbst« entschieden.

Genauer betrachtet wird damit das in *Sein und Zeit* vertretene Fundierungsverhältnis von »Zeitlichkeit« und »Geschichtlichkeit« hinfällig. Die »Zeitlichkeit«, d. h. das »Sein«, kann nicht als die »Bedingung der Möglichkeit« von »Geschichte« interpretiert werden, wenn sich unsere Auffassung von »Zeitlichkeit« selbst »geschichtlich« wandeln kann. Heidegger verweist in seiner frühen Paulus-Interpretation darauf, dass das »Urchristentum« die »Zeit selbst« »lebt«. Fasst das Urchristentum die »Zeitlichkeit« »eschatologisch«, also von der Parusieerwartung her, so totalisiert sich eine »geschichtliche« Auffassung der »Zeitlichkeit« zur »Zeit selbst«. Im Rahmen einer Totalisierung der »Geschichtlichkeit« hat es den Anschein, als habe Heideggers späteres Denken diese Möglichkeit favorisiert, unsere Auffassung der »Zeitlichkeit« auf ein »geschichtliches« Narrativ (oder einen Mythos) zurückzubeziehen. Dieser Gedanke verweist auf das, was Heidegger seit 1932 den »anderen Anfang« nennt.

Mit den letzten Kapiteln von *Sein und Zeit* meldet sich in Heideggers Denken eine *Totalisierung der Geschichte*, die in seinem Denken verheerende Folgen haben wird. Diese Totalisierung zeigt sich auch in Texten, die im Großen und Ganzen bisher als unproblematisch betrachtet wurden. So schreibt sie sich auch in Heideggers 1929 veröffentlichten Festschriftbeitrag zu Edmund Husserls 70. Geburtstag ein, dem meisterhaften Aufsatz »Vom Wesen des Grundes«. Dort erklärt Heidegger, dass das »Dasein« erst »*im* Überstieg«, d. h. in der »Transzendenz«, »allererst auf solches Sei-

endes« zukomme, »das *es* ist, auf es *als* es ›selbst‹« (GA 9, 138). »Im
Überstieg und durch ihn« könne »sich erst innerhalb des Seienden
unterscheiden und entscheiden, wer und wie ein ›Selbst‹« sei. Der
Begriff des »Selbst« wird zweideutig verwendet, bis er dann in den
Vorlesungen und Vorträgen um 1933 eindeutiger wird.[16] Einerseits
kann das »Selbst« des »Daseins« nur darauf verweisen, dass es sich
im Unterschied zu allem anderen »Seienden« zu sich selbst verhalten
kann. Andererseits kann das »Selbst« als eine Figur der »Eigentlichkeit« verstanden werden, so dass zum reflexiven Bezug des Daseins
zu sich selbst »Schicksal« und »Geschick« hinzutreten. Nun wird
das »Selbst« zu einem Stellvertreter der »Identität«. Heidegger hat
diese Unterscheidung keineswegs genauer markiert.

Das philosophische Problem im Begriff der »Geschichtlichkeit«
des »Daseins«, der »Schicksal« und »Geschick« (Vokabeln, die heute
zu Recht reserviert betrachtet werden) engführt, liegt darin, dass das
»Dasein« in seinem »geschichtlichen« Handeln notwendig zum Repräsentanten eines »Volkes« wird, das sich wie das »Dasein« selbst,
wie das »Selbst« des »Daseins«, nicht pluralisieren kann. Wie das
einzelne »Dasein« spricht das »Volk« mit *einer* Stimme. Nur so
vermag es ein »Geschick« zu haben, das immer *ein* »Geschick« ist.
Weil es aber anscheinend in der Geschichte immer um ein solches
»Geschick« geht, kann der Widerstand zu ihm immer nur außerhalb der Geschichte stehen. Genau das ist es, was Heidegger nach
dem Zweiten Weltkrieg denjenigen vorwarf, die »daneben standen,
im Bereich der Willen-losigkeit« (GA 97, 98). Mit anderen Worten:
die Revolution von 1933 war für Heidegger als ein »Geschick« notwendig alternativlos.

Die eigentliche Phase seines Eintretens für den Nationalsozialismus datiert Heidegger auf die »Jahre 1930–1934« (GA 95, 408). In
dieser Zeit habe er »den Nationalsozialismus für die Möglichkeit
eines Übergangs in einen anderen Anfang gehalten und ihm diese
Deutung gegeben«. Dass dabei die Erläuterungen der »Geschichtlichkeit« aus *Sein und Zeit* eine Rolle spielten, hat er selbst einmal später gegenüber Karl Löwith, einem seiner jüdischen Schüler,

---

[16] Vgl. Dieter Thomä: Die Zeit des Selbst und die Zeit danach. Zur Kritik der
Textgeschichte Martin Heideggers 1910–1976. Suhrkamp Verlag: Frankfurt
am Main 1990.

geäußert. Löwith habe Heidegger seine Meinung mitgeteilt, dass dessen Engagement für den Nationalsozialismus »im Wesen seiner Philosophie«[17] liege. Heidegger habe dem »ohne Vorbehalt« zuge-stimmt und ausgeführt, »dass sein Begriff von der ›Geschichtlich-keit‹ die Grundlage für seinen politischen ›Einsatz‹« sei. So gesehen ließe sich Heideggers »›Einsatz‹« für den Nationalsozialismus als eine konsequente und natürlich bewusste Anwendung seines eige-nen Denkens fassen.

Das »philosophische Leben in Deutschland« nimmt seinen Ver-lauf. Am 21. April 1933 wird Heidegger zum Rektor der Freiburger Universität ernannt. Am 23. April 1934 erklärt Heidegger seinen Rücktritt. Doch damit ist noch nichts gesagt.

[17] Karl Löwith: Mein Leben in Deutschland vor und nach 1933. Ein Bericht. J.B. Metzler: Stuttgart u. Weimar 2007, 58.

Die »Geschichte des Seins«

> »Wie kann man wissen, was Geschichte ist,
> wenn man nicht weiß, was Dichtung ist [...].«
> (GA 76, 233)

Hitler und der »andere Anfang«

> »Die große Erfahrung und Beglückung, daß der Führer
> eine neue Wirklichkeit erweckt hat, die unserem Denken
> die rechte Bahn und Stoßkraft gibt.« (GA 94, 111)

Ungefähr seit 1930 zieht Heidegger bestimmte Konsequenzen aus
Einsichten, die er vor allem in *Sein und Zeit* fasste. Das »Fragen
nach dem Sein« sei »selbst durch die Geschichtlichkeit charakterisiert« (GA 2, 28). Es geht nicht mehr nur darum, die »Geschichtlichkeit« als eine »Seinsweise« des »Daseins« aufzufassen, sondern
gleichsam als eine »Seinsweise« des »Seins selbst«. Diese Umstellung
des Heideggerschen Denkens, vielfach auf den Begriff der »Kehre«
verkürzt, betrifft nicht einfach nur die Umdrehung des Verhältnisses
des »Seins« zum »Seienden«. Vielmehr muss gesehen werden, dass
das Denken einer »Geschichte des Seins« in der »Kehre« die »Geschichtlichkeit« vom »Dasein« auf das »Sein« überträgt.

Die »Geschichte des Seins« zu denken, bedeutet, dem »Sein« eine
»Geschichte« zuzusprechen. Damit hat Heidegger am Beginn der
dreißiger Jahre begonnen. Später hat er diesen Schritt einmal so dargestellt: »*Von der Hermeneutik des Da-seins zur Mytho-Logie des
Ereignisses.*« (GA 73. 2, 1277) Der unvollständige Satz scheint sich
auf zwei Phasen von Heideggers Denken zu beziehen. Das Denken
von *Sein und Zeit* fragt nach dem »Sinn von Sein« vom »Dasein«
aus. Das Denken der »Geschichte des Seins« fragt nach der »Wahr-

heit des Seyns« vom »Ereignis« her. Dieses Fragen wird nun als
»Mytho-Logie« bestimmt.

Heidegger hat bezeichnenderweise in einer Vorlesung vom
WS 33/34 über den Unterschied von *lógos* und *mýthos* nachgedacht.
Lógos sei als »Sammlung« zu verstehen, die »auf das Mit und Zusam-
men des Seienden« (GA 36/37, 115) gehe. *Mýthos* sei »das Wort, das
über den Menschen kommt, jenes, worin ihm dieses und jenes seines
Gesamtdaseins gedeutet wird; nicht das Wort, in dem er von sich her
Rede steht, sondern das Wort, das Weisung« gebe (GA 36/37, 116).
Zum *lógos* werde »die Sprache erst durch und mit der Philosophie«.
Doch der »ursprüngliche *lógos* der Philosophie« bleibe »dem *mýthos*
verbunden; erst die Sprache der Wissenschaft vollzieht die Ablösung«. In diesem Sinne werden *lógos* und *mýthos* in der Philosophie
miteinander verknüpft: »Mytho-Logie«.

Das Problem, das mit dieser Entscheidung zum *mýthos*, d. h. zur
Erzählung, zum Narrativ, einhergeht, lässt sich mit einer Überlegung
aus der aristotelischen *Poetik* verdeutlichen. Die Tragödie sei die
Nachahmung einer Handlung, die sich als *mýthos* – der Seele der
Tragödie (*psychè tês tragodías*) – mitteilt. Jede Handlung sei ein
Ganzes. Ein Ganzes aber habe Anfang, Mitte und Ende (1450b 26).
Indem Heidegger dem »Sein« eine Geschichte, einen *mýthos* zu-
spricht, muss er dieser Geschichte formale Elemente einschreiben,
die als Narrativ nicht anders zu begründen sind als in der autoritati-
ven Funktion des Narrators selbst. Mit anderen Worten: Heideggers
»Geschichte des Seins« kann nichts anderes sein als eine Erzählung
des sich ständig selbst entautorisierenden Autors Heidegger.[1]

Das wird unmittelbar in der Vorlesung vom Sommersemester
1932 deutlich. Dort spricht Heidegger ganz zu Beginn vom »*Ende
der Metaphysik*« (GA 35, 1) und dem »Anfang der abendländischen
Philosophie« bei den vorsokratischen Denkern Anaximander und
Parmenides. Im Verlauf der Vorlesung wird deutlich, dass es nicht

---

[1] In *Sein und Zeit* spricht Heidegger von der »einzigen Autorität, die ein
freies Existieren haben« könne »vor den wiederholbaren Möglichkeiten der
Existenz« (GA 2, 516), d. h. vor dem »Erbe« der »Geschichte«. In den *Beiträgen zur Philosophie* erklärt Heidegger, dass sich das »Sagen nicht im Gegenüber zu dem zu Sagenden« befinde, sondern »dieses selbst« sei »als die
Wesung des Seyns« (GA 65, 4). So gesehen ist der Autor der »Geschichte des
Seins« diese selbst.

um diese mehr oder weniger konventionelle Differenzierung eines
»Anfangs« bei »den Griechen« und einem »Ende« in der europäischen Gegenwart geht. Sie wird dadurch unterlaufen, dass Heidegger auffordert, »mit dem Anfang anzufangen« (GA 35, 42). Der
»Anfang« wird verdoppelt. Er spricht dementsprechend von einem
»*ersten* Anfang« (GA 35, 47) sowie von einem »*Wiederanfang* des
anfänglichen Anfangs« (GA 35, 99). Dieser dann »andere Anfang«
genannte »Wiederanfang« wird als das »Erste und Entscheidende«
(GA 35, 99) für »uns Heutige« (GA 35, 98) bezeichnet. Der »Wiederanfang« schlägt allerdings notwendig zurück auf das »Ende«.
Heidegger spricht vom »Auftrag«, den »Abbruch des Philosophierens« (GA 35, 1) herbeizuführen.

Diese Auslegung des »Anfangs« sowie des »Endes« im Sommer
1932 korrespondiert mit den politischen Erwartungen, die Heidegger in dieser Zeit hegte. Das bezeugen auf ihre Weise die *Überlegungen II* und *III*, zwei der *Schwarzen Hefte*, die am Beginn der
dreißiger Jahre verfasst wurden. Während Heidegger zunächst von
diesen politischen Erwartungen schweigt, dennoch aber seine revolutionäre Einstellung ausspricht (»*Wann* spielen wir endlich und
spielen auf zum Kampf? / Genug des Stimmens und Schleifens!
Oder doch nicht genug? / Und bei all dem nur ein *Schreiber* von
Worten.«, GA 94, 26), werden die Aufzeichnungen ab dem »Herbst
1932« (GA 94, 107) eindeutiger. In einer an den »Anfang« erinnern-
den Aufzeichnung heißt es: »Die große Erfahrung und Beglückung,
daß der Führer eine neue Wirklichkeit erweckt hat, die unserem
Denken die rechte Bahn und Stoßkraft gibt.« (GA 94, 111)

Heidegger hält den Nationalsozialismus »für die Möglichkeit
eines Übergangs in einen anderen Anfang«. Der »Übergang« ist
noch nicht der »andere Anfang« selbst. Diese Unterscheidung beschreibt recht gut Heideggers Einstellung. Die »Machtergreifung«
der Nationalsozialisten ist noch nicht die »*Ermächtigung des Seins*«
(GA 94, 39). Die »nationale Revolution« sei noch nicht *die* »Revolution«, die der Philosoph einmal später nach eigener Ansicht »revolutionär« als die »Rückwälzung des Wesens in das Anfängliche«
(GA 97, 19) bezeichnet.[2] Den historischen »Revolutionen« hält er

---

2   Zur »Revolution« bei Heidegger vgl. Florian Grosser: Revolution denken.
Heidegger und das Politische 1919–1969. C.H. Beck: München 2011.

die »seinsgeschichtliche« vor: »Keine ›Revolution‹ ist ›revolutionär‹
genug.« (GA 69, 23)

Wie dem auch sei: Heidegger ist bereit, das historische Geschehen
mit seinem Denken zu unterstützen. Das Engagement als Rektor der
Freiburger Universität, das er »*gegen* die innerste Stimme« (GA 94,
110) übernimmt, spielt dabei eine geringere Rolle. Erstaunlicher ist,
mit welchem Elan Heidegger die revolutionäre Situation auf das
Denken überträgt. Die »Philosophie« müsse »zum Ende« (GA 94,
115) gebracht werden und an ihrer Stelle das »völlig Andere«, die
»Metapolitik [...] vorbereiten«. Demnach müsse es einen »*Wandel
der Wissenschaft*« geben; ein Gedanke, der in seinem extremen Anspruch übrigens auch von Heidegger selbst nie auch nur ansatzweise
sinnvoll erläutert werden konnte.

Die Auskünfte über die »Metapolitik« sind spärlich. Doch Heidegger verweist darauf, dass die von ihm am Ende der zwanziger Jahre
ausgearbeitete »*Metaphysik des Daseins*« sich »nach ihrem inners-
ten Gefüge vertiefen und ausweiten« müsse zur »*Metapolitik ›des‹
geschichtlichen Volkes*« (GA 94, 124). Diese »Metapolitik« hat *das*
»geschichtliche Volk« – die »Deutschen«, und nur sie – zum Gegenstand, so wie sie von diesem seinerseits entfaltet wird. Dass Heidegger den Begriff der »Metapolitik« nicht weiter definiert, soll nicht
heißen, dass er sie nicht in der Sache entfaltet hätte. Vielmehr lässt
sich behaupten, dass gerade die Aufzeichnungen der ersten *Überlegungen* und nicht nur sie der »Metapolitik« gelten.

Der zentrale exoterische Text, der die »Metapolitik« öffentlich
vorstellt, ist die sogenannte »Rektorats-Rede« zur *Selbstbehauptung
der deutschen Universität,* gehalten am 27. Mai 1933 im Auditorium
Maximum der Freiburger Universität. Die Rede knüpft an eine The-
matik an, die Heidegger bereits in den Texten interessiert hatte, die
vor 1930 entstanden waren. Die »Geschichtlichkeit« des »Daseins«
– als einem Moment der »Metaphysik des Daseins« – betreffe in
erster Linie den »Selbst«-bezug des »Daseins«. Das aber nicht nur
so, dass das »Dasein« sich abstrakt reflexiv zu sich selbst verhalte,
sondern dass in diesen »Selbst«-bezug die ganze »Faktizität des Lebens« mit hineingezogen werde. Da ein »Anfang« gestiftet werden
soll, evoziert Heidegger die Frage nach dem »Selbst«: »Aber wissen
wir denn, *wer wir selbst sind* [...]? Können* wir das überhaupt wissen,
ohne die ständigste und härteste *Selbstbesinnung*?« (GA 16, 107)

Die Rede steht nicht nur aus rhetorischen Gründen im Plural. Vielmehr bleibt Heidegger seinem in *Sein und Zeit* eingeführten Begriff des »Geschicks« treu, wenn er meint, dass sich das »Selbst« des »Daseins« nur in seiner Zugehörigkeit zu einem »Volk« klären lasse.

Was sich u. a. in dieser Zugehörigkeit zeigen soll, fasst Heidegger in den wichtigsten Ergebnissen seiner Rede folgendermaßen zusammen:

»Die drei Bindungen – *durch* das Volk *an* das Geschick des Staates *im* geistigen Auftrag – sind dem deutschen Wesen *gleichursprünglich*. Die drei von da entspringenden Dienste – Arbeitsdienst, Wehrdienst und Wissensdienst – sind gleichnotwendig und gleichen Ranges.« (GA 16, 114)

»Bindungen« und »Dienste« verweisen aufeinander. Die Zugehörigkeit zum »Volk« bezeuge sich alltäglich in der »Arbeit«, die Anteilnahme an einem diesem »Volk« gemäßen »Staat« bezeuge sich im »Wehrdienst«, der »geistige Auftrag«, der die beiden vorangehenden »Bindungen« führt, bestehe im »Wissensdienst«.[3] Der einheitliche Ursprung dieser Entfaltung von »Bindungen« und »Diensten« sei das »deutsche Wesen«. Mit dieser Formulierung ist auch schon eine Richtung angegeben, in der die Antwort auf die Frage, »wer wir selbst« seien, liegen wird. Es muss allerdings darauf hingewiesen werden, dass es Heidegger immer mehr um die Frage oder, besser, um ein *performatives Fragen* nach dem »Wesen« als um die Antwort ging. Das führt zu der paradoxen Erklärung, dass das »*Wesen der Deutschen*« im »*Kampf* um ihr Wesen« (GA 95, Titelseite Überlegungen VII) bestehe.

Heidegger verfolgt zwei konkrete Projekte: »Gesetzt, die geistige Kraft reiche hin, dann könnten nur *zwei Dinge* vorwärtshelfen: 1.) eine einzige Universität neu aufbauen; 2.) in eins mit ihr eine Dozentenschule.« (GA 94, 118) Die Zentralisierung des »Wissens-

---

3   Es lohnt sich, diese Gliederung des Staates einmal mit Platons Ständegliederung in der »Politeia« zu vergleichen. Dort werden in mythischer Sprache dem Gold, dem Silber und dem Eisen die Herrscher, die Wächter und die Bauern zugeordnet (St. 415a). Grob gesehen gibt es eine Ähnlichkeit mit Heideggers Entwurf, da dieser ohne Zweifel die Wissenden als die Herrschenden betrachtet.

diensts« an *einer* Universität sollte den Zweck erfüllen, Dozenten
für das ganze Reich ausbilden zu können. Heidegger hat dafür sogar
einige Richtlinien ausgearbeitet (GA 16, 308–314).

Dem Philosophen wurde jedoch recht schnell klar, dass der »geistige Nationalsozialismus« (GA 94, 135), den er dem real existieren-
den »*Vulgärnationalsozialismus*‹« (GA 94, 142) entgegensetzte, ein
sinnloses Projekt darstellte. Das Engagement als Rektor wird schnell
als »großer Irrtum« (GA 94, 162) bezeichnet. Der Rückzug aus der
realen Politik folgte unmittelbar.

Das bedeutet freilich nicht, dass Heidegger sein Interesse am Nationalsozialismus aufgegeben hätte. Im Gegenteil. Die Motive für
seinen Rückzug sind ambivalent. Zunächst nimmt Heidegger die
übliche Position des Revolutionärs ein, dem die Revolution nicht
radikal genug verwirklicht wird. In diesem Sinne bezeichnet er den
»Nationalsozialismus« (keineswegs abwertend) als »*barbarisches
Prinzip*« (GA 94, 194). Das sei sein »Wesentliches und seine mögliche Größe«. Nicht der Nationalsozialismus selbst sei die »Gefahr«,
sondern seine Verwässerung. Tatsächlich fielen seine Vorstellungen
über einen »Wandel der Wissenschaft« auf keinen fruchtbaren Boden. Die Parteigenossen hatten wenig Verständnis für Heideggers
ziemlich unklare, dafür aber sehr radikale Absichten.

In einer akzentuierteren und späteren Bestandsaufnahme stellt
Heidegger fest, dass »eine bloße ›Revolution‹ im Seienden ohne Verwandlung des Seyns keine ursprüngliche Geschichte mehr« schaffe,
»sondern lediglich das Vorhandene« (GA 95, 18) verfestige. Daher
bestehe auch »*un*mittelbar« zwischen seinem Denken und dem
Nationalsozialismus keine Verbindung. »Mittelbar« jedoch dräng-
ten beide »auf eine Entscheidung über das Wesen und die Bestimmung der Deutschen und damit das Geschick des Abendlandes«.
Wenn Heidegger sich bis zum Kriegsende eine gewisse Loyalität
zum Nationalsozialismus bzw. zum nationalsozialistisch regierten
»Dritten Reich« bewahrte, dann liegt der Grund in diesem »seinsgeschichtlichen« Narrativ. Es mussten die »Deutschen« sein, die in
einer »Verwandlung des Seyns« das »Geschick des Abendlandes«
erfüllen sollten.

Die Distanzierungsstrategie von seiner Deutung der »nationalen
Revolution«, wie es hieß, ist nicht einfach zu durchschauen. Der
Grund für eine Änderung seiner Sicht liegt darin, dass die mögliche

Koinzidenz der »›Revolution‹ im Seienden« und der »Verwandlung des Seyns« nicht nur als »Irrtum« erkannt wird, weil die »›Revolution‹« das »Seiende« unverändert ließ. Vielmehr sieht Heidegger ein, dass der Nationalsozialismus zu den Phänomenen gehörte, die die »Verwandlung des Seyns« blockierten. Der »Nationalsozialismus« verkörpere genau wie der »Bolschewismus« »machenschaftliche Siege der Machenschaft – riesige Vollendungsformen der Neuzeit« (GA 96, 127). Die »seinsgeschichtliche« Interpretation verschiebt den Nationalsozialismus von seiner narrativen Funktion als Vorbote des »Anfangs« zu einem Vertreter des »Endes«.

Das hat zur Folge, dass auch die »Verwandlung des Seyns« bzw. der »andere Anfang« verschoben werden musste. Heidegger erkennt, dass die »Neuzeit«, die er zunächst mit dem Auftreten des Nationalsozialismus für beendet hielt, auch noch durch den Nationalsozialismus selbst hindurchzugehen hatte. Daraus entsprang der Gedanke, dass eine bloße moralische Kritik am Nationalsozialismus im »seinsgeschichtlichen« Zusammenhang fruchtlos bleiben musste. Mehr noch: Ein Zusammenbruch des Nationalsozialismus vor seiner »Vollendung« hätte die Möglichkeit einer »Verwandlung des Seyns« unterbunden. Heidegger schloss daraus eine »Notwendigkeit seiner Bejahung« (GA 95, 408). Wenn Heidegger die historischen Ereignisse von Krieg und Massenmord betrachtet, ohne sie moralisch zu verurteilen, ja, wenn er sie »seinsgeschichtlich« affirmiert, dann in dem Sinne, dass sich in seiner »Mytho-Logie des Ereignisses« die »Vollendung der Neuzeit« *restlos* vollziehen musste. Erst musste die völlige Nacht ausbrechen, dann konnte ein neuer Morgen dämmern. Das Bild, dass das Licht erst in der Dunkelheit erscheine, gehört zum »Erbe« des Christentums (vgl. Joh 1, 5).

So charakterisiert Heidegger die »Rolle der Nationalismen« (GA 96, 131 f.) einmal als die »Aufstachelung des Imperialismus«. Der »Sozialismus« diene seiner »Ausweitung«. Die »Ermächtigung des ›Imperialismus‹« (GA 96, 132) bedeute die »Zuführung der neuzeitlichen Menschheit an die unbedingte Machenschaft«, d. h. der Technik. Diese bediene »sich eines unwiderstehlichen Lockmittels«. Sie gebe dem »Vollstreckerwesen der Machenschaft das Bewußtsein«, frei seine Intentionen zu verwirklichen. »In Wahrheit« sei die »Auslieferung des Imperialismus in die unbedingte Sklaverei der Machenschaft schon entschieden«. Das geschehe im »Vorraum der

Geschichte des Seyns«, in dem »wir uns der *abendländischen Re-volution*« näherten. Diese »Revolution« sei noch nicht der »Andere Anfang«, sondern das »*Ende*« als der »Rand einer erstmaligen Ent-scheidung zwischen *Nichts und Seyn*« (GA 96, 133). Dieses »Ende« aber musste geschehen, sollte ein »Anderer Anfang« möglich sein.

Der Zweite Weltkrieg wird von Heidegger als Zeichen dieses »Endes« gedeutet. Je größer und vernichtender sich dieser erweist, desto näher herangekommen ist für ihn der Umschlag in die »Ver-wandlung des Seyns«. Alle Akteure des Kriegs »werden zu Skla-ven der Geschichte des Seyns, für die sie von Anfang an zu klein befunden und daher in den Krieg gezwungen wurden« (GA 96, 141 f.). Was dort der Vernichtung anheimfalle, sei nur das »Seiende«. Denn der »Krieg« sei »nie der Erzeuger und Herrscher des *Seyns*, sondern nur immer des *Seienden*« (GA 96, 142). Das »Seyn« sei »unvergleichlich und unbezüglich«. Die Ereignisse, in denen Millio-nen von Menschen vernichtet wurden, konnten das »Seyn« nicht berühren.

Zwischen 1930 und 1934 war Hitler für Heidegger der Garant einer Revolution des Nationalsozialismus, die den Übergang in den »anderen Anfang« hätte ermöglichen können. Nach 1934 begann Heidegger die Möglichkeiten dieser »Revolution« von ihrer Wirk-lichkeit zu unterscheiden. Dann erkannte er, dass die Wirklichkeit des Nationalsozialismus nichts weiter war als das notwendige Mo-ment einer Epoche der »Geschichte des Seins«, die sich noch voll-enden musste. In den katastrophalen Dimensionen des Zweiten Weltkriegs sah er diese Vollendung kommen. Hitler schien nicht der »Anfang«, sondern das »Ende« zu sein. Doch die »Geschichte des Seins« entschied anders.

»Hölderlin und die Deutschen«

> »Ich habe das Gefühl, daß noch einmal hundert Jahre
> der Verborgenheit nötig sind, bis man ahnt, was in
> Hölderlins Dichtung wartet.« (GA 97, 70)

Die Überschrift dieses Kapitels zitiert einen Vortrag, den Norbert von Hellingrath, der erste Herausgeber einer historisch-kritischen Gesamtausgabe der Werke Friedrich Hölderlins, im Jahre 1915 in München hielt.[4] Hellingrath, »der 28jährig vor Verdun 1916 gefallen ist« (GA 39, 9), hat in seinem Vortrag der Hölderlin-Auslegung eine Tendenz gegeben, die – obwohl Heidegger sich niemals auf den Vortrag bezieht – die Deutung des Philosophen in einer bestimmten Hinsicht vorweggenommen und beeinflusst hat. An vielen Stellen setzt Heidegger sich mit editorischen Entscheidungen des Herausgebers kritisch auseinander. Aber noch nach dem Zweiten Weltkrieg heißt es einmal, dass Hellingrath jemand war, »der den Buchstaben lieben und d. h. ein Philolog sein konnte einzig, weil er das Geschick liebte« (GA 75, 161). Das »Geschick« ist hier nicht mehr wie in *Sein und Zeit* das »Geschehen der Gemeinschaft, des Volkes«, sondern das »Geschick des Seyns« (GA 75, 82). In der Erzählung dieses »Geschicks« sollten die »Deutschen« eine Hauptrolle spielen. Wer waren diese »Deutschen«?

Nachdem Heidegger im April 1934 vom Amt des Rektors zurückgetreten ist, hält er eine Vorlesung mit dem Titel *Logik als die Frage nach dem Wesen der Sprache*. Der Titel enthält eine Kritik. Heidegger hatte nämlich in der vorangegangen Vorlesung vom Winter 1933/34 *Vom Wesen der Wahrheit* bereits festgestellt, dass die »Besinnung auf den *lógos* als Lehre von der *Sprache*, d. h. die *Grammatik*, von der Logik als der Denklehre beherrscht« (GA 36/37, 103) werde. Diese Herrschaft der »Logik« müsse durch eine »*Erschütterung der grammatischen Vorstellung von der Sprache*« (GA 36/37, 104) beendet werden. Das könne nur geschehen, wenn das »Wesen der Sprache« thematisiert werde.

---

[4] Vgl. Norbert von Hellingrath: Hölderlin. Zwei Vorträge. Hölderlin und die Deutschen. Hölderlins Wahnsinn. Hugo Bruckmann Verlag: München 1921.

Am Ende der Vorlesung des Sommers 1934 wird diese »Erschütterung« realisiert. Heidegger sagt:

»Das Wesen der Sprache west dort, wo sie als weltbildende Macht geschieht, d.h., wo sie das Sein des Seienden im voraus erst vorbildet und ins Gefüge bringt. Die ursprüngliche Sprache ist die Sprache der Dichtung.«[5] (GA 38, 170)

Damit erhält nicht nur die Problematisierung des »Wesens der Sprache« eine bestimmte Richtung. Heidegger spricht sogleich von einem »Dichter«, dessen Namen er verschweigt. »Dichtung und damit eigentliche Sprache« geschehe »nur dort, wo das Walten des Seins in die überlegene Unberührbarkeit des ursprünglichen Wortes gebracht« sei. Wollten die »Deutschen« das »begreifen«, dann müssten sie »lernen, was es heißt, das zu bewahren, was sie schon besitzen«. Der Ort, an dem das »Walten des Seins« zur Sprache gebracht wird, ist für Heidegger Hölderlins Dichtung, ein »Besitz« der »Deutschen«.

Auf diese Weise vorbereitet durfte es keinen aufmerksamen Hörer der Vorlesungen überraschen, dass Heidegger im Winter 1934/35 über »Hölderlins Hymnen«, genauer, über die Hymnen »Germanien« und »Der Rhein« las. Mit dieser ersten expliziten Hölderlin-Interpretation erfährt Heideggers Philosophie eine in ihrer Wichtigkeit kaum zu überschätzende Wegänderung. Ja, von *Sein und Zeit* und den darauf folgenden Vorlesungen aus gesehen könnte man sagen, dass Heideggers erste Hölderlin-Vorlesung – als Beginn einer bis an sein Lebensende, sogar bis an sein Grab[6] reichenden Hölderlin-Deutung – seinem ganzen Denken eine neue, durchaus problematische Dimension eröffnet hat.

Das Interesse an Hölderlin lässt sich aus einer Vielfalt von Hinsichten erklären. Philosophisch hatte Heidegger in *Sein und Zeit* das Problem der »Sprache« thematisch unterschätzt (vgl. GA 12,

---

5   Der Text der im Band 38 der »Gesamtausgabe« veröffentlichten Vorlesung besteht aus einer Mitschrift. Heideggers Manuskript ist aber inzwischen aufgetaucht und wird in den nächsten Jahren herausgegeben werden.
6   Heidegger hat Gedichtstrophen von Hölderlin – erstaunlich unchristlich – »als letzten Gruß an meinem Grab« (GA 16, 749 ff.) sprechen lassen.

151). Im Zusammenhang der Frage nach dem »geschichtlichen« Status der »Philosophie« musste die »Logik«, was sie ist und nicht ist, erörtert werden. Dadurch wurde Heidegger die Wichtigkeit einer konzentrierteren Betrachtung der »Sprache« deutlich. Diese wird nun mit dem Problem der »Geschichtlichkeit« verknüpft und durch das »metapolitische« Interesse aktualisiert.

Hölderlin ist daher auf vielen Ebenen für Heidegger äußerst wichtig. Zunächst spielt er in Heideggers Frage nach dem »Wesen der Sprache« die Schlüsselrolle. Dann ist er im Sinne dieser Schlüsselrolle der Mittelpunkt der »Metapolitik ›des‹ geschichtlichen Volkes«. Darüber hinaus liefert er in Heideggers Narrativ der »Geschichte des Seins« die wichtigsten Orientierungen. Er tritt dem Projekt der »Überwindung der Metaphysik« als Dichter zur Seite und eröffnet seinem Technik-Denken eine besondere Perspektive.

Unmittelbar wird die Dichtung als eine kreative Tätigkeit aufgefasst, die »ihre Werke im Bereich und aus dem ›Stoff‹ der Sprache« »schafft« (GA 4, 35). Gedichte werden als Kunstwerke rezipiert, die subjektive Erfahrungen des Dichters mitteilen. Zugleich zeigt uns die europäische Kultur, dass die Dichtung über eine solche Definition hinausgehen kann. Seit den homerischen Epen wird die Dichtung nicht nur als eine Kunstgattung im Material der Sprache, sondern als ein identitätsstiftender Zusammenhang von Bedeutungen aufgefasst. Von ihm erhielten »die Griechen« eine Orientierung in der Welt. Insbesondere Homers Geschichten über die Götter galten ihnen als verbindlich. Noch Platon muss die Philosophie als eine authentische Art und Weise, den Kosmos zu deuten, in einem Streit mit Homer erst emanzipieren. Auch der christliche Orbis muss sich in seiner Selbstverständigung auf die Dichtung verlassen, sind doch seine für den Christen konstitutiven Texte große Dichtungen.

In diesem Sinne ist die Dichtung mehr oder etwas anderes als die schöpferische Tätigkeit eines sich ausdrückenden Individuums. Sie bietet einer Gemeinschaft die Möglichkeit, sich über sich selbst zu verständigen. Diese Bedeutung hat Heidegger in seiner schon erwähnten Vorlesung vom Sommer 1934 der Sprache zugeschrieben: »Kraft der Sprache und nur kraft ihrer waltet die Welt – *ist* Seiendes.« (GA 38, 168) Diese Bestimmung des »Wesens der Sprache« erfüllt die Dichtung auf paradigmatische Weise. Indem Dichtung eine besonders verdichtete Erscheinung der Sprache ist, kann sie die

Rolle einer kollektiven Weltorientierung übernehmen: »Dichtung ist
worthafte Stiftung des Seins.« (GA 4, 41), heißt es einmal.

Bei dieser Erläuterung der Dichtung wird davon ausgegangen,
dass das Dichten, weil es ein sprachliches Phänomen ist, in der Sprache fundiert sei. So interpretiert man die Dichtung als die besondere
Erscheinungsform eines Allgemeinen. Doch Heidegger lehnt diese
Verhältnisbestimmung ab. Wenn die Dichtung »worthafte Stiftung
des Seins« sei, dann sei sie »jenes, wodurch erst all das ins Offene
tritt, was wir dann in der Alltagssprache bereden und verhandeln«
(GA 4, 43). Die Dichtung gehe so der Sprache voraus, sie sei »Ursprache«. Demnach ist es nicht so, dass aus dem »Wesen der Sprache« zu erfassen ist, was Dichtung ist, sondern aus der Dichtung
ist zu verstehen, was das »Wesen der Sprache« ist. Dichtung sei das
»Wesen der Sprache«.

Nach Heidegger ist Hölderlin nicht nur derjenige Dichter, der
diese Bestimmung der Dichtung am besten gekannt hat. Vielmehr
habe Hölderlin das »Wesen der Dichtung eigens« (GA 4, 34) gedich-
tet. In Hölderlins Dichtung finde demnach eine Entscheidung über
die Dichtung selbst statt. Durch sie erscheint Dichtung schlechthin
in einem neuen Licht. Deshalb kann Heidegger ihn auch den »*Dichter des Dichters*« nennen; den »Dichter«, der gezeigt und gewiss
auch gezeugt hat dafür, was ein »Dichter« sei.

Für Heidegger ist die Dichtung nicht nur »Ursprache«, sondern
»Ursprache eines geschichtlichen Volkes« (GA 4, 43). Mit diesem
Gedanken schiebt Heidegger seine Hölderlin-Interpretation in den
Rahmen seiner »Metapolitik ›des‹ geschichtlichen Volkes«. In einem
Vortrag vom November 1934, in der Zeit also, in der er seine Vorlesung über *Hölderlins Hymnen »Germanien« und »Der Rhein«*
hält, bezeichnet er Hölderlin emphatisch als den »Deutschesten
der Deutschen« (GA 16, 333). Der Superlativ legt sich dem Philosophen nahe, weil Hölderlins Dichtung die *einzige* Quelle ist,
aus der zu erfahren sein soll, was das »Deutsche« und »wer« die
»Deutschen« sind. Hölderlin ist der Dichter, der den »Deutschen«
ihre »Geschichte« »stiftet«, er ist »der Stifter des deutschen Seyns«
(GA 39, 220).

Wenn es in einer der früheren *Überlegungen* heißt: »Der Deutsche allein kann das Sein ursprünglich neu dichten und sagen – er
allein wird das Wesen der *theoría* neu erobern und endlich die Logik

schaffen.« (GA 94, 27), dann denkt Heidegger beinahe ausschließlich an Hölderlin. In jeder Hinsicht wird die europäische Sonderrolle der »Deutschen« durch Hölderlin gerechtfertigt. Er ist es, der die Eckpfeiler des »geschichtlichen Volks« »stiften« soll. Dass ein solcher Anspruch an den Dichter problematisch sein könnte, spürt Heidegger bereits in der ersten Vorlesung über Hölderlin von 1934/35. Er stellt fest, dass Hölderlin »noch nicht die Macht in der Geschichte unseres Volkes geworden« sei. Anschließend bemerkt Heidegger: »Weil er das noch nicht ist, muß er es werden. Hierbei mitzuhalten ist ›Politik‹ im höchsten und eigentlichen Sinne, so sehr, daß, wer hier etwas erwirkt, nicht nötig hat, über das ›Politische‹ zu reden.« (GA 39, 214) Der Seitenhieb auf Carl Schmitt und seinen »Begriff des Politischen«[7] ist unübersehbar. Unübersehbar ist aber auch, dass eine solche »metapolitische« Beanspruchung von Hölderlins Dichtung – ganz abgesehen von der Frage, ob sie auch nur irgendein Moment der Gedichte selbst trifft – scheitern musste. Für das »Volk« war und blieb der »Deutscheste der Deutschen« ohne Zweifel Hitler.

Hölderlins Dichtung beliefert das Narrativ der »Geschichte des Seins« mit wichtigen Bausteinen. So spricht Heidegger am Ende der Vorlesung vom »*metaphysischen Ort der Hölderlinschen Dichtung*« (GA 39, 288). Dieser sei »die Mitte des Seins selbst«. Um nun diese »Mitte« in einer »geschichtlichen« Situation zu verorten, interpretiert Heidegger Hölderlins ersten Brief an seinen Freund Casimir Ulrich Böhlendorff vom 4. Dezember 1801.[8] Heidegger zitiert die entscheidende lange Passage des Briefes, in der Hölderlin vom »eigentlich Nationellen«, vom »*freien* Gebrauch des *Eigenen*«, der das »schwerste« sei, spricht. Dabei schreibt Hölderlin »den Griechen« und »uns« Charaktereigenschaften zu, die in ein spezifisches Verhältnis gebracht werden. »Uns« eigne die »Klarheit der Darstellung«, »den Griechen das Feuer vom Himmel«. Dabei dürften »wir« mit »den Griechen« »nicht wohl etwas *gleich*« haben, »ausser dem, was bei den Griechen und uns das höchste seyn« müsse, »nemlich

---

[7] Carl Schmitt: Der Begriff des Politischen. Hanseatische Verlagsanstalt: Hamburg ³1933.
[8] Vgl. Friedrich Hölderlin: Sämtliche Werke und Briefe. Bd. II. Hrsg. von Michael Knaupp. Carl Hanser Verlag: München u. Wien 1992, 912 ff.

das lebendige Verhältniß und Geschik«. In Hölderlins Diskurs geht es zwar vordringlich um »Kunstregeln«, doch Heidegger und viele andere haben aus ihm einen Mythos gemacht.

Heidegger wurde von Hölderlins Brief darin bestätigt, die hervorragende Bedeutung der »Griechen« und der »Deutschen« in der europäischen Geschichte und d. h. in der »Geschichte des Seins« weiter auszubauen. Wenn auch in der ersten Hölderlin-Vorlesung vom »ersten« und »anderen Anfang« nicht gesprochen wird, so ist doch klar, dass Heidegger Hölderlins Brief in diese Richtung auslegt: »Indem wir den Kampf der Griechen, aber in der umgekehrten Front, kämpfen, werden wir nicht Griechen, sondern Deutsche.« (GA 39, 293) »Deutsche« zu werden sei aber notwendig, um im Verhältnis zu den »Griechen«, zum »ersten Anfang«, den »anderen Anfang« geschehen zu lassen. Hölderlin spielt in diesem »Übergang« (GA 70, 149) die bestimmende Rolle.

Wenn Heidegger bereits in der ersten Hölderlin-Vorlesung die Verse zitiert: »Lang ist / Die Zeit, es ereignet sich aber / Das Wahre.« (GA 39, 55), dann kann auch hier darauf verwiesen werden, dass selbst die Mitte der »Geschichte des Seins«, »das Ereignis«, das alle Momente des Narrativs strukturiert, Hölderlins Hymne »Mnemosyne« entspringt. Dass diese Interpretation nicht aus der Luft gegriffen ist, wird von Heidegger selbst bezeugt, wenn er in einem *Schwarzen Heft* vom Anfang der vierziger Jahre dieselben Verse noch einmal zitiert und hinzufügt: »Ich habe das Gefühl, daß noch einmal hundert Jahre der Verborgenheit nötig sind, bis man ahnt, was in Hölderlins Dichtung wartet.« (GA 97, 70)

Indessen hatte Heidegger zu diesem Zeitpunkt, vor allem in den *Beiträgen zur Philosophie*, dem wichtigsten »seinsgeschichtlichen« Versuch über »das Ereignis«, schon kanonisch zusammengefasst, wer Hölderlin war. Dort spricht der Philosoph von der »seynsgeschichtlichen Einzigkeit Hölderlins« (GA 65, 422) und davon, dass »die geschichtliche Bestimmung der Philosophie« »in der Erkenntnis der Notwendigkeit« gipfele, »Hölderlins Wort das Gehör zu schaffen«. All das übersteige die Grenzen des »›Wissenschaftlichen‹ und ›Literarhistorischen‹«. Für Heidegger ist der Bezugspunkt seiner Hölderlin-Deutung die »Fragwürdigkeit des Seyns«.

Indem Hölderlin für Heidegger in der »Geschichte des Seins« der Dichter des »anderen Anfangs« ist, begleitet er ein weiteres Projekt des Denkers, das der »Geschichte des Seins« immanent ist. Es handelt sich um die sogenannte »Überwindung der Metaphysik«. Dabei geht es nicht mehr nur um die »Destruktion der christlichen Theologie und der abendländischen Philosophie«, wie Heidegger es früher formulierte. Vielmehr geht es in dieser »Destruktion« aller tragenden Bestimmungen des europäischen Philosophierens auch um eine »geschichtliche« Verschiebung, einen epochalen Bruch, der den »anderen Anfang« setzt. Um die »Überwindung der Metaphysik« zu ermöglichen, muss der »Denker« mit dem »Dichter« gleichsam zusammenarbeiten. »Hölderlins Wort« bereite den »anderen Anfang der Geschichte des Seyns« (GA 70, 167) zwar vor, doch »dieser andere Anfang« müsse »zuvor« »durch die Überwindung der Metaphysik« »im Denken entschieden« werden. Das »Denken« gehe »dieses Mal« dem »Dichten« »vorauf«.

Heideggers spätes Denken nimmt die harten Bewegungen der »Geschichte des Seins« in sich zurück. Ungefähr um 1950 beginnt Heidegger, seiner Philosophie nicht nur einen anderen Ton oder Stil zu geben. Auch die Argumentationen erhalten einen anderen Stellenwert. In diese Zeit fällt auch eine Relektüre bestimmter Gedanken zur »Machenschaft«, d.h. zur Technik. Ihr hatte Heidegger in den dreißiger und vierziger Jahren viel Aufmerksamkeit gewidmet. Aufgrund bestimmter noch zu erwähnender Probleme denkt er die Technik nun anders, nämlich als »Ge-Stell«. Wie schon in Bezug auf die »Machenschaft« geht Heidegger davon aus, dass das Zeitalter der Moderne von Technik und Wissenschaft beherrscht werde. Unter diesen Voraussetzungen erhält ein Vers Hölderlins eine nachgerade subversive Bedeutung: »Voll Verdienst, doch dichterisch, wohnet der Mensch auf dieser Erde.« (vgl. GA 7, 189 ff.) Zwar »wohnen« die Menschen »voll Verdienst«, d.h. unter den globalen Bedingungen von Technik, Ökonomie und medialer Vernetzung, »doch« das »Wohnen« sei primär »dichterisch«. Das »Dichterische« ist nach Heidegger die Haltung oder Aufmerksamkeit, in Praxis und Theorie einem »Maß« (GA 7, 201) entsprechen zu können. Die Dichtung weiß um die Endlichkeit des Menschen und seiner Leistungen, sie kennt die Möglichkeit, in der Welt tragisch zu scheitern. In diesem Sinne hatte Heidegger inmitten des Zweiten Weltkriegs auf das bei Sophokles im zweiten Chorlied der *Antigone* vorgetragene Wissen von der *pólis* (GA 53, 63 ff.) verwiesen. Dort hatte der Tragiker den

Menschen als das alle anderen Lebewesen überragende »Unheimliche« beschrieben, dem es nicht gelinge, das »Maß« treffend gemeinsam die *pólis* zu bewohnen.

Heideggers Hölderlin-Interpretation wurde und wird im Großen und Ganzen von der literaturwissenschaftlichen Hölderlin-For-
schung abgelehnt.[9] Wie der Hinweis auf Norbert von Hellingrath
zeigt, kann sie in ihrer spezifisch »politischen« Lesart historisch der
Hölderlin-Rezeption im »Kreis« Stefan Georges zugeordnet werden. Dass Heidegger sie mit der politischen Situation des »Dritten
Reichs« verbindet, ist fatal, auch wenn er von Anfang an erklärte,
dass seine philosophische Absichten weit über jede unmittelbare
Anwendung hinausgehen (was dann ja auch zur Einstellung des
konkreten politischen Engagements führte). Auf ihre philosophische Weise ist Heideggers Auslegung der Dichtung Hölderlins allerdings einzigartig. Der von Heidegger hoch geachtete Literaturwis-
senschaftler Max Kommerell hat Heideggers Hölderlin-Auslegung
in einem Brief an ihn »eine Art erhabenen Selbstmord«[10] genannt.

Philosophie und Antisemitismus

In einem Brief an Elfride, seine Frau, spricht Heidegger schon 1916
von einer »Verjudung unsrer Kultur u. Universitäten«[11]. Daraus lässt
sich gewiss nicht folgern, dass Heidegger sich für die damals sogenannte »Judenfrage« interessierte – jedenfalls wenn »Interesse«

---

[9]   Immer noch paradigmatisch: Jochen Schmidt: Hölderlin im 20. Jahrhundert. Rezeption und Edition. In: Hölderlin und die Moderne. Eine Bestandsaufnahme. Hrsg. von Gerhard Kurz, Valérie Lawitschka und Jürgen Wert-
heimer. Tübingen 1995, 105–125. Eine allerdings einflussreiche Ausnahme
bildete: Beda Allemann: Hölderlin und Heidegger. Atlantis Verlag: Zürich
u. Freiburg 1954.
[10]   Max Kommerell: Briefe und Aufzeichnungen 1919–1944. Hrsg. von Inge
Jens. Walter-Verlag: Olten 1967, 397.
[11]   »Mein liebes Seelchen!« Briefe Martin Heideggers an seine Frau Elfride
1915–1970. A.a.O., 51. Der Begriff der »Verjudung« gehörte bereits Ende des
19. Jahrhunderts zum antisemitischen Wortschatz. Vgl. Walther Rathenau:
Höre, Israel! In: Deutschtum und Judentum. Ein Disput unter Juden aus
Deutschland. Hrsg. von Christoph Schulte. Reclam Verlag: Stuttgart 1993,
37: »Das Ziel: der Verjudung des öffentlichen Lebens entgegenzuarbeiten, ist

eine gesteigerte Aufmerksamkeit für einen bestimmten Diskurs bedeutet. Das Ressentiment gegen die deutliche Präsenz der Juden im Kultur- und Bildungssektor der deutschen Gesellschaft war in den ersten Jahrzehnten des 20. Jahrhunderts stark verbreitet, weshalb die Nationalsozialisten mit ihrem gesteigerten Antisemitismus an eine allgemeine Stimmung anknüpfen konnten.

Heidegger entstammt wie viele andere deutsche Philosophen und Dichter (um nur wenige zu nennen: Schelling, Hölderlin, Nietzsche) der Provinz. »Christliche« Vorbehalte gegen Juden sind an der Tagesordnung. In einem Brief von Martin an Elfride Heidegger heißt es 1920: »Hier spricht man viel davon, daß jetzt so viel Vieh aus den Dörfern von den Juden fortgekauft wird [...]. Die Bauern werden hier oben allmählich auch unverschämt u. alles ist überschwemmt von Juden u. Schiebern.«[12] Die Bemerkung blendet religiöse Vorbehalte aus. Vielmehr wird ein anderes antisemitisches Stereotyp zitiert: die Juden verkörpern die entseelte, d. h. berechnende Welt des Geldes und des Kapitals.

Karl Jaspers schreibt in seiner »Philosophischen Autobiographie« über Heidegger: »Ich sprach über die Judenfrage, über den bösartigen Unsinn von den Weisen von Zion, worauf er: ›Es gibt doch eine gefährliche internationale Verbindung der Juden.‹«[13] Das Ressentiment gegen die Juden erhielt nach dem Zusammenbruch des Kaiserreichs neuen Stoff. Die »Protokolle der Weisen von Zion«[14] entstanden im Umkreis der Dreyfus-Affäre, die sich in den neunziger Jahren des 19. Jahrhunderts abspielte und deren Ursprung weit in die zaristische Politik dieser Zeit hineinreicht. Zu ihm gehören auch antisemitische Roman-Fiktionen und ein Anwachsen der Bedeutung des Zionismus, der vornehmlich von der seit 1860 beste-

berechtigt.« Rathenaus 1897 unter einem Pseudonym veröffentlichter Aufsatz bedürfte einer längeren Interpretation.

[12] »Mein liebes Seelchen!« Briefe Martin Heideggers an seine Frau Elfride 1915–1970. A.a.O., 112.

[13] Karl Jaspers: Philosophische Autobiographie. Erweiterte Neuausgabe. Piper-Verlag: München 1977, 101.

[14] Die Protokolle der Weisen von Zion. Die Grundlage des modernen Antisemitismus – eine Fälschung. Text und Kommentar. Hrsg. von Jeffrey S. Sammons. Wallstein Verlag: Göttingen 1998. Vgl. zu den Protokollen auch Wolfgang Benz: Die Protokolle der Weisen von Zion. Die Legende von der jüdischen Weltverschwörung. C.H. Beck: München 2011.

henden »Alliance Israélite Universelle« und dann seit 1897 von der »Zionistischen Weltorganisation« vorangetrieben wurde. Deren Gründungsveranstaltung in Basel wurde zum fiktiven Ursprung der »Protokolle«. Ihre durchschlagende Verbreitung begann nach dem Ersten Weltkrieg. In Deutschland erschienen sie zum ersten Mal 1920.

Ihre Wirkung ist auch aus heutiger Sicht als erstaunlich zu bezeichnen. Im eigentlichen Sinne keine Fälschung, sondern eine Fiktion, wurden die »Protokolle« zu einer ersten Quelle des modernen Antisemitismus. Hitler ist früh als ein »Schüler der Weisen von Zion«[15] charakterisiert worden, womit gemeint war, dass er in den »Protokollen« Anregungen zur Ausarbeitung einer totalitären Rassen-Politik gefunden habe. Alfred Rosenberg hat die »Protokolle« kommentiert. Hannah Arendt bemerkt, dass ihre »ungeheure Popularität […] nicht dem Judenhaß, sondern eher der Bewunderung der Juden und dem Wunsch, etwas von ihnen zu lernen, geschuldet war«.[16] Dabei war für sie die Methode der Nationalsozialisten klar: »Die Fiktion einer gegenwärtigen jüdischen Weltherrschaft bildete die Grundlage für die Illusion einer zukünftigen deutschen Weltherrschaft.«[17] Es war evident, dass der Zusammenbruch des Kaiserreichs und der »Schandfriede«, der sich im Versailler Vertrag manifestierte, das Phantasma einer internationalen jüdischen Verschwörung, die sich das Ziel gesetzt haben sollte, Deutschland zu zerstören, förderte. Auch Heidegger blieb nicht frei davon.

Obwohl es für einen Philosophen immer ein eigentümliches Phänomen ist, wenn er sich allgemeinen Stimmungen und Ressentiments unreflektiert überlässt, besteht zwischen diesen Ebenen – der unreflektierten Übernahme von Stereotypen und der philosophischen Reflexion – ein wichtiger Unterschied. Die bisher genannten drei Bemerkungen Heideggers waren der Heidegger-Forschung seit langem bekannt. Sie sind ohne Zweifel antisemitisch, doch im historischen Kontext so allgemein, dass sie keine größere Aufmerk-

15 Alexander Stein: Adolf Hitler »Schüler der Weisen von Zion«. Verlagsanstalt »Graphia«: Karlsbad 1936.
16 Hannah Arendt: Elemente und Ursprünge totaler Herrschaft. Antisemitismus, Imperialismus, Totalitarismus. Piper Verlag: München [6]1988, 757.
17 Ebd., 795.

samkeit auf sich zogen. Bei einem Philosophen, der behauptet, »daß die Philosophie der faktischen Lebenserfahrung entspringt«, ist die Differenzierung eines unwichtigen, weil in allgemeinen Banalitäten steckenbleibenden Privatlebens und einer reflektierten philosophischen Existenz allerdings unzulässig.

Zwei weitere Äußerungen öffnen einen weiteren Horizont. In einem anderen Brief an seine Frau von 1920 beschwert sich Heidegger anscheinend über eine nicht weiter bekannte Hölderlin-Auslegung. Sie sei »so grotesk, daß man nur lachen kann – ob wir je nochmal aus dieser Verseuchung zu einer ursprünglichen Frische u. Bodenständigkeit des Lebens kommen – manchmal möchte man schon geistiger Antisemit werden«[18]. Im Sinne eines »geistigen Antisemitismus«, d. h. offenbar eines Antisemitismus, der nicht rassistisch begründet werden soll, wird eine jüdische »Verseuchung« mit einer »ursprünglichen Frische u. Bodenständigkeit des Lebens« kontrastiert. In Anbetracht der Tatsache, dass Heidegger später affirmativ von einem »geistigen Nationalsozialismus« sprechen sollte, ist der Begriff des »geistigen Antisemitismus« bemerkenswert.

Hannah Arendt, Heideggers hochbegabte Schülerin und Geliebte, hatte Heidegger irgendwann an der Jahreswende 1932/33 brieflich gebeten, zu »Gerüchten« über ein angeblich antisemitisches Verhalten Juden gegenüber Stellung zu nehmen. Heidegger antwortete, »heute in Universitätsfragen genau so Antisemit« zu sein »wie vor 10 Jahren und in Marburg, wo ich für diesen Antisemitismus sogar die Unterstützung von Jacobsthal und Friedländer fand«[19]. Die Antwort fällt reflektierter aus. Dafür spricht weniger das Bekenntnis, in akademischen Fragen Antisemit zu sein, als die Berufung auf die »Unterstützung« zweier Juden, des Archäologen Paul Jacobsthal sowie des später zeitweilig im Konzentrationslager Sachsenhausen inhaftierten Altphilologen Paul Friedländer.

Die *Schwarzen Hefte*, die *Überlegungen*, die nach 1938 entstanden sind, sowie die *Anmerkungen* bis ungefähr 1948, enthalten Aufzeichnungen, die den Antisemitismus in einen anderen Bereich versetzen. Die Beantwortung der Frage, in welchen Bereich, ent-

[18] »Mein liebes Seelchen!« Briefe Martin Heideggers an seine Frau Elfride 1915–1970. A.a.O., 116.
[19] Arendt/Heidegger: Briefe 1925 bis 1975 und andere Zeugnisse. A.a.O., 69.

hält bereits den Interpretationsansatz, der klärt, um welche Art von
Antisemitismus es sich bei Heidegger handelt. Diese Frage scheint
unerheblich zu sein, da Antisemitismus an sich das eigentlich Problematische darstellt. Das soll auch nicht bestritten werden. Doch
in der Philosophie wollen die Gedanken differenziert verstanden
werden. Moralische oder politische Urteile welcher Art auch immer
reichen nicht zu. Deshalb ist es unausweichlich, Heideggers antisemitische Äußerungen genauer zu betrachten.

Heideggers antisemitische Äußerungen stammen alle aus den Jahren der Verfolgung, der Deportation und Vernichtung, historisch
gesprochen: der Nürnberger Rassegesetze, der Reichspogromnacht, der Wannsee-Konferenz und der anschließenden systemati-
schen Vernichtung in Auschwitz, Birkenau, Treblinka etc. Heidegger
wusste von der Verfolgung und Deportation. Was er von der Vernichtung wusste oder ahnte, ist schwer zu sagen. Als einflussreicher
Philosophie-Professor kannte er viele Ex-Studenten, die Soldaten
geworden waren. Seine eigenen Söhne kämpften im Osten.

Im Zeitalter der »Machenschaft« wird nach Heidegger beinahe
alles auf die technische Beherrschung der Welt nivelliert. Während
»Deutsche« und »Russen« den »anderen Anfang« vorbereiten, dienen andere Nationen und Kulturen dem »Ende« der Geschichte im
Sinne der Etablierung der »Geschichtslosigkeit« (GA 96, 118). In
diesem Narrativ setzt Heidegger den Nationalsozialismus und das
Judentum nicht nur gleich, das Judentum wird geradezu zum Vorrei-
ter bestimmter Eigenschaften des Nationalsozialismus. So schreibt
Heidegger kurz nach den Ereignissen der Reichspogromnacht: »Die
Juden ›leben‹ *bei ihrer betont rechnerischen Begabung* am längsten
schon nach dem Rasseprinzip, weshalb sie sich auch am heftigsten
gegen die uneingeschränkte Anwendung zur Wehr setzen.« (GA 96,
56) Der das »Rasseprinzip« institutionalisierende Nationalsozialismus sei ein Epigone des Judentums, das nach Heidegger schon »am
längsten« diesem Prinzip folge.[20] Dass sich die Juden aus diesem
Grunde »am heftigsten gegen die uneingeschränkte Anwendung zur
Wehr setzen«, ist eine wenn nicht infame, so doch kaum zu verste-

---

[20] Heidegger denkt vermutlich an die im Judentum geltende Matrilinearität,
wonach die Zugehörigkeit zum Judentum sich nach der Abstammungslinie
der Mutter richtet.

hende Bemerkung. Der Superlativ »am heftigsten« suggeriert einen Vergleich. Doch mit wem oder was? Darüber hinaus bleibt offen, was »uneingeschränkte Anwendung« des »›Rasseprinzips‹« heißen soll. Denkt Heidegger an die Gewalt? Die »Nürnberger Rassegesetze« lassen sich ja im Vergleich zu dem, was noch geschehen sollte, durchaus als »eingeschränkte Anwendung« bezeichnen.

Klar ist, dass die von Juden und Nationalsozialisten betriebene »Einrichtung der rassischen Aufzucht« »nicht dem ›Leben‹ selbst« entstamme, »sondern der Übermächtigung des Lebens durch die Machenschaft«. Aus einer »solchen Planung« könne nur die »vollständige Entrassung der Völker« entstehen. Diese »Entrassung« gehe mit einer »Selbstentfremdung der Völker in eins«, die als solche den »Verlust der Geschichte« bedeute. Heidegger spielt demnach zwei Begriffe der »Rasse« gegeneinander aus. Der eine werde von Juden und Nationalsozialisten vorausgesetzt, um eine technische Züchtung zu realisieren. Das hat für Heidegger den Effekt, dass der andere Begriff, das Verständnis »echter« »Rasse«, verloren geht (vgl. GA 94, 189). »Echte« »Rasse« im Sinne einer natürlichen, regional verorteten Herkunft bleibt für den Philosophen eine »notwendige« Voraussetzung des »geschichtlichen Daseins«.

Genau diese Herkunft spricht Heidegger dem Judentum, genauer, dem »Weltjudentum«, ab. Diesem falle die »weltgeschichtliche ›Aufgabe‹« (GA 96, 243) zu, »schlechthin ungebunden die Entwurzelung alles Seienden aus dem Sein« zu betreiben. Damit will der Philosoph feststellen, dass »die Frage nach dem Weltjudentum keine rassische«, sondern eine »metaphysische« sei. Abgesehen davon, dass Heidegger selbst sehr häufig darauf verweist, dass das »›Rasseprinzip‹« und die »Metaphysik« sich keineswegs ausschließen, ist die Zuschreibung einer »weltgeschichtlichen ›Aufgabe‹« (die Redeweise erinnert sehr an die Geschichtsphilosophie Georg Wilhelm Friedrich Hegels) für das »Weltjudentum« von entscheidender Bedeutung. Indem das »Weltjudentum«, von dessen Existenz Heidegger offenbar überzeugt ist, keine nationale oder kulturelle Eigenheit aufzuweisen vermag, ist es anscheinend geradezu prädestiniert, die »Machenschaft« und ihre »entwurzelnde« Wirkung in der theoretischen und praktischen Universalisierung von Denk- und Lebensorientierungen zwecks der Auslöschung nationaler Identitäten zu repräsentieren. Dass das »Weltjudentum« in einer geheimen

Weltverschwörung dieses Ziel verfolge, hatten die »Protokolle der
Weisen von Zion« behauptet.

Um 1942, die industrielle Massenvernichtung der Juden in
Auschwitz beginnt, verfasst Heidegger die letzten Aufzeichnungen,
in denen er unmittelbar von den Juden spricht. Die »Judenschaft«
(ein Wort, das z. B. auch Martin Buber verwendet) sei »im Zeitraum
des christlichen Abendlandes, d. h. der Metaphysik, das Prinzip der
Zerstörung« (GA 97, 20). Mit dieser emblematischen Formulierung
übernimmt Heidegger ähnlich lautende, in der Geschichte des Antisemitismus einschlägige Wendungen.[21] Die »Zerstörung« bestehe
»in der Umdrehung der Vollendung der Metaphysik – d. h. der Metaphysik Hegels durch Marx«. Marx, der Jude, wird zum Hauptre-
präsentanten des »Prinzips der Zerstörung«. Denn im Marxismus
werde »der Geist und die Kultur zum Überbau des ›Lebens‹ – d. h.
der Wirtschaft, d. h. der Organisation – d. h. des Biologischen – d. h.
des ›Volkes‹«. Heidegger wiederholt seine Strategie der Nivellierung
bzw. der Umkehrung des Täter-Opfer-Verhältnisses, insofern sich
dieses in der Verfolgung, Deportation und Vernichtung der Juden bezeugt. Die »metaphysischen« Voraussetzungen der historischen Ereignisse werden den Juden selbst untergeschoben. Wenn die Gründe,
die zur Verfolgung der Juden führten, allesamt materialistisch sind
(Ökonomie, Rasse und Nation), dann haben die Juden ihre Verfolgung selbst zu verantworten. Denn ein solches »Prinzip der Zerstörung« wurde von Marx in die »Geschichte des Seins« eingetragen.

Aus dieser Interpretation der historischen Vorgänge folgt dann
der eigentümlichste, verstörendste Gedanke, wonach die Vernichtung der Juden eine »Selbstvernichtung« sei. Dabei identifiziert
Heidegger das »wesenhaft ›Jüdische‹ im metaphysischen Sinne«
(GA 97, 20), d. h. das Marxsche »Prinzip der Zerstörung«, schlechthin mit der »Machenschaft«. Wenn dieses »wesenhaft ›Jüdische‹«
»gegen das Jüdische« kämpfe, sei der »Höhepunkt der Selbstvernichtung in der Geschichte erreicht«. Das setze allerdings eine Totalisie-

---

[21] Hitler spricht vom »destruktiven Prinzip der Juden«. Vgl. Adolf Hitler:
Mein Kampf. Zwei Bände in einem Band. 815.–820. Auflage. Franz Eher
Nachfolge GmbH: München 1943, 498. Mommsen prägt die einflussreiche
Formulierung, dass das Judentum ein »wirksames Ferment des Kosmopo-
litismus und der nationalen Decomposition« sei. Vgl. Theodor Mommsen:
Römische Geschichte. Bd. III. Weidmann: Berlin ⁸1889, 550.

rung des »wesenhaft ›Jüdischen‹«, d. h. der »Machenschaft«, voraus.
Denn erst wenn dieser Punkt der Geschichte erreicht werde, könne
jede Gegenbewegung nur als »Selbstvernichtung« verstanden werden. Freilich ist dieser Gedanke einer Totalisierung des »wesenhaft
›Jüdischen‹« qua »Machenschaft« nur vor dem Hintergrund einer
üblen Dramatisierung der faktischen Geschichte möglich. Heidegger
konstatiert, dass ein »planetarischer Krieg« einem Ereignis zutreibe,
in dem die Vernichtung so total werde, das sie nur noch sich selbst
betreffen könne. Wenn schon dieser Gedanke nur in einer mythischen Auffassung des Krieges möglich ist, so ist seine Auslegung
der Shoah als »Selbstvernichtung« des Judentums etwas anderes als
nur ein philosophischer Irrtum. In solcher Interpretation nähert
sich Heidegger der »Zustimmung zu dem Entsetzlichen«[22]. Hatte
Heidegger nicht selber von einer »Notwendigkeit der Bejahung« des
Nationalsozialismus gesprochen?

Bei all seinen direkten und indirekten Bemerkungen über die
Juden hat Heidegger ein einziges Mal den Begriff des »Antisemitismus« selbst verwendet. In einer Aufzeichnung vom Ende der dreißiger Jahre stellt Heidegger fest, dass »›Prophetie‹ die Technik der
Abwehr des Geschicklichen der Geschichte« sei. Sie sei ein »Instrument des Willens zur Macht«. Die »großen Propheten« seien »Juden«; »eine Tatsache, deren Geheimes noch nicht gedacht« worden
sei. Dann fügt er in Parenthese hinzu:

»(Anmerkung für Esel: mit ›Antisemitismus‹ hat die Bemerkung nichts zu
tun. Dieser ist so töricht und so verwerflich, wie das blutige und vor allem
unblutige Vorgehen des Christentums gegen ›die Heiden‹. Daß auch das
Christentum den Antisemitismus als ›unchristlich‹ brandmarkt, gehört
zur hohen Ausbildung der Raffinesse seiner Machttechnik.)« (GA 97, 159)

Noch einmal wiederholt Heidegger eine sich in seinen antisemitischen Äußerungen durchhaltende Denkfigur. Warum kommt Heidegger auf den Begriff oder die Sache der »›Prophetie‹« zu sprechen?
Gibt es vielleicht einen historischen Anlass? Es war Hitler, der sich

22 Emmanuel Lévinas: Das Diabolische gibt zu denken. In: Die Heidegger-
Kontroverse. Hrsg. von Jürg Altwegg. Athenäum Verlag: Frankfurt am Main
1988, 104.

in Reden sehr oft selbst als »Prophet« bezeichnet hat, so auch in der berüchtigten Reichstagsrede vom 30. Januar 1939, in der er die »Vernichtung der jüdischen Rasse in Europa« ankündigt.[23] Wenn Heidegger die »›Prophetie‹« als ein »Instrument des Willens zu Macht« charakterisiert, könnte er durchaus an diese Rede und Hitlers Inszenierung gedacht haben. Doch indem er hinzufügt, dass die »großen Propheten« »Juden« seien (Heidegger spricht im Präsens), wird Hitler gleichsam zu einem »Juden«. Die Ankündigung der »Vernichtung der jüdischen Rasse in Europa« wird demnach einem »Juden« in den Mund gelegt.

Dass diese fatale Konstruktion nichts mit »›Antisemitismus‹« zu tun haben soll, ist dann nichts anderes als eine Behauptung, die Heidegger mit fadenscheinigen Argumenten zu stützen versucht. Offenbar nimmt er an, dass Antisemitismus primär eine christliche Angelegenheit sei. So wie das Christentum »›die Heiden‹« bekämpfe, so anscheinend müsse es das Judentum angreifen. Dass aber nun viele Christen den Antisemitismus der Nationalsozialisten rigoros abgelehnt haben, fasst Heidegger lediglich als eine »Raffinesse seiner [des Christentums] Machttechnik« auf. Freilich, wenn Antisemitismus nur ein Merkmal des Christentums sein sollte, könnten Heideggers Aufzeichnungen nicht als antisemitisch qualifiziert werden. In Anbetracht der historischen Ereignisse der Verfolgung, Deportation und Vernichtung der Juden ist aber eine solche Reduktion geradezu absurd. Der Antisemitismus der Nationalsozialisten war im Großen und Ganzen nicht christlich motiviert.

---

[23] Vgl. Max Domarus: Hitler. Reden und Proklamationen 1932–1945. Bd. II. Untergang 1939–1940. Erster Halbband. Süddeutscher Verlag: München 1965, 1328. Dort heißt es: »Ich bin in meinem Leben sehr oft Prophet gewesen und wurde meistens ausgelacht. In der Zeit meines Kampfes um die Macht war es in erster Linie das jüdische Volk, das nur mit Gelächter meine Prophezeiungen hinnahm, ich würde einmal in Deutschland die Führung des Staates und damit des ganzen Volkes übernehmen und dann unter vielen anderen auch das jüdische Problem zur Lösung bringen. Ich glaube, daß dieses damalige schallende Gelächter dem Judentum in Deutschland unterdes wohl schon in der Kehle erstickt ist. Ich will heute wieder ein Prophet sein: Wenn es dem internationalen Finanzjudentum in- und außerhalb Europas gelingen sollte, die Völker noch einmal in einen Weltkrieg zu stürzen, dann würde das Ergebnis nicht die Bolschewisierung der Erde und damit der Sieg des Judentums sein, sondern die Vernichtung der jüdischen Rasse in Europa.«

In Heideggers Narrativ der »Seinsgeschichte« spielt das »Weltjudentum« die Rolle eines zentralen Repräsentanten der »Machenschaft«, d. h. der Technik. Es vermag »schlechthin ungebunden die Entwurzelung alles Seienden aus dem Sein« zu betreiben. Damit vertritt es das »Prinzip der Zerstörung«. Die Welt des »entwurzelten« »Seienden« ist die Welt der Moderne, eines mobilen, universalen Lebensstils, der die Möglichkeit überschaubarer Lebensverhältnisse einer Gemeinschaft in ihrer »Heimat« nicht nur hinter sich gelassen, sondern auch zerstört habe. Es ist der »Jude«, der eine solche mobile und universale Lebensweise, die sich mit der »Macht des Kapitals« verbindet, vertritt; ein Stereotyp des modernen Antisemitismus, der sich in den »Protokollen der Weisen von Zion« charakteristisch manifestiert.

Die Frage ist, in welchem Verhältnis solche Gedanken zu Heideggers gesamter Philosophie stehen. Es ist bekannt, dass ihre Veröffentlichung Stimmen provozierte, die eine Ächtung und Verbannung des Heideggerschen Denkens aus dem Bereich der Philosophie forderten (vgl. Wirkungen). Heideggers Denken wird dann ausschließlich als die »Einführung des Nationalsozialismus in die Philosophie« (Emmanuel Faye) betrachtet. Doch so einfach ist das Problem nicht.

Obwohl Heideggers »philosophische« Aufzeichnungen über die Juden sich beinahe ausnahmslos auf die *Schwarzen Hefte* beschränken, ist eine Konzentration des Problems auf lediglich diese Texte, deren Bedeutung Heidegger überaus hoch schätzte[24], nicht möglich. Dafür sind sie zu tief ins Narrativ der »Geschichte des Seins« eingeschrieben. Und doch ist es zugleich unmöglich, die antisemitische Substanz der Äußerungen in allen Schriften des Denkers zu suchen und zu identifizieren. Warum? Der französische Philosoph Paul Ricœur spricht einmal in einem etwas anderen Kontext von einer »Hermeneutik des Verdachts«[25]. Danach wird vorausgesetzt,

---

[24] Heidegger: Eine gefährliche Irrnis. A.a.O., 11: »Dem nachdenkend müssen wir lernen, daß die Abteilung IV [der Gesamtausgabe, P. T.] *das Entscheidende des Jahrzehnte hindurch gegönnten Unterwegs* darzulegen versucht: dasjenige nämlich, was im Humanismus-Brief als ›Abstieg in die Armut‹ des Denkens angedeutet, aber keineswegs schon erreicht ist: *Ein gleichsam gestaltloses Sagen des Seins* [...].« Kursiv von mir.

[25] Vgl. Paul Ricœur: Die Interpretation. Ein Versuch über Freud. Suhrkamp Verlag: Frankfurt am Main 1974, 41 ff. Der Kontext der »Hermeneutik des

dass Texte von Voreinstellungen bestimmt werden, die in den Texten selber nicht erscheinen. Für Ricœur ist Heidegger selbst ein solcher Interpret, der in philosophischen Schriften eine Verfallenheit an die »Metaphysik« entdeckt, ohne dass sich ihre Autoren dessen bewusst gewesen sind. Dabei ist es nun keineswegs so, dass diese Hermeneutik nicht zu interessanten Resultaten führt. Im Gegenteil: Heideggers Lektüre der europäischen Philosophie als eines in der »Metaphysik« verharrenden »seinsvergessenen« Denkens wird sich als eine mögliche Sicht auf diese Philosophie behaupten. Aber sie wird eben diesen Status einer bloß möglichen Interpretation nicht verlassen. In diesem Sinne könnte es durchaus möglich sein, *Sein und Zeit* vor dem Hintergrund der Geschichte des Antisemitismus und Heideggers Verstricktheit in diese auszulegen. Doch es wird nicht möglich sein, mit Gewissheit festzustellen, dass *Sein und Zeit* wie etwa Hitlers *Mein Kampf* ein antisemitisches Buch ist.

Heideggers Äußerungen über das »Weltjudentum« vor allem in den *Schwarzen Heften* lassen sich demnach *nicht* auf Heideggers Denken insgesamt übertragen. Doch sie haben einen »Verdacht« erregt, der die Beschäftigung mit Heidegger beunruhigen muss. Heideggers Philosophieren ist auf schreckliche Abwege geraten, die zur Bewegung dieses Denkens gehören. Wer glaubt, er könne diesem Denken begegnen, ohne auch die Abwege zu verfolgen, wird keine ernstzunehmende Auslegung entwickeln können.

Zur Struktur des »Ereignisses«

>»Das Ereignis ereignet.« (GA 65, 349)

Verkürzt kann man sagen, dass sich die Frage nach dem »Sinn von Sein« als eine Erläuterung der »Zeitlichkeit« und »Geschichtlichkeit« des »Daseins« vor dem Hintergrund aller politischen und ideologischen Verwicklungen am Beginn der dreißiger Jahre durchgehalten hat. In einer Bewegung, die man vereinfachend »Kehre« genannt hat, hat sich die Konstellation dieser essentiellen Begriffe verändert.

Verdachts« ist hier die Psychoanalyse. Zu den »Meistern des Verdachts« zählen auch z. B. Marx und Nietzsche.

Die »Daseinsanalytik« von *Sein und Zeit* ist zu einem »Denken des Seins« geworden, in dem nicht mehr die »Geschichtlichkeit des Daseins«, sondern die »Geschichte des Seins« betrachtet wird. Die »Geschichte des Seins« wurde aber von Heidegger nicht abstrakt als Theorie eines bestimmten Geschichts-Verständnisses entworfen, sondern sie selbst steht in der Berührung mit der faktisch geschehenden Geschichte. Das Denken der »Geschichte des Seins« ist selbst nur möglich an einem Punkt der Geschichte, an dem sich die Einsicht in die »Geschichte des Seins« von dieser selbst her ereignet.[26] Das »Denken des Seins« ist selbst notwendig ein Element der »Geschichte des Seins«. Der zentrale Begriff, der diese Bewegung des Denkens darstellen sollte, ist der des »Ereignisses«.

Die Änderung der wichtigsten Begriffskonstellation in Heideggers Denken stellten *Sein und Zeit* gegenüber die erst im Jahre 1989 veröffentlichten *Beiträge zur Philosophie (Vom Ereignis)* dar. Der Text wird von den meisten Forschern und Lesern als Heideggers »zweites Hauptwerk« betrachtet. In ihm können wir sehen, welchen Weg oder welche Wege Heideggers Denken nach *Sein und Zeit* zurücklegen musste, um zu einem derartig modifizierten Entwurf zu kommen.

Die *Beiträge zur Philosophie* geben, grob gesagt, die Frage nach dem »Sinn von Sein« oder, wie es jetzt heißt, nach dem »Sinn des Seyns« nicht mehr im Durchgang durch eine »Analytik« des »Daseins« an. Sie beanspruchen, »das Seyn selbst in seiner Wesung zu denken, ohne vom Seienden auszugehen« (GA 65, 429), ohne das »ausgezeichnete Seiende« »Dasein« als Sprungbrett für das eigentli-

---

[26] Leo Strauss: Naturrecht und Geschichte. Suhrkamp Verlag: Frankfurt am Main 1977, 30: »Die endgültige und unwiderrufliche Einsicht in den geschichtlichen Charakter alles Denkens würde die Geschichte nur dann transzendieren, wenn jene Einsicht dem Menschen als Menschen und damit im Prinzip zu allen Zeiten zugänglich wäre. Sie transzendiert aber die Geschichte nicht, wenn sie wesentlich einer spezifischen historischen Situation angehört. Sie gehört zu einer spezifischen historischen Situation: diese Situation ist nicht nur die Bedingung, sondern auch die Quelle der historischen Einsicht.« Niemand hat Heideggers Verhältnis zur »Geschichte« so klar erkannt wie Strauss. Heideggers »Einsicht« in die »Geschichte des Seins« ist selbst ein »Geschick«, d. h. sie gehört zum narrativen Selbstverständnis, das sich Heidegger selbst geben muss. Nur ein »Deutscher« konnte genau an *diesem* Ort zu *dieser* Zeit *dieser* »Einsicht« in die »Geschichte« teilhaftig werden.

che Thema des »Seins« zu nehmen. Ein solches Denken, das Heidegger ein »Er-denken des Seyns« nennt, hat den Charakter eines »Versuchs« (GA 65, 8), der als »Lehre« (GA 65, 7) nur missverstanden werden kann. Man ginge an der außergewöhnlichen Anlage dieses Denkens vorbei, wenn man aus den *Beiträgen zur Philosophie* dogmatisch Hauptideen extrahieren wollte. Aber dennoch sind die *Beiträge zur Philosophie* kein bloßes Experimentierfeld ohne bestimmten Anspruch.

Die Grundstruktur der »Fundamentalontologie« von *Sein und Zeit* ist die »ontologische Differenz« zwischen »Sein« und »Seiendem«. Sie markiert die beiden Pole, zwischen denen sich die Frage nach dem »Sinn von Sein« bewegt. Ihr Ausgangspunkt ist das zirkuläre Begründungsverhältnis. Es muss »immer schon« das »Sein« verstanden sein, um »Seiendes« zu kennen. »Seiendes« muss als solches betrachtet werden, um den »Sinn von Sein« zu erläutern. Es wäre möglich, den »Sinn des Seins« zu betrachten, um zu erläutern, was das »Seiende« ist. Doch Heidegger erkennt, dass eine solche »Umdrehung« die eigentliche Intention, das »Sein selbst« zu untersuchen, nicht erfüllt. Eine bloße »Umdrehung« der »ontologischen Differenz« verbleibe in einem Denkschema, das – bei aller Berechtigung seines Standpunkts – den entscheidenden Schritt zum »Seyn« verstelle.

In den *Beiträgen zur Philosophie* betont Heidegger, »ins Außerhalb jener Unterscheidung von Seiendem und Sein« zu gelangen, indem nun ein ganz anderer »Entwurf« des Denkens angestrebt werde. Das sei der Grund dafür, dass »auch das Sein jetzt als ›Seyn‹« geschrieben werde. Das nämlich solle besagen, »daß das Sein hier nicht mehr metaphysisch gedacht« (GA 65, 436) werde. Die »Metaphysik« wird von Heidegger »unbedenklich« als »Name« »zur Kennzeichnung der ganzen bisherigen Geschichte der Philosophie gebraucht« (GA 65, 423). Diese habe innerhalb der als solche unreflektierten Denkfigur der »Unterscheidung von Seiendem und Sein« das »Sein selbst« immer nur als das allgemeine Wesen des »Seienden«, als »Seiendheit« oder als »Apriori« denken können. Das »Seyn« aber soll in den *Beiträgen zur Philosophie* auf eine andere Art und Weise zur Sprache kommen.

Eine wesentliche Modifikation von Heideggers Denken seit *Sein und Zeit* stellt die lapidare, häufig wiederholte Formulierung dar:

»Die Seinsfrage ist die Frage nach der Wahrheit des Seyns.« (GA 65, 6) Bereits in *Sein und Zeit* konnte Heidegger demonstrieren, inwiefern die traditionellen Auffassungen der Wahrheit als logische Adäquation oder Korrespondenz zwischen Denken und Sache ein ursprünglicheres Wahrheitsverständnis voraussetzen und zugleich vergessen. Die Möglichkeit, richtige oder falsche Aussagen über »Seiendes« zu machen, setzt voraus, dass »Seiendes« überhaupt erst erscheinen könne. Diese Möglichkeit enthalte das griechische Wort für Wahrheit, *alétheia*, das Heidegger einigermaßen wörtlich mit »Unverborgenheit« übersetzt. Das traditionelle Denken der »Metaphysik« habe die Wahrheit vom Vorrang der »Logik« her lediglich als Aussagerichtigkeit aufgefasst, ohne zu sehen, inwiefern eine solche Auffassung auf dem Wahrheitsverständnis der »Unverborgenheit« basiere. Die in den *Beiträgen zur Philosophie* aufgeworfene »Frage nach der Wahrheit des Seyns« fasst die Wahrheit nun nicht als »Aussagewahrheit«, sondern ursprünglich als ein seinshaftes Geschehnis von »Wahrheit« selbst auf. Die so verstandene »Wahrheit« wird mit dem »Seyn« identifiziert: »Das Wesen der Wahrheit liegt darin, als das Wahre des Seyns zu wesen und so Ursprung zu werden für die Bergung des Wahren im Seienden, dadurch dieses erst seiend wird.« (GA 65, 348) »Wahrheit« wird nicht als ein Kriterium richtiger oder falscher Urteile begriffen. Vielmehr entstammt sie dem »Seyn« selbst. Sie »west« und wird in diesem »Wesen« der Ursprung für »Wahres«, d. h. für »Seiendes«, das so seine Herkunft aus dem »Seyn« präsentieren kann.

Weil das »Dasein« durch eine »Erschlossenheit« charakterisiert ist, in der es sich selbst durchsichtig und anderes »Seiendes« »im Licht zugänglich« (GA 2, 177) wird, bezeichnete Heidegger es in *Sein und Zeit* als »Lichtung«. Mit dem im Jahre 1930 gehaltenen Vortrag *Vom Wesen der Wahrheit* verschiebt sich dieser Gedanke hin zu der Bedeutung, dass diese »Lichtung« die Wahrheit bzw. die »Unverborgenheit« (*alétheia*) sei. In den *Beiträgen zur Philosophie* gibt Heidegger dann zu bedenken, dass die »Wahrheit des Seyns« nicht mehr nur »Aufhebung des Verborgenen und seine Freistellung und Umwandlung ins Unverborgene, sondern gerade die Gründung des abgründigen Grundes für die *Verbergung* (die zögernde Versagung)« (GA 65, 352) sei. Der Begriff der »Wahrheit des Seyns« als »Lichtung der Verbergung« macht es möglich, im »Wesen« oder in

der »Wesung« der »Wahrheit« »gerade« Verdeckungen und Verstellungen zu erfassen, die nicht als Merkmale des »Seienden«, sondern
des »Seyns« verstanden werden müssen.

Es ist wichtig, zu verstehen, warum Heidegger in seinem Wahrheitsverständnis die Dimension der »Verbergung« so sehr betont.
Alles, was erscheint, zeigt sich niemals völlig. Das lässt sich unmittelbar an selbstverständlichen Dingen aufweisen. Von den wahrnehm-
baren Dingen etwa sehen wir zunächst immer bloß diejenige Seite,
die uns zugewandt ist. Die Rückseite oder das Innere eines geschlos-
senen Schrankes sind unserer Wahrnehmung entzogen. Dieses Phänomen hatte schon Husserl als »Abschattung« bezeichnet. Doch
Heidegger geht bei seiner Erläuterung der »Verbergung« über dieses
Merkmal der Erscheinung von Dingen hinaus. Es sind nicht nur Momente der Dinge oder des »Seienden«, die sich der Wahrnehmung
entziehen, sondern es handelt sich bei der »Verbergung« um den
Entzug derjenigen Dimension selbst, in welcher das »Seiende« zur
Erscheinung kommt. Die »Lichtung«, die die Dinge erscheinen lässt,
sie ist es selbst, die sich »verbirgt«. Sowohl bezüglich der erscheinenden Dinge als auch bezüglich der Dimension, in der die Dinge
sich zeigen, der »Lichtung«, ist also stets »Verbergung« mit im Spiel.
Insofern aber sozusagen die »ganze Wahrheit« verstanden werden
soll, darf sie nicht nur einseitig als »Lichtung«, sondern sie muss als
»Lichtung der Verbergung« begriffen werden, als eine Erkenntnis-
möglichkeit also, für die die Grenze der Erkenntnis konstitutiv ist.
Anders gesagt: Ein Denken, das sich nur an das sich zeigende »Seiende« hält und nicht das sich nicht zeigende »Seyn« als Herkunft
des »Seienden« mitberücksichtigt, kann der »Wahrheit des Seyns«
nicht entsprechen.

Damit hängt der in den *Beiträgen zur Philosophie* auftauchende
Gedanke zusammen, dass die »Wahrheit des Seyns« auf Grund des
Zusammenspiels von Erscheinung und Verdeckung in der »Lichtung der Verbergung« sich selbst entziehen und darum in der Geschichte Epochen freigeben kann, die vom Verlust des »Seyns« – von
der »Seynsverlassenheit« – geprägt sind. So heißt es einmal: »Diese
Wahrheit des Seyns ist gar nichts vom Seyn Verschiedenes, sondern
sein eigenstes Wesen, und deshalb liegt es an der Geschichte des
Seyns, ob es diese Wahrheit und sich selbst verschenkt oder verweigert und so erst eigentlich in seine Geschichte das Abgründige

bringt.« (GA 65, 93) Um die *Beiträge zur Philosophie* nicht misszu-
verstehen, ist es nötig, diese »Verweigerung« von »Wahrheit« nicht
als ein Defizit zu betrachten. Die »zögernde Versagung« von »Wahrheit« ist ein positives Charakteristikum des »Seyns«, das in der Geschichte als das »Abgründige« die Ab- und Irrwege des Menschen
erst ermöglicht. Denn hätte der Mensch immer schon alles nur begriffen, ließe sich nicht verstehen, wie seine Geschichte katastro-
phale Züge annehmen kann.

Daher philosophiert Heidegger in den *Beiträgen zur Philosophie*
im Kontext einer »Grunderfahrung«, wonach sich die »Verweigerung« des »Seyns« als ausschließlicher Vorrang des »Seienden«, d. h.
des Gegenständlichen und seiner instrumentellen Bearbeitung, manifestiert hat. Die Integrität des Verhältnisses von »Seyn« und »Seiendem« stand scheinbar auf dem Spiel. Alle Dinge, seien sie natürlich oder hergestellt, würden lediglich in der Perspektive der Verfü-
gung und des Verbrauchs betrachtet. Der Mensch verhalte sich nur
noch wie ein »technisiertes Tier« (GA 65, 98). Da in dieser »Wesung
des Seyns« alles »Seiende« einzig und allein vom »Machen« bzw. von
der »Machbarkeit« her aufgefasst werde, bezeichnet sie der Philosoph als »Machenschaft«. Der Anspruch des »Er-denkens des Seyns«
besteht darin, diesen verwahrlosenden Umgang mit dem »Seienden«
zu erhellen, um ihm zu widersprechen. Es bleibe »die Aufgabe: *Die
Wiederbringung des Seienden aus der Wahrheit des Seyns*« (GA 65,
11) zu ermöglichen, also dem zerstörerischen Umgang des Menschen mit den Dingen und sich selbst philosophischen Widerstand
zu bieten. Ein solcher Widerstand kann nach Heidegger nicht darauf hinauslaufen, »utopische« Rezepte zur Verbesserung der Welt
zu verschreiben, sondern die »Verweigerung« des »Seyns« als solche
zunächst einmal zur Sprache kommen und so »erfahrbar« werden
zu lassen. Ohne einzig darauf festgelegt zu sein, spielt in diese Ge-
schichtsdiagnose die Wirklichkeit des nationalsozialistischen Staates
hinein. Als dieser begann, Deutschland technisch und ökonomisch
aufzurüsten, begann Heidegger, den Nationalsozialismus (wie auch
absurder Weise das »Weltjudentum«) als einen Repräsentanten der
»Machenschaft« zu betrachten.

Diese »Grunderfahrung« der »Geschichte«, dass die Welt immer mehr aus den Fugen gerät, hat Heidegger als »Not« bezeichnet.
Die »Not« ist ein Zustand, in dem etwas gebraucht wird, das »ver-

weigert« bleibt. Die »Not« wäre mit den Begriffen von *Sein und Zeit* als eine »Seinsweise« des »Daseins« zu erläutern. Das Verhalten der Menschen in der Gegenwart stellt sich für Heidegger hingegen als »Notlosigkeit« dar. Sie besteht in der »ungebrochenen Zufuhr des Nutz- und Genießbaren, dem schon Vorhandenen, das durch den Fortschritt eine Vermehrung zuläßt« (GA 65, 113). Die »Nötigung«, die von der »Verweigerung« der »Wahrheit des Seyns« ausgehe, werde von einer alltäglichen »Notlosigkeit« verstellt. Da eine solche »Notlosigkeit« jeden Gedanken, der sich nicht an der Verwaltung des »schon Vorhandenen« orientiere, meide, müsse dieser saturierte Zustand selbst als »Not« verstanden werden. Für den, der über die etablierten Bedingungen der Gegenwart, auch über die gesellschaftlich-politischen Bedingungen, hinausdenken will, gehe es darum, die »Not der Notlosigkeit«, ihren »Anfall« (GA 65, 113), zu erfahren. So werde die »Not der Notlosigkeit« die »Nötigung«, das von der Gegenwart »Verweigerte« zu beachten. Die »Not« lasse durch den »Schrecken«, der den Menschen ergreift, wenn er versteht, was ihm durch die latent-reale Totalisierung bürokratisch-technischer Tendenzen »verweigert« werde, die Möglichkeit des »anderen Anfangs« aufblitzen. Die »Not« ist in dieser Hinsicht eine der ersten Motivationen des Heideggerschen Denkens.

In einem solchen Zeitalter der »Machenschaft« wächst dem »Dasein« oder, wie Heidegger jetzt zumeist schreibt, dem »Da-sein« eine besondere Bestimmung zu. Es wurde schon darauf hingewiesen, dass in *Sein und Zeit* das »Dasein« nicht einfach mit dem Menschen zu identifizieren, sondern vielmehr als seine ursprünglichste Seinsmöglichkeit aufzufassen sei. Diese Differenzierung von »Mensch« und »Dasein« wird in den *Beiträgen zur Philosophie* verschärft, indem sie auf die »Geschichte des Seins« projiziert wird. Die herkömmliche – und d. h. für Heidegger immer »metaphysische« – Bestimmung des Lebewesens »Mensch« laute: »animal rationale«. Der Mensch werde von den großen Philosophen seit Platon und Aristoteles als ein Wesen gedeutet, das zwischen dem Sinnlichen und dem Übersinnlichen stehe. So hat es wie die Tiere einen Körper mit sinnlichen Bedürfnissen und, anders als die Tiere, »Sprache« oder »Vernunft« (*lógos*), mit der es sich dem Übersinnlichen, den »Ideen«, zuwendet. Dementsprechend bestimmt Aristoteles den Menschen als das Tier, das Sprache hat (*zôon lógon échon*). Diese Deutung hat sich in der Neuzeit seit dem cartesianischen Substanzen-Dualismus von »Denken« (*res cogitans*) und »Ausdehnung« (*res extensa*) noch verstärkt. Heidegger aber setzt der Bestimmung des Menschen als eines »vernünftigen Tieres« das »Da-sein« entgegen. Er begreift diese Entgegensetzung nicht als einen persönlichen Einfall. Heidegger ist vielmehr der Ansicht, dass sich eine »Verwandlung« des »vernünftigen Tieres« zum »Da-sein« von der »Geschichte« her ankündige. In der »Verweigerung« der »Wahrheit des Seyns« zeige sich die Möglichkeit einer solchen »Verwandlung« von selbst. Mehr noch: Die »Verweigerung« erscheine als eine Art Auftrag, eine »Zuweisung«, das »Da-sein« zu »gründen« (GA 65, 247). In diesem Gedanken einer »Verwandlung« des »animal rationale« zum »Da-sein« bezeugt Heideggers Denken eine Zugehörigkeit zur europäischen Philosophie, die spätestens seit Platon den »Menschen« stets als ein erst zu bildendes »Seiendes« aufgefasst hatte. Der »Mensch«, wie er war, sollte stets von einem kommenden »Menschen« überwunden werden. In der Mitte des europäischen Denkens steht eine »revolutionäre« Auffassung des Menschen. Der Mensch ist das Tier, das immer erst »gebildet« werden muss.

Der Gedanke einer »Gründung« des »Da-seins« stellt klar, dass das »Da-sein« nun weder als ein vorhandenes Ding noch als eine »immer schon« vorliegende Seinsmöglichkeit verstanden werden dürfe. Auch wenn der Begriff der »Gründung« an eine willentliche Aktion des »Da-seins« denken lässt, versteht Heidegger ihn anders. Die »Gründung« werde dem »Da-sein« von der »Verweigerung« der »Wahrheit des Seyns« »zugewiesen« oder »zugespielt«. Wie sich demnach einerseits das »Da-sein« »gründen« könne, so werde ihm andererseits diese »Gründung« angeboten. Die »Gründung« des »Da-seins« ist nach Heidegger daher eher ein »Sich-fügen« (GA 65, 310). An dieser Stelle zeigt sich eine spezifische Grundbewegung des Heideggerschen Denkens, die bis heute anschlussfähig geblieben ist. Das Handelnkönnen des »Da-seins« wird vom Philosophen nicht mehr als ein subjektives Vermögen einer selbstbezogenen »Spontaneität« betrachtet, sondern als ein Verhalten zwischen Anspruch und Antwort interpretiert. Die Grundbewegung von Heideggers Denken lässt sich demnach als »responsiv«[27] bezeichnen. Die Elemente

---

[27] Vgl. zu einer Phänomenologie der »Responsivität« Benhard Waldenfels:

des Denkens stehen sich nicht mehr individuell isoliert gegenüber, sondern können nur noch aus einem »Ver-Hältnis« (GA 86, 471) her verstanden werden. Jede einzelne Bewegung eines dieser Elemente »entspricht« einem anderen. Jede Bewegung »braucht« ein anderes, vor dem und zu dem sie sich ereignen kann.

Das Geschehen der »Verweigerung« der »Wahrheit des Seyns« und die daraus entspringende Möglichkeit einer »Entrückung in die Wahrheit des Seyns« nennt Heidegger »Ereignis«. In diesem Wort spielt die Bedeutung des »Eigenen« und das mit diesem Substantiv zusammenhängende Verb »eignen« zwar nicht die einzige, aber sicherlich die tragende Rolle. Das Wort »Ereignis« ist für Heidegger ein Singularetantum, d. h. es wird wegen seiner »Einzigkeit« nur im Singular verwendet. Wenn es für gewöhnlich in der reflexiven Form des »sich Ereignens« in der Alltagssprache vorkommt, versteht Heidegger es transitiv: Das »Ereignis ereignet« (GA 65, 349). Dabei ist dann zu fragen: Was? Die Antwort: Den Menschen zum »Da-sein«.

Die »Verwandlung« des Menschen in das »Da-sein« wird als ein »Ins-Eigene-Kommen« aufgefasst. Um dieses Geschehen in seiner Struktur zu begreifen, ist es nötig, zu sehen, dass das »Ereignis« und das, was »ereignet« wird, nicht als ein Objekt, das ein Subjekt gleichsam anzieht, verstanden werden kann. Das »Ereignis« oder, wie Heidegger auch sagt, das »Seyn«, besteht in einem Zusammenspiel zweier Elemente, die erst durch dieses Zusammenspiel das werden, was sie »eigentlich« schon sind.

Die Bewegung dieses Zusammenspiels kehrt in der Grundstruktur des gegenseitigen »Brauchens« wieder. In der »Grunderfahrung« der »Not«, die Heidegger als »Verweigerung« oder auch »zögernde Versagung« anspricht, gebe es einen Appell an den Menschen, einen initialen »Zuruf«, auf den er antworte. In der »Not« spricht sich dem Menschen dasjenige zu, was er »braucht«, um die »Not« zu wenden. Erst indem so das Eine mit dem Anderen in ein Verhältnis tritt, entsteht die in sich differenzierte Einheit des »Ereignisses«.

Antwortregister. Suhrkamp Verlag: Frankfurt am Main 1994. Die »responsive« Grundstruktur von Heideggers Denken muss mit der »Mytho-Logie des Ereignisses« zusammengedacht werden. Die Narrativität der Heideggerschen Philosophie ist – in ihrem Selbstverständnis – »responsiv«. Was letztlich erzählt wird, ist die »Stimme des Seins« (GA 54, 250), die sich freilich nicht in klaren und unterschiedenen Begriffen meldet.

Die Mitte oder der Angelpunkt dieser Gegenseitigkeit ist die »Kehre« (GA 65, 407). In der eigentümlichen, zuweilen forcierten Sprache der *Beiträge zur Philosophie* lautet das folgendermaßen:

»Was ist diese ursprüngliche Kehre im Ereignis? Nur der Anfall des Seyns als Ereignung des Da bringt das Da-*sein* zu ihm selbst und so zum Vollzug (Bergung) der inständlich gegründeten Wahrheit in das Seiende, das in der gelichteten Verbergung des Da seine Stätte findet.« (GA 65, 407)

Die »responsive« (mit Heideggers Wort: »kehrige«) Struktur des »Ereignisses« besteht darin, dass das »Da-sein« von der »Wahrheit des Seyns« her zu sich selbst gebracht (»er-eignet«) wird, um zugleich und umgekehrt die »Wahrheit des Seyns« in ihr »Da« kommen zu lassen (zu »er-eignen«). Das »Da-sein« antwortet auf das »Ereignis«, das erst durch die Antwort »Ereignis« wird. Heidegger bezeichnet die dem »Ereignis« immanente Bewegung auch als den »*Gegenschwung des Brauchens und Zugehörens*« (GA 65, 251).

Diese »Kehre« in der (»responsiven«) Struktur des Verhältnisses von »Da-sein« und »Seyn« wurde häufig zum Angelpunkt von Heideggers Denken erklärt, wobei von einem Denken »vor« und »nach« der »Kehre« gesprochen wurde. Gewiss ist eine Umstrukturierung von Heideggers Denken nach *Sein und Zeit* festzustellen. Doch die »Kehre« allein mit diesem Umbau zu identifizieren, geht an der Sache vorbei. Heideggers Philosophie ist kein Denken »vor« und »nach«, sondern »in« der »Kehre«. Stets ist sie an dem Punkt interessiert, an dem etwas – die »Existenz«, die »Geschichte«, die »Wahrheit«, die »Welt« etc. – sich wendet. In diesen Umkehrungen und Umwälzungen kommt es auch zu abrupten Brüchen, die Heidegger allerdings eher – wie im Fall seines politischen Abwegs – zu verbergen versucht hat.

Das Schwierige und Missverständliche von Heideggers »Ereignis«-Denken liegt in der Frage, welche Bedeutung den »negativen« Momenten dieser »seinsgeschichtlichen« Ordnungsfigur zugesprochen werden könne. Geht es im »Ereignis« darum, dass die »Geschichte des Seins« in einen Zustand des je »Eigenen« und »Eigentlichen« versetzt werde, in einen Zustand, der die Beschädigungen und Entfremdungen der Moderne in einer »faktisch« geschehen-

den »Wahrheit des Seyns« hinter sich lasse? Dann wäre es ein theologisch determiniertes Geschehen, ähnlich der christlichen Parusie,
d. h. der Wiederkunft Christi. Oder sind die »zögernde Versagung«
und die »Veweigerung« der »Wahrheit des Seyns« grundsätzliche
Eigenschaften des »Ereignisses«, so dass eine ihm zugeschriebene
»Offenheit« nicht als eine ungetrübte »Reinheit des Seins« (vgl. GA
96, 238), sondern als eine das »Negative« implizierende »Freiheit«
gedacht werden kann? In dieser Hinsicht könnte es z. B. eine neue
Form der Narrativität historischer Prozesse wie z. B. der Revolution darstellen.

Zudem müsste die hier ausgeklammerte Frage nach dem Status
des »anderen Anfangs« (GA 65, 4) für den Gedanken des »Ereignisses« nachgeholt werden. Damit gerät der Gedanke notgedrun-
gen in den Kontext jener »Metapolitik«, die Heidegger um 1933 als
Antwort auf die »nationale Revolution« auszuarbeiten versuchte.
Und selbst wenn die Denkfigur des »anderen Anfangs« von diesem
Kontext abgelöst werden könnte, müsste sie in ihrem revolutions-
philosophischen Anspruch wiederholt geprüft werden. Kann es so
etwas wie einen »anderen Anfang« überhaupt geben? Ist nicht jeder
»Anfang« »immer schon« geschehen, bevor man ihn als solchen erkennen kann? Und, noch anders gefragt: Ist nicht »Anfang« »immer
schon« »Antwort«?

Die Kunst und der »Streit von Welt und Erde«

Heideggers Vortrag über den *Ursprung des Kunstwerkes* aus der
Mitte der dreißiger Jahre schließt rätselhaft mit Hölderlins Versen:
»Schwer verläßt / Was nahe dem Ursprung wohnet, den Ort.« Zuvor hatte Heidegger die Kunst als ein »Ins-Werk-Setzen der Wahrheit« (UK, 65), d. h. als eine »Bergung« (GA 65, 389) der »Wahrheit« ins »Werk«, bestimmt, wobei die »Wahrheit« »zugleich das
Subjekt und das Objekt des Setzens« sei. Dieses »Ins-Werk-Setzen
der Wahrheit« sei stets als ein »Anfang« zu verstehen. Es ist klar,
dass der letzte Teil des Vortrags zur »Metapolitik ›des‹ geschichtlichen Volkes« gehört. Andererseits meldet sich eine Kunstauffassung,
die Heidegger auch bis in die späteste Phase seines Denkens hinein
verfolgen sollte.

Im Jahre 1969 schreibt Heidegger einmal, dass die »Plastik« eine »Verkörperung von Orten« sei, »die, eine Gegend öffnend und sie verwahrend, ein Freies um sich versammelt halten« (GA 13, 208).[28] Mehr als dreißig Jahre vorher hatte Heidegger in den Vorträgen über den *Ursprung des Kunstwerkes* einen »griechischen Tempel« (UK, 27 ff.) sowie ein Gemälde Vincent van Goghs, das »ein paar Bauernschuhe« (UK, 3) zeigt, beschrieben. Was wäre, wenn der »Tempel« und die »Bauernschuhe« »Orte« »verkörperten«, mit denen sich die »Wahrheit ins Werk setzt« und die beide auf ihre Weise jenseits der »Metapolitik ›des‹ geschichtlichen Volkes« einen »Ursprung« oder »Anfang« darstellen könnten?

»Ort« ist das Kunstwerk nach Heidegger jedoch auf eine spezifische Weise. In den späteren Ausführungen zu *Die Kunst und der Raum* heißt es die »Plastik«, d. h. der skulpturale Körper, könne eine »Gegend« markieren, die »ein Freies« erfahrbar mache. Diese »Gegend«, dieses »Freie«, lasse sich auch als »Erde« und »Welt« verstehen. So ist es im Vortrag über den *Ursprung des Kunstwerkes*, dass das Kunstwerk als »Streit von Welt und Erde« (UK, 50) erscheint.

Eine der wichtigsten »existenzialen Bestimmungen« des »Daseins« sei, so Heidegger in *Sein und Zeit*, das »In-der-Welt-sein«. Das »Dasein« habe »gemäß einer zu ihm gehörigen Seinsart die Tendenz, das eigene Sein aus *dem* Seienden her zu verstehen, zu dem es sich wesenhaft ständig und zunächst« (GA 2, 21 f.) verhalte. Das sei die »Welt«. Wenn das »Dasein« diese »Tendenz« habe, sei es für die »Fundamentalontologie« notwendig, den »Dasein« mitbegründenden »ontologischen Begriff« der *»Weltlichkeit von Welt überhaupt«* (GA 2, 86) einzuführen. Zu diesem »Existenzial« gehöre eine spezifische »Vieldeutigkeit«. Sie gliedert sich in vier verschiedene Begriffe der »Welt«. Der erste entfaltet die »ontische«, d. h. hier dingliche Bestimmung der »Welt« als »All des Seienden, das innerhalb der Welt vorhanden sein kann«. Der zweite gibt die »ontologische« Bestimmung der »Welt« als den »Titel einer Region, die je eine Mannigfaltigkeit von Seiendem umspannt«, an. Der dritte »Welt«-Begriff deutet die »Welt« »als das, ›worin‹ ein faktisches Da-

---

[28] Vgl. zum Verhältnis von »Plastik« und Ort« das sehr schöne Buch von Andrew Mitchell: Heidegger Among the Sculptors: Body, Space, and the Art of Dwelling. Stanford: Stanford University Press 2010.

sein als dieses ›lebt‹« (GA 2, 87). Der vierte schließlich begreift die
»Welt« als »*Weltlichkeit*«. Gemäß der Intention von *Sein und Zeit*,
die »Weltlichkeit der Welt überhaupt« zu analysieren, wird zumeist
der dritte Begriff der »Welt« thematisiert. Wo dieser nicht betrachtet
wird, leitet der erste die Untersuchung.

Das Milieu, »›worin‹ ein faktisches Dasein ›lebt‹«, sei seine »*Umwelt*« (GA 2, 89). In ihr gehe es dem »Dasein« um das »umweltliche
Besorgen« (GA 2, 90) des »Zeugs« (GA 2, 92). Jedes »Zeug« werde
durch ein jeweiliges »Um-zu« charakterisiert. Dass ein »Zeug« je-
weils verwendet wird, »um zu …«, ist eine »Verweisung«. Diese
»Verweisung« zeige sich bei näherer Betrachtung als die jeweilige
»Bewandtnis« (GA 2, 112) eines »Zeugs«. Diese »Bewandtnis« sei
das »Wozu der Dienlichkeit, das Wofür der Verwendbarkeit«. Das
»Wozu« und »Wofür« des »Zeugs« bilde den Zusammenhang einer
»Bewandtnisganzheit«. Jede »Bewandtnis« sei im vorhinein »je
nur entdeckt« im Horizont einer »Bewandtnisganzheit«. Dass das
»Dasein« sich »immer schon« in einer solchen vorfinde und orientiere, »birgt einen ontologischen Bezug zur Welt in sich« (GA 2,
114). Nicht nur das »Zeug«, sondern jegliches »Seiende« scheint
von einer solchen im vorhinein gegebenen »Bewandtnisganzheit«
bestimmt zu sein. So kann Heidegger schreiben: »*Das Worin des
sichverweisenden Verstehens als Woraufhin des Begegnenlassens
von Seiendem in der Seinsart der Bewandtnis ist das Phänomen
der Welt.*« (GA 2, 115 f.) Wahrscheinlich hat Heidegger in *Sein und
Zeit* das »Zeug« und dessen Integration in die »Bewandtnisganzheit«
als *das* Paradigma des »Seienden« schlechthin verstanden.[29] Es hat
sich ihm aber später gezeigt, dass sich die Analyse der »Weltlichkeit
von Welt überhaupt« im Ausgang vom »Zeug« auf eine methodische
Vorentscheidung – nämlich dass das »Dasein« ausgehend von seiner
»Alltäglichkeit« analysiert wird – stützt, welche die Entfaltung des
Verständnisses der »Welt« beeinflusst hat.

Diese Vorentscheidung wurde Anfang der dreißiger Jahre, im
Kontext einer tiefgreifenden Umstrukturierung von Heideggers

---

[29] Die Heidegger-Deutung von Hubert L. Dreyfus bezieht sich beinahe
ausschließlich auf Heideggers »Zeug«-Analyse. Vgl. Was Computer nicht
können. Die Grenzen künstlicher Intelligenz. Athenäum: Frankfurt am Main
1989.

Denken, modifiziert – mit ambivalenten Folgen. Möglicherweise mitbeeinflusst von der nationalsozialistischen »Blut und Boden«-Ideologie[30], sodann sublimiert von Hölderlins Dichtung, erkennt Heidegger, dass das »Dasein« nicht nur in der »Welt« lebe, sondern auch auf der »Erde«. Sie wird nun als »Macht« (GA 39, 88) bezeichnet und in ein Verhältnis zur »Welt« gesetzt, in den »Streit von Welt und Erde«. Zu dieser Idee mag Heidegger einerseits von seinem Verständnis der »Wahrheit als dem Urstreit von Lichtung und Verbergung« (UK, 42) gekommen sein, andererseits durch die heraklitische Idee des *pólemos* (GA 36/37, 89 f.), wonach ein »Kampf« oder ein »Streit« die Verhältnisse zwischen Göttern und Menschen und zwischen Sklaven und Freien organisiert. Einerseits versucht Heidegger, die Entscheidung, die »Erde« als ein Pendant zur »Welt« zu thematisieren, »phänomenologisch« zu legitimieren, andererseits gehört sie zur *mythischen*, d. h. narrativen Dimension der »Metapolitik ›des‹ geschichtlichen Volkes«. Alles in allem genommen verbindet sich die Denkfigur des »Streits von Welt und Erde« mit der in Heideggers Philosophie spürbaren Tendenz, in *Verhältnissen* zu denken.

»Welt« sei, so im Vortrag über den *Ursprung des Kunstwerkes,* »die sich öffnende Offenheit der weiten Bahnen der einfachen und wesentlichen Entscheidungen im Geschick eines geschichtlichen Volkes« (UK, 35). Die »Erde« sei »das zu nichts gedrängte Hervorkommen des ständig Sichverschließenden und dergestalt Bergenden«. Die »Welt« sei die »Offenheit«, in die hinein sich das »Hervorkommen« der »Erde« entfalten könne. Die »Erde« sei das »Bergende«, worauf sich die »Welt« »gründen« könne.

Es gibt also in diesem »Welt«-»Erde«-Verhältnis eine auffällige Bewegung. Die »Erde« drängt in das »Offene«, indem sie z. B. Pflanzen wachsen lässt, deren Wurzeln in die Tiefe treiben. Die »Welt«, die den Raum für die Praxis und Poiesis freigibt, »braucht« einen Grund, auf den sie sich verlassen kann, indem sie »auf ihn bauen« kann. Die Bewegung, die daraus entsteht, ist eine gegen-

---

[30] »Blut und Boden sind zwar mächtig und notwendig, aber *nicht hinreichende* Bedingung für das Dasein eines Volkes.« (GA 36/37, 263) Als »notwendig, aber nicht hinreichende Bedingung« nimmt Heidegger die »Erde« in sein Denken auf.

seitige Durchdringung, ein »Gegeneinander«. Das hat zwei Bedeutungen: Einerseits »brauchen« beide einander, um sich in entge-
gengesetzter Richtung ausweiten zu können, andererseits grenzen
sie sich voneinander ab und aus. Das »Sichverschließende« lasse
keine »Offenheit« zu, wolle die »Offenheit« in sich zurücknehmen, die als solche wiederum der »Verschlossenheit«, die gleichsam
im Wachsen der Pflanzen sich auszudehnen suche, entgegenstehe.
Das »Gegeneinander« von »Erde« und »Welt« sei so gesehen ein
»Streit«. Dieser »Streit« wird von Heidegger als ein Merkmal der
»Wahrheit des Seyns« betrachtet. Denn den »Streit zwischen Welt
und Erde« gebe es nur, »sofern die Wahrheit als der Urstreit von
Lichtung und Verbergung« (UK, 42) geschehe. Der »Streit zwischen
Welt und Erde« sei demnach eigentlich der »Urstreit von Lichtung
und Verbergung«.

Heideggers Begriff der »Erde« ist von Hölderlins Dichtung (mit)
geprägt worden. Bereits in der ersten Hölderlin-Vorlesung vom
Wintersemester 1934/35 zitiert Heidegger einen Vers, der Hölderlin zugeschrieben wird, ohne dass von ihm ein originales Manuskript vorhanden ist: »Voll Verdienst, doch dichterisch wohnt / Der
Mensch auf dieser Erde.«[31] Noch beinahe zwei Jahrzehnte später
wird sich Heidegger mit der Interpretation dieses Verses beschäftigen.[32] Für das Verständnis seiner Philosophie ist er von größter
Bedeutung.

»Erde« ist hier freilich nicht der Globus, sondern der spezifische
»Ort« einer »Herkunft«, d. h. die »Heimat« (GA 39, 105). Sie sei
»heimatliche Erde«. Damit entscheidet sich Heidegger nicht nur im
Kontext der »Metapolitik«, sondern in seinem ganzen Denken für
einen Anti-Universalismus, der im Zeitalter der universalistischen
Projekte von Technik und Wissenschaft, Kapital und medialer Öffentlichkeit ein sperriges Problem darstellt. Was bedeutet es, dass
das »Sein selbst« offenbar eine regionale, auf die jeweilige »Erde«

[31] Von Heidegger immer nach der Hölderlin-Ausgabe von Norbert von
Hellingrath stets mit diesem Zeilensprung zitiert, steht der Satz ursprünglich
in einem Prosa-Text. Vgl. Friedrich Hölderlin: Sämtliche Werke und Briefe.
Bd. I. Hrsg. von Michael Knaupp. Carl Hanser Verlag: München u. Wien
1992, 908.
[32] Vgl. Martin Heidegger: »… dichterisch wohnet der Mensch …«. In: Ders.:
GA 7, 189–208.

bezogene »Geschichte« bewohne?[33] Ja, wäre es nicht sogar möglich, im Zuge »metapolitischer« Radikalisierungen zu denken, dass
der Begriff der »Erde« keineswegs eine (metaphysische) allgemeine
Gattung verschiedener »Erden« zu denken ermöglicht, sondern dass
Heidegger nur den »Deutschen« zuschreibt, in einem »Streit zwischen Erde und Welt« zu leben? Andererseits muss in einer Zeit, die
von starken »Flüchtlings«-Bewegungen gezeichnet ist, ein spezifisches Verständnis von »Herkunft« angegeben werden können, um
zu verstehen, warum »Flucht« überhaupt ein Problem darstellt. In
einem »immer schon« universalistisch verstandenen Lebensraum ist
das kaum möglich.

In den *Beiträgen zur Philosophie* nimmt Heidegger den Gedanken vom »Streit zwischen Welt und Erde« wieder auf. Das »Dasein« sei der »Wendungspunkt« der »Kehre« im »Ereignis«. Diese
»Kehre« gewinne »ihre Wahrheit nur, indem sie als Streit zwischen
Erde und Welt bestritten und so das Wahre in das Seiende geborgen« (GA 65, 29) werde. Genau diese »Bergung des Wahren in das
Seiende« sei aber die Aufgabe der »Kunst« (GA 65, 69). Zugleich
heißt es aber schon: »Warum schweigt die Erde bei dieser Zerstö-
rung? Weil ihr nicht der Streit mit einer Welt, weil ihr nicht die
Wahrheit des Seyns verstattet ist.« (GA 65, 277 f.) In der Epoche der
»Seinsverlassenheit« bleibe die »Wahrheit des Seyns« »verweigert«.
Die »Erde« werde als »Natur« »aus dem Seienden durch die Naturwissenschaft herausgesondert«. »Was war sie einst?«, fragt Heidegger und antwortet im Rückblick auf den Mythos »der Griechen«:
»Die Stätte des Augenblicks der Ankunft und des Aufenthalts der
Götter«. Nun sei sie »herausgesetzt in die Verzwingung der berech-
nenden Machenschaft und Wirtschaft«. Demnach könne auch der
»Streit zwischen Erde und Welt« nicht mehr geschehen. Damit ist
dann zugleich gesagt, »daß die Kunst zu Ende ist – ja am Ende sein
muß« (GA 95, 51).

Doch das ist nur ein Weg im sich verzweigten »Wegcharakter«
von Heideggers Denken. Im Zusammenhang des Problems einer
»Überwindung der Metaphysik« spricht der Philosoph von einer

---

[33] Emmanuel Lévinas: Heidegger, Gagarin und wir. In: Ders.: Schwierige
Freiheit. Versuch über das Judentum. Jüdischer Verlag: Frankfurt am Main
1992, 173–176.

»Überwindung der Aesthetik« (GA 65, 503). Diese »Überwindung« soll es ermöglichen, die »Kunst« anders als im Spielraum der
»Aesthetik« von Kant zu Nietzsche zu verstehen. In dieser Hinsicht
denkt Heidegger auch einmal an den »Augenblick einer *kunst-losen*
Geschichte«, der »geschichtlicher und schöpferischer sein« könne
»als Zeiten eines ausgedehnten Kunstbetriebs« (GA 65, 505). Doch
auch bei diesem Gedanken bleibt im Sinne der »Geschichte des
Seins« vorausgesetzt, dass einmal »eine ursprüngliche Notwendigkeit des Wesens der Kunst, die Wahrheit des Seyns zur Entscheidung
zu bringen, aus einer Not sich« aufzwingen könne. Im »metapolitischen« Kontext des Vortrags über den *Ursprung des Kunstwerkes*
hatte Heidegger das vielleicht noch gehofft.

Die »Überwindung der Metaphysik«

Vor ungefähr einem Vierteljahrhundert verglich Jürgen Habermas
»unsere Ausgangssituation« mit »jener der ersten Generation der
Hegelschüler«: »Damals hat sich der Aggregatzustand des Philosophierens verändert: seitdem haben wir zum nachmetaphysischen
Denken keine Alternative.«[34] Diese Bestandsaufnahme wird heute –
beinahe[35] – von allen Philosophen geteilt. Habermas denkt an die sogenannten »Linkshegelianer«, zu denen u. a. Karl Marx zu zählen ist.
Einer der Philosophen, die Hegel als Grenze einer metaphysischen
Auffassung der Philosophie betrachtet und damit Hegels Selbstauslegung als Abschluss der Philosophie schlechthin übernommen haben, ist Heidegger. Kaum ein anderer Philosoph des 20. Jahrhunderts hat daher das Projekt einer »Überwindung der Metaphysik«
so betont wie er.

    In seinen frühen Vorlesungen sowie in *Sein und Zeit* spricht
Heidegger von der Aufgabe, eine phänomenologisch-hermeneutische »Destruktion der Geschichte der Ontologie« (GA 2, 27ff.)

---

[34] Jürgen Habermas: Nachmetaphysisches Denken. Suhrkamp Verlag: Frankfurt am Main 1996, 36.
[35] In der Phänomenologie gibt es heute ein neues Interesse an der Metaphysik bei Philosophen wie Jean-Luc Marion, Marc Richir oder auch László
Tengelyi. Allerdings müssen auch sie sich mit der »Überwindung der Metaphysik« auseinandersetzen.

durchzuführen. Diese »Destruktion« habe die Bedeutung, durch die lange Kommentar- und Interpretationsgeschichte der »ontologischen Grundbegriffe« hindurch »auf die ursprünglichen Erfahrungen« (GA 2, 30), in denen sich diese »Grundbegriffe« konstituierten, zurückzugehen. Die »Destruktion« habe nicht den »negativen Sinn einer Abschüttelung der ontologischen Tradition« (GA 2, 31). Das Destruieren gleicht demnach nicht dem Zertrümmern eines Steins mit einem Hammer (das übrigens auch Nietzsches Philosophieren »mit dem Hammer« *nicht* bedeutet), sondern eher dem Schütteln eines Goldgräbersiebs, in dem nach und nach der Fund zum Vorschein kommt, während das ihn verdeckende Material entfernt wird. Dennoch bleibt ein »negativer Sinn« im Spiel. Die »Destruktion« richtet sich zerstörend gegen die »herrschende Behandlungsart der Geschichte der Ontologie«. Diese Ontologie ist fragwürdig geworden. Wenn es philosophisch notwendig wird, auf die anfänglichen Bedeutungen der »ontologischen Grundbegriffe« zurückzugehen, dann haben sich die aktuellen als unzureichend, womöglich als unlebendig und tot erwiesen.

Die »Destruktion der Geschichte der Ontologie« lässt die Geschichte der Philosophie nicht verschwinden. Im Gegenteil, sie hat die entscheidende Bedeutung, die Geschichte der Grundtexte und ihrer Auslegungen erst zur Erscheinung zu bringen. Mit ihrer »Destruktion« eröffnet Heidegger der Philosophie einen unausschöpfbaren Horizont von hermeneutischen Projekten. Die hermeneutische Philosophie eines Hans-Georg Gadamer hat von Heideggers Programm und seiner Ausführung unübersehbar gezehrt. Auch das Denken Jacques Derridas, sein Unternehmen der »Dekonstruktion«, hat an Heidegger angeknüpft.

In seiner Vorlesung vom Sommersemester 1934 *Logik als die Frage nach dem Wesen der Sprache* spricht Heidegger von der »Grundaufgabe«, die »Logik von Grund auf zu erschüttern«. Zudem gibt er an, dass die »Erschütterung der Logik«, »an der wir seit zehn Jahren arbeiten«, »auf einer Wandlung unseres Daseins selbst gründet« (GA 38, 11). In der ein Jahr später gehaltenen Vorlesung *Einführung in die Metaphysik* betont Heidegger noch einmal, die Logik »von ihrem *Grund* her aus den Angeln heben« (GA 40, 197) zu wollen. So knüpft er Mitte der dreißiger Jahre an die »Destruktion der Geschichte der Ontologie« an, um sie mit dem Programm der

»Metapolitik« zu verknüpfen. Die »Wandlung unseres Daseins« erinnert an die »nationale Revolution«, für die Heidegger sich einsetzt.
Wo sich das Denken ändern sollte, musste sich die »Logik« ändern.
    Ihre »Erschütterung« lässt sich wie folgt skizzieren: »Logik« sei
die »Wissenschaft vom *lógos*«. Der aristotelisch gefasste *lógos* als
lógos apophantikós zeigt auf und sagt aus, »wie eine Sache ist und
wie ein Sache sich verhält« (GA 38, 1). Der *lógos* ist eine »Aussage« über »Seiendes«. Wir tätigen Aussagen nicht nur im enge-
ren Sinne des Aussprechens von Sätzen, sondern indem wir *denken*.
Das Denken kann aber wahr oder falsch sein, je nach der Wahrheit
oder Falschheit seiner Aussagen. Ob das Denken wahr oder falsch
ist, regeln bestimmte Axiome oder Denkgesetze. Damit wir wissen,
wie richtig oder falsch gedacht wird, gebe es die »Logik«. »Logik«
als »Wissenschaft vom *lógos*« ist daher zunächst die »Herausstel-
lung des Formenbaues des Denkens« und die »Aufstellung seiner
Regeln« (GA 40, 129).
    Die Logik »zerlegt« das Denken als Aussagen in »Grundele-
mente«. Daneben gibt sie an, wie mehrere solcher »Grundelemente«
richtig »verflochten« oder »zusammengebaut« werden können,
damit Aussagen »Gültigkeit« beanspruchen können. Sie gibt die Bedingungen an, wie richtig zu schließen, richtig zu urteilen sei. Die
drei wichtigsten Axiome sind für Heidegger der Satz der Identität,
der Satz des Widerspruchs und der Satz vom Grund (GA 38, 10).
    Die Logik als philosophische Wissenschaft ist jedoch nicht das
Ganze der Philosophie. Sie wird von früh an (von Xenokrates, 396–
314 v. Chr., Leiter der platonischen Akademie, an) von zwei weiteren »Wissenschaften« flankiert. Die Philosophie als ganze teilt sich
in die klassischen Disziplinen Logik, Ethik und Physik.[36] Doch ist
zu beachten, dass sowohl im Bereich des Ethischen als auch auf
dem Gebiet der Naturwissenschaft notwendig *gedacht* wird. Daraus ergibt sich eine bestimmte Vorrangstellung der Logik als eines
Nachdenkens über das Denken, das alle Handlungen des Menschen
begleitet, indem sie es z. B. begründet oder kritisiert, reglementiert
oder befreit.

---

[36] Vgl. z. B. Immanuel Kant: Grundlegung zur Metaphysik der Sitten. In:
Ders.: Werke. Bd. IV – Schriften zur Ethik und Religionsphilosophie. Hrsg.
von Wilhelm Weischedel. WBG: Darmstadt 1956, BA III.

Doch damit ist der Sinn dessen, was unter »Logik« verstanden wird, noch nicht erschöpft. In der alltäglichen Welt gibt es »Redensarten«, die nicht zu Unrecht das wissenschaftliche Verständnis der »Logik« auf alltäglich Geschehendes übertragen. So fasst man als »logisch« auf, was »folgerichtig« ist. Hier ist nicht die »Wissenschaft vom *lógos*« gemeint, sondern »wir meinen vielmehr die innere Folgerichtigkeit einer Sache, einer Lage, eines Vorgangs« (GA 55, 186 ff.). Diese »Folgerichtigkeit« im alltäglichen Sprechen ist ein ins Gewöhnliche abgesunkener Modus der wissenschaftlichen »Logik«. Die »indifferente Normalform der Aussage: a ist b«, sei ein »Grundzug des alltäglichen Daseins« hinsichtlich seines »unterschiedslosen Verhaltens zum Seienden als dem eben Vorhandenen« (GA 29/30, 438). Andersherum ist die wissenschaftliche »Logik« eine ausdrückliche Formalisierung alltäglicher Sprechakte (bzw. sie will es sein). Die »Logik« formalisiert die in sich formale »Folgerichtigkeit« des praxisbezogenen Denkens.

Zwischen der »Logik der Sachen und der Logik des Denkens« gebe es folglich einen Zusammenhang. Denken und Sachen seien »ineinandergekehrt«, »eines kehrt im anderen wieder«, »eines nimmt das andere in den Anspruch« (GA 55, 196). Diese »Ineinandergekehrtheit« von Gedanke und Sache, von »Logik« und »Ontologie«, sei vor dem Hintergrund einer sich nach der »Vernunft« richtenden Weltgestaltung des Menschen eine Selbstverständlichkeit. Die »Vernunft« als ein »Ineinandergekehrtsein« von Gedanke und Sache gilt auch da noch, wo Leidenschaften die Welt scheinbar durcheinander bringen. Im weltgeschichtlichen Kontext leitet nach Hegel eine »List der Vernunft«[37] noch die leidenschaftlichsten Handlungen. Die »Ineinandergekehrtheit« von Gedanke und Sache ist die Bedingung dafür, dass solches, »*was vernünftig ist,* [...] *wirklich*; *und was wirklich ist,* [...] *vernünftig*«[38] sein kann.

---

[37] Georg Wilhelm Friedrich Hegel: Vorlesungen über die Philosophie der Weltgeschichte. Bd. 1 – Die Vernunft in der Geschichte. Hrsg. von Johannes Hoffmeister. Felix Meiner Verlag: Hamburg ⁶1994, 105.
[38] Georg Wilhelm Friedrich Hegel: Grundlinien der Philosophie des Rechts, oder Naturrecht und Staatswissenschaft im Grundrisse. Werke. Bd. 7. Hrsg. von Eva Moldenhauer und Karl Markus Michel. Suhrkamp Verlag: Frankfurt am Main 1970, 24.

Es liegt auf der Hand, dass eine »Erschütterung der Logik«, wie
Heidegger auch später noch sagen wird, eine »Erschütterung des
Menschen« (GA 7, 218) sein muss. Wo die Axiome unseres Sprechens und Denkens zur Disposition gestellt werden, wird unsere
Selbstdeutung berührt. Wenn der Mensch, wie Heidegger unzählige
Male anmerkt, das von der »Metaphysik« determinierte *animal rationale* ist, die *ratio* im Sinne des *lógos* »destruiert« wird, geschieht
eine Revision dessen, was den Menschen als Menschen bestimmt.
Wie und wo Heidegger die »Erschütterung der Logik«, die genau
wie die »Destruktion der Geschichte der Ontologie« eine Vorgestalt
der »Überwindung der Metaphysik« ist, angesetzt hat, kann hier
nicht weiter dargestellt werden.[39] Dass sie mit Heideggers Schritt
zum *mýthos*, d. h. zur »Geschichte des Seins« als einer »Mytho-Logie des Ereignisses«, am Beginn der dreißiger Jahre zusammenhängt,
ist unverkennbar. Wenn er daher bemerkt, dass nur »der Deutsche
allein« »das Sein ursprünglich neu dichten und sagen« könne, dass
»er allein« das »Wesen der *theoría* neu erobern und endlich *die
Logik* schaffen« (GA 94, 27) werde, dann bezeugt diese Passage aus
einem der ersten *Schwarzen Hefte*, inwiefern die »Erschütterung
der Logik« zur »Metapolitik ›des‹ geschichtlichen Volkes« gehört.
    Die »Destruktion der Geschichte der Ontologie« bzw. die »Er-
schütterung der Logik« findet ihre endgültige Gestalt in der sogenannten »Überwindung der Metaphysik«. In einem im Zeitraum
zwischen 1936 und 1946 entstandenen Text dieses Titels, der, indem
er den Artikel meidet, den Text selbst performativ zur »Überwindung« werden lässt, wird Heideggers »seinsgeschichtliche« Interpretation der »Geschichte« unmittelbar deutlich. Der Mensch als
das »animal rationale« sei »jetzt« das »arbeitende Tier« geworden,
das die »Wüste der Verwüstung der Erde durchirren« müsse. Es
habe sich ein »Untergang« »ereignet«, dessen »Folgen« »die Begebenheiten der Weltgeschichte dieses Jahrhunderts« seien. Dieser
»Untergang« entspringe der »Vollendung der Metaphysik« im Den-

---

[39] Ein wichtiger Schritt ist die Abkoppelung der »Wahrheit« von der Aussage, die Bestimmung der »Wahrheit« als »Unverborgenheit«, was zum ersten Mal in Heideggers Vortrag »Vom Wesen der Wahrheit« (GA 9, 177–202)
aus dem Jahr 1930 geschieht. Vgl. dazu auch mein Buch Irrnisfuge. Heideggers An-archie. A.a.O.

ken Nietzsches. Die »Vollendung« gebe das »Gerüst für eine vermutlich noch lange dauernde Ordnung der Erde« (GA 7, 81) ab.
Eine »Folge« des Geschichtsganges der »Metaphysik« sei die Pro-
klamierung eines »Übermenschentums«, dem das »Untermenschen-
tum – metaphysisch verstanden – zugehört«. Hier sei der Mensch
zum »wichtigsten Rohstoff« seiner eigenen »Herstellung« geworden. Heidegger stellt – von heute aus gesehen geradezu prophetisch –
in Aussicht, »daß auf Grund der heutigen chemischen Forschung
eines Tages Fabriken zur künstlichen Zeugung von Menschenma-
terial errichtet« (GA 7, 93) würden. Er nimmt deutlich Abstand von
der »Machenschaft« des Nationalsozialismus (ohne diesen ganz zu
verabschieden). Die »Überwindung der Metaphysik« löst sich jetzt
von der »Metapolitik ›des‹ geschichtlichen Volkes«.

»Metaphysik« ist für Heidegger die Bezeichnung einer Epoche
des »Seins«, in der dieses mit Begriffen der platonischen und aristotelischen Philosophie zu fassen versucht wird. Diese Epoche kommt
zu ihrem Ende im Denken Hegels und Nietzsches. Grundsätzlich
lässt sich sagen, dass das »metaphysische Denken« auf einer Indifferenz gegenüber der »Unterscheidung des Seins vom Seienden«
basiert. Heidegger schreibt einmal:

»Die Unterscheidung des Seienden und des Seins wird in die Harmlosig-
keit eines nur vorgestellten Unterschiedes (eines ›logischen‹) abgescho-
ben, wenn überhaupt innerhalb der Metaphysik dieser Unterschied selbst
als ein solcher ins Wissen kommt, was strenggenommen ausbleibt und
ausbleiben muß, da ja das metaphysische Denken nur *im* Unterschied
sich hält, aber so, daß in gewisser Weise das Sein selbst eine Art des Seienden ist.« (GA 65, 423)

Wenn die »Metaphysik« von Platon an von der Unterscheidung zwischen dem Sinnlichen und Übersinnlichen ausgeht, d. h. z. B. den
»Materialismus« vom »Idealismus« unterscheidet, so »hält sie sich
im Unterschied« des »Seins« vom »Seienden«, ohne in der Lage
zu sein, diesen »Unterschied« selbst angemessen zu interpretieren.
Anstatt das »Sein selbst« und das »Seiende« in ihrem »Unterschied«
zu bedenken, verstehe sie das »Sein« als »Seiendheit« und begreife
»diese als Anwesenheit und Beständigkeit« (GA 66, 128). Für das
»metaphysische Denken« bleibe demnach das »Seiende« insofern

der Ausgangspunkt allen Verstehens, als von ihm aus Merkmale zur »Seiendheit« verallgemeinert würden. Was sich »verbirgt« oder »entzieht«, wird nicht erkannt und bleibt also – wie die »Differenz *als* Differenz« – »ungedacht«.

Wenn die »Metaphysik« das »Gerüst für eine vermutlich lange dauernde Ordnung der Erde« abgibt, ist der Titel »Überwindung der Metaphysik« problematisch. Heidegger hat das selbst gesehen. Die »Metaphysik« lasse sich »nicht wie eine Ansicht« abtun, man könne sie nicht wie »eine nicht mehr geglaubte und vertretene Lehre hinter sich bringen« (GA 7, 69). Wenn der Begriff der »Überwindung« suggeriert, man könne wie über eine imaginäre Grenze von einer »Geschichte« in eine andere gleichsam umsteigen, dann betont Heidegger die »Dauer« des Vorgangs, der selbst in nichts anderem als in einer ständigen Beschäftigung mit der »Metaphysik« bestehen müsse. Demnach ergibt sich das Paradox, dass die »Überwindung der Metaphysik« gerade darauf hinausläuft, die »Metaphysik« bzw. ihre »Grundbegriffe« immer wieder zu thematisieren; allerdings nicht auf beliebige Weise, sondern hinsichtlich der nicht mehr einfach nur philosophischen, sondern »geschichtlichen Notwendigkeit«, durch sie hindurch zu einem »anderen Fragen« oder einem »anderen Denken« zu gelangen. Insofern lässt sich nach Heidegger die »Überwindung der Metaphysik« besser als eine »Verwindung« (GA 7, 77) begreifen. Der Begriff der »Verwindung« deutet an, dass etwas nur durch eine länger andauernde Beschäftigung zum Verschwinden gebracht werden kann. So besteht die »Verwindung« einer Verletzung oder einer Krankheit in einem längeren Prozess, in dem der Verletzte sich um seine Verletzung kümmert. Der Prozess der »Verwindung« einer Verletzung geschieht so gesehen einerseits von selbst, da die Verletzung von selbst heilen muss, andererseits ist der Verletzte aber auch »gebraucht«, da ohne seine Teilnahme am Geschehen die Heilung womöglich ausbleiben würde. Die »Verwindung der Metaphysik« ist in dieser Analogie so etwas wie eine fortgesetzte Thematisierung des »metaphysischen Denkens«, in der und durch die die »Metaphysik« eventuell »vergeht«.

Dennoch bleibt die »Überwindung der Metaphysik« ein prekärer Gedanke. Kann es ein Denken jenseits der fundamentalen Bestimmungen, die dieses Denken überhaupt erst möglich machen, geben? Was geschieht, wenn das Denken z. B. den vorausgesetzten

Rahmen der »Wissenschaft« bzw. »Wissenschaftlichkeit« wirklich verlässt? Wenn es die Axiome der »Logik« außer Kraft setzt? Kann das Denken radikal poietisch bisher unbekannte Verfahrensweisen entfalten? Anders als Habermas, der die rationalen Standards der »Metaphysik« ganz und gar anerkennt und tradiert, hat Heidegger nie von einem »nachmetaphysischen Denken« gesprochen. Er bevorzugte, seine Überlegungen als ein »übergängliches Denken« für die »Vorbereitung des anderen Fragens« (GA 65, 430) zu charakterisieren. So betrachtet wäre Heideggers »Denken« der »Überwindung der Metaphysik« ein Bedenken ihrer Grenze an dieser Grenze, doch niemals einfach ein »Denken« ganz außerhalb ihrer Bestimmungen.

Sprache als »Haus des Seins«

Es ist nicht übertrieben, zu behaupten, dass Heidegger seine akademische Laufbahn als »Logiker« begann. Sowohl seine Dissertation als auch seine Habilitationsschrift widmen sich Fragen der Logik. In dieser Disziplin erwartet sein Lehrer Rickert »große Verdienste« von ihm. So setzt sich Heidegger in den Vorlesungen der zwanziger Jahre immer wieder mit der Frage auseinander, wie wir das Urphänomen der »Logik«, den *lógos* selbst, adäquat zu verstehen haben. Dabei orientiert sich Heidegger zunächst an den Texten Platons und Aristoteles', später, in den dreißiger Jahren, tritt Heraklits *lógos*-Begriff in den Vordergrund.

In *Sein und Zeit* verdichtet sich eine Beschäftigung mit dieser Frage, die bereits über eine Dekade anhält. Der *lógos* wird hier als das »Existenzial« der »Rede« vorgestellt. Diese Übersetzung bezieht ihr Recht aus dem Sachverhalt, dass der *lógos* bei Aristoteles als ein *deloûn*, als ein Offenbarmachen von dem, »wovon in der Rede ›die Rede‹ ist«, gedacht wird. Davon ausgehend hat Heidegger das Phänomen der »Sprache« betrachtet. Ihr »existenzial-ontologisches Fundament« sei eben die »Rede« (GA 2, 213). »Sprache« sei bloß die »Hinausgesprochenheit der Rede« (GA 2, 214). »Bedeutungen« kämen in der Sprache »zu Wort«: »Den Bedeutungen wachsen Worte zu. Nicht aber werden Wörterdinge mit Bedeutungen versehen.«, schreibt Heidegger, ohne zu erklären, wie es zu dieser Differenz zwischen »Wort« und »Bedeutung« überhaupt kommen kann.[40]

Die »Rede« sei »das ›bedeutende‹ Gliedern der Verständlichkeit des In-der-Welt-seins, dem das Mitsein« zugehöre. Insofern ist die »Rede« all das, was in einer stets auch auf Erklärung ausgehenden Begegnung mit dem Anderen sprachlich geschieht. Auf besondere Weise gehören das »Hören und Schweigen« zu dieser Begegnung. Die Analyse des »Schweigens«, das dann in den dreißiger Jahren eine so große Rolle in Heideggers Denken spielen sollte, gehört zu den phänomenologischen Höhepunkten von *Sein und Zeit*. So bringt Heideggers Analyse der »Rede« eine ganze Menge von Resultaten hervor. Doch es wird nicht deutlich, inwiefern diese Analyse das »Fundament« für eine »vollzureichende Definition der Sprache« liefern könnte.

Wenn wir in *Sein und Zeit* auch kein befriedigendes Ergebnis aus der Fundierung der Sprache in der »Rede« finden können, wird eine Intention dieser Verhältnisbestimmung, die erst später ihre ganze philosophische Bedeutung entfaltet hat, doch erkennbar. Heidegger erklärt, dass die »Grammatik« der (indo-europäischen) Sprachen ihr »Fundament« in der griechischen Logik habe. Diese Logik wiederum fuße auf einer »Ontologie des Vorhandenen« (GA 2, 220). Damit zeichnet sich eines der Probleme ab, die Heidegger wiederholt dazu gebracht haben, das »Wesen der Sprache« zu untersuchen. Die »Ontologie des Vorhandenen« als »Fundament« der »Grammatik« basiere auf der Unterscheidung einer zu Grunde liegenden vorhandenen Sache, der verschiedene Eigenschaften zugesprochen werden. Was Aristoteles *hypokeímenon* (wörtlich: das Zugrundeliegende) nennt, dem *symbebekóta* (Eigenschaften) zugeschrieben werden, kehrt in der »Grammatik« der Sprache als die Unterscheidung von Subjekt und Prädikat wieder. Das Verbalsubstantiv »Sein« wird grammatisch als Kopula bezeichnet, als das »Bändchen«, das Subjekt und Prädikat (S *est* P) verbindet. Nicht nur nach Heidegger ist das »Sein« jedoch weder eine »Sache«, dem »Eigenschaften« zugeschrieben werden können – dann wäre es ein »Seiendes« –, noch

---

[40] Das Problem liegt vermutlich darin, dass Heidegger in der Tat ein gegenständliches Verständnis des Wortes voraussetzt. In dieser Hinsicht ist die Bemerkung über die »Wörterdinge« nicht nur rhetorisch zu verstehen.

ist es reduzierbar auf die Kopula-Funktion. Wie aber kann eine Sprache, für die das Subjekt-Kopula-Prädikat-Verhältnis grundlegend ist, mit einem »Sein« umgehen, das sich diesen Bestimmungen entzieht? Wie kann man über etwas sprechen, für das in der Grammatik der Sprache gar kein Platz vorgesehen ist?

Mit diesem Problem beschäftigen sich die »metapolitischen« Vorlesungen nach 1933. In ihnen nimmt Heidegger ein Thema auf, das ihn bereits seit seiner Dissertation beschäftigt hatte. In der Vorlesung vom Winter 1933/34 *Vom Wesen der Wahrheit* stellt Heidegger fest, dass die »Besinnung auf den *lógos* als Lehre von der *Sprache*, d. h. die *Grammatik*, von der Logik als der Denklehre beherrscht« (GA 36/37, 103) werde. Diese Herrschaft der »Logik« müsse durch eine »*Erschütterung der grammatischen Vorstellung von der Sprache*« (GA 36/37, 104) beendet werden. Das könne nur geschehen, wenn das »Wesen der Sprache« thematisiert werde.

Am Ende der Vorlesung des Sommers 1934 wird diese »Erschütterung« realisiert: »Das Wesen der Sprache west dort, wo sie als weltbildende Macht geschieht, d. h., wo sie das Sein des Seienden im voraus erst vorbildet und ins Gefüge bringt. Die ursprüngliche Sprache ist die Sprache der Dichtung.« (GA 38, 170) Abgesehen von den »metapolitischen« Implikationen dieses Gedankens reagiert die nun in Aussicht gestellte »Erschütterung der Logik« (GA 38, 11) auf das Problem, wie das »Sein« adäquat zur Sprache gebracht werden könne, wenn es sich der »grammatischen Vorstellung von der Sprache« entzieht. Die »Dichtung« nimmt seitdem eine Schlüsselstellung in Heideggers Philosophie der Sprache ein. Die Frage ist, ob jede Art der Sprache notwendig »vergegenständlichend« ist, ob alles, was gedacht wird, im Denkakt zu einem »Gegenstand« werden muss (vgl. GA 9, 74). Heißt zu sprechen notwendig, zu verobjektivieren?

In den *Beiträgen zur Philosophie* hat Heidegger dieses Problem markant ausgesprochen:

»Mit der gewöhnlichen Sprache [...] läßt sich die Wahrheit des Seyns nicht sagen. Kann diese überhaupt unmittelbar gesagt werden, wenn alle Sprache doch Sprache des Seienden ist? Oder kann eine neue Sprache für das Seyn erfunden werden? Nein.« (GA 65, 78)

Die »Sprache des Seienden« basiere auf derjenigen »Grammatik«, die auf eine »Ontologie des Vorhandenen« zurückgehe. Dieses Problem hat Heidegger gerade in den *Beiträgen zur Philosophie* umgetrieben. Zeitweilig hat er eine Lösung darin gefunden, den öffentlichen philosophischen Diskurs zu boykottieren. Dann entsteht ein Text, der sich *esoterisch* von der Öffentlichkeit und ihren Diskursregeln abwendet, um zu bestimmten Adressaten wie den »Wenigen« (GA 65, 11 ff.) zu sprechen.[41] Doch noch im Jahre 1962 beschließt Heidegger einen seiner letzten Vorträge mit dem Hinweis, dass das »Sagen vom Ereignis in der Weise eines Vortrags« ein »Hindernis« sei, weil er »nur in Aussagesätzen gesprochen« (GA 14, 30) habe. Am Beginn des Vortrags hatte er betont, dass es nicht darum ginge, »Aussagesätze anzuhören, sondern dem Gang des Zeigens zu folgen« (GA 14, 6), eine Bemerkung, die an Wittgensteins *Tractatus logico-philosophicus* (6. 522) erinnert.

Heideggers Frage in den *Beiträgen zur Philosophie* nach einer »neuen Sprache für das Seyn« wird mit folgenden Gedanken ausgeführt: Eine »Sprache des Seyns« müsse eine »sagende« (GA 65, 78) sein. Dann heißt es: »Alles Sagen muß das Hörenkönnen mitentspringen lassen. Beide müssen des selben Ursprungs sein.« Diese »Verwandlung der Sprache« führe zu einem »gewandelten Sagen«. Der »Ursprung« von »Sagen« und »Hörenkönnen« sei freilich das »Seyn«. Heidegger macht auf das »responsive« Verhältnis aufmerksam, dass das »Sagen« sich auf etwas bezieht, auf etwas »antwortet«, dem es selbst entstammt. Die »Sprache des Seyns« ist demnach keine *über* das »Seyn«, sondern das »Seyn« selbst als »Sprache«. In diesem Sinne muss das »Sagen« in sich bereits ein »Hörenkönnen« auf das »Seyn« selbst sein. Das »Hören« markiert den Unterschied, der zwischen dem »Sagen« und dem »Seyn« besteht.

Dieser Gedanke wird dann in Heideggers (wichtige Vorträge und Texte versammelndem) Buch *Unterwegs zur Sprache* aus dem Jahr 1954 weiter ausgeführt. In ihm finden sich die folgenden, häufig zitierten und kritisierten Sätze: »Die Sprache spricht. / Der Mensch spricht, insofern er der Sprache entspricht. Das Entsprechen ist Hören.« (GA 12, 30) Der Gedanke, dass »die Sprache spricht«, ist

---

41 Vgl. den Anfang der *Beiträge zur Philosophie* und meine Interpretation in Adyton. Heideggers esoterische Philosophie. Matthes & Seitz: Berlin 2011.

die Radikalisierung einer selbstverständlichen Erfahrung. Es geht
darum, dass die Sprache ein lebendiges System von Bedeutungen
ist, das es dem jeweils in einer Sprache aufwachsenden Menschen
ermöglicht, sich auf die eine oder andere Art und Weise auszudrü-
cken, ohne dass der jeweilige Einzelne die Sprache »gemacht« hätte.[42]
Wenn von der französischen Sprache gesprochen wird, dann selbstverständlich so, dass nicht vorausgesetzt wird, die jetzt lebenden
Franzosen hätten sie »hergestellt«, wie auch derjenige, der franzö-
sisch sprechen will, die Sprache nicht »macht«. Vielmehr muss er beginnen, eine schon bestehende Sprache durch »Hören« zu erlernen.
Insofern geht die Sprache den jeweils Sprechenden voraus.

Andererseits gibt es keine Sprache ohne die Sprechenden. Daher betont Heidegger: »Der Satz ›die Sprache spricht‹ [...] ist nur
halb gedacht, solange der folgende Sachverhalt übersehen wird: Um
auf ihre Weise zu sprechen, braucht, d. h. benötigt die Sprache das
menschliche Sprechen, das seinerseits gebraucht, d. h. verwendet
ist für die Sprache in der Weise des Entsprechens [...].« (GA 75,
201) Wie in der schon erwähnten »responsiven« Struktur des »Ereignisses« und des Verhältnisses zwischen »Sagen« und »Hören«
geht Heidegger im Verhältnis von »Sprache« und »menschlichem
Sprechen« von einem gegenseitigen »Brauchen« aus. Das Sprechen
ist dann kein bloßes Vermögen des Menschen mehr, sondern ein
»Entsprechen«. Wenn der Mensch das sprechende Lebewesen ist,
dann hat er diese ihn vor allen anderen (bekannten) Lebewesen aus-
zeichnende Eigenschaft nicht sich selbst gegeben, sondern von der
Sprache empfangen.

Damit ist allerdings noch nicht geklärt, inwiefern eine solche Auffassung der Sprache dem »Sein selbst« eher »entspricht« als eine,
die sich von der »Logik« her begründet. Nach Heidegger sei das
»Entsprechen« ein »Hören«. Dieses »Hören« könne sich nun auf
etwas beziehen, das im vorhinein immer schon gegeben ist: Wörter,

---

[42] Auch hier kann ein Vergleich mit bestimmten Gedanken Ludwig Wittgensteins aufschlussreich sein. Vgl. Ludwig Wittgenstein: Philosophische
Untersuchungen. In: Ders.: Schriften. Suhrkamp Verlag: Frankfurt am Main
1960, 289 ff. Vgl. zur »Sprache« bei Heidegger und Wittgenstein Matthias
Flatscher: Logos und Lethe. Zur phänomenologischen Sprachauffassung
im Spätwerk von Heidegger und Wittgenstein. Karl Alber Verlag: Freiburg
u. München 2011.

Sätze, Schrift, etc. Freilich wäre so einem Denken des »Seins selbst« noch nicht weitergeholfen, besteht doch das Problem der »Vergegenständlichung« gerade darin, dass das Wort »Sein« einer »Ontologie des Vorhandenen« unterworfen bleibt. Deshalb bezieht sich das »Hören« im »Entsprechen« gerade nicht auf Wörter oder Sätze, sondern auf etwas Vorausgehendes. Heidegger nennt es das »Geläut der Stille« (GA 12, 29). Wörter und Sätze scheinen einer Quelle zu entstammen, die nicht schon in Form von Wörtern und Sätzen erscheint. Diese Abwesenheit von Wörtern und Sätzen lässt sich als »Stille« bezeichnen. Weil diese aber *alle* Wörter und Sätze und demnach auch das »Hören« auf sich versammelt, spricht Heidegger von ihrem »Geläut«. Bleibt aber nicht auch das »Geläut der Stille« eine akustische Metapher, die das Problem eines sich dem Aussagen entziehenden »Sein selbst« nicht löst?

Wie dem auch sei. Zur Zurückweisung der Auffassung der Sprache von der »Logik« her tritt noch eine weitere Intention hinzu. In der »formalen Logik« wird die Sprache als ein Gebilde betrachtet, das gegen den in ihm auftauchenden »Inhalt« indifferent ist. Das Satz-Modell »S est P« sagt nichts darüber aus, was hier »S« und was »P« sei. Es soll lediglich eine Form angegeben werden, mit der alles, was es gibt, ausgesagt werden kann. Versetzt man diese Formalisierung in die uns alltäglich vertraute Zweck-Mittel-Verbindung, so könnte man behaupten, dass die Sprache dazu da sei, uns »Inhalte« zu vermitteln. In diesem Verständnis wird die Sprache als ein »Instrument« oder ein »Medium« interpretiert, mit dem »Informationen« produziert werden. Diese Ende der vierziger Jahre von Norbert Wiener[43] konzipierte mathematisch-kybernetische Auffassung der Sprache hält Heidegger für grundsätzlich verfehlt. Mit ihr werden wesentliche Elemente der Sprache, die nicht zuletzt die Dichtung darstellt, technologisch aus dem Weg geräumt. In der Dichtung erscheint ein Sprechen, das nicht auf »Informationen« reduziert werden kann. Gegen dieses Verständnis von Sprache wendet sich Heidegger, wenn er die berühmten Sätze schreibt:

[43] Norbert Wiener: Cybernetics, or the Control and Communication in the Animal and the Machine. J. Wiley: New York 1952.

»Das Denken vollbringt den Bezug des Seins zum Wesen des Menschen. Es macht und bewirkt diesen Bezug nicht. Das Denken bringt ihn nur als das, was ihm selbst vom Sein übergeben ist, dem Sein dar. Dieses Darbringen besteht darin, daß im Denken das Sein zur Sprache kommt. Die Sprache ist das Haus des Seins. In ihrer Behausung wohnt der Mensch.« (GA 9, 313)

Die Sprache ist mehr als ein »Instrument«, ein »Medium«, über das der Mensch verfügt, mit dem er die Dinge und sich selbst beherrschen kann, indem er sich »informiert«. Sie kann als »Information« erscheinen, enthält aber Möglichkeiten, die weit über das »Informieren« hinausgehen. Auf dieses Mehr kommt es an. Die Philosophie Heideggers fasst die Sprache als eine »Behausung« auf, in der der Mensch »wohnt«. Dieses »Wohnen« im emphatischen Sinne könne es nur geben, wenn »im Denken das Sein zur Sprache« komme. So gesehen zeigt sich eine Differenz zwischen der Auffassung der Sprache als »Information« und derjenigen des »Hauses des Seins« – eine Differenz, die für das »Wohnen« entscheidend ist. Für Heidegger hat sich eine Welt, in der die kybernetische Auffassung der Sprache dominiert, von der Möglichkeit des »Wohnens« abgeschnitten.

Gott und »die Götter«

> »Nur noch ein Gott kann uns retten.«
> (GA 16, 671)

Heideggers intellektuelle Biographie ist an ihrem Beginn tief mit dem gelebten Katholizismus der südwestdeutschen Provinz verbunden. Das hat er einmal in einem Text vom Ende der dreißiger Jahre mit der Überschrift »Ein Rückblick auf den Weg« folgendermaßen ausgesprochen:

»Und wer wollte verkennen, daß auf diesem ganzen bisherigen Weg verschwiegen die Auseinandersetzung mit dem Christentum mitging – eine Auseinandersetzung, die kein aufgegriffenes ›Problem‹ war und ist, sondern Wahrung der eigensten Herkunft – des Elternhauses, der Heimat

und der Jugend – und schmerzliche Ablösung davon in *einem*. Nur wer
so verwurzelt war in einer wirklichen gelebten katholischen Welt, mag
etwas von den Notwendigkeiten ahnen, die auf dem bisherigen Weg meines Fragens wie unterirdische Erdstöße wirkten.« (GA 66, 415)

Diese Dramatisierung des »bisherigen Wegs« hat einen wahren Kern.
Heideggers Denken ist von einer »Auseinandersetzung mit dem
Christentum« auch dort geprägt, wo diese gar nicht die Oberfläche
des Textes erreicht. Die »Geschichte des Seins« ist ein Narrativ, in
dem gerade die »geschichtliche« Bedeutung des Christentums eine
essentielle Rolle spielt. Schließlich kehrt sie wieder in Heideggers
antisemitischen Äußerungen vom Anfang der vierziger Jahre. In dieser Zeit scheint sich die »Auseinandersetzung mit dem Christentum«
im wörtlichen Sinne realisiert zu haben: Heideggers Denken und das
Christentum haben sich »auseinander gesetzt«.

Doch der »Weg« zu dieser Trennung war lang. Ein Schritt auf
ihm stellt der wichtige Marburger Vortrag von 1928 »Phänomenologie und Theologie« dar. In diesem Vortrag geht es, grob gesagt, um
den Unterschied zwischen einer Philosophie, die sich als Ontologie versteht, und der christlichen Theologie. Letztere wird als eine
positive Wissenschaft« (GA 9, 61) bezeichnet. »Positiv« bedeutet
dabei nichts anderes, als dass die Theologie den mehr oder weniger klar umrissenen Gegenstand der »Christlichkeit« erforscht. Um
sich der »Christlichkeit« zu widmen, d. h. um gläubiger Christ zu
sein, bedürfe es keiner »Philosophie«. Die »positive Wissenschaft
des Glaubens« brauche die Philosophie »nur mit Rücksicht auf ihre
Wissenschaftlichkeit«. Abgesehen von dieser für Heidegger äußerli-
chen Abhängigkeit, gibt es zwischen dem »Glauben« und der »Philosophie« einen derartig tiefen Riss, dass Heidegger die »spezifische
Existenzmöglichkeit« des »Glaubens« »gegenüber der wesenhaft
zur *Philosophie* gehörigen […] *Existenzform*« als einen »Todfeind«
(GA 9, 66) charakterisiert. Wohlgemerkt: Heidegger spricht an dieser Stelle keineswegs von der »Theologie« selbst, sondern von der
»Faktizität des Glaubens«. »Glaube« und »Philosophie« bilden eine
so radikale Alternative, »daß die Philosophie gar nicht erst unter-
nimmt, jenen Todfeind in irgendeiner Weise bekämpfen zu wollen«.
Die »Philosophie« lässt die »Existenzmöglichkeit« des »Glaubens«
gleichsam unberührt, da sie sich substanziell von ihr unterscheidet.

Fünf Jahre später, in der berüchtigten »Rektorats«-Rede von der
Selbstbehauptung der deutschen Universität spricht Heidegger von
der Möglichkeit, dass »unser eigenstes Dasein selbst vor einer großen Wandlung« stehe. Denn es könne »wahr« sein, »was der leiden-
schaftlich den Gott suchende letzte deutsche Philosoph, Friedrich
Nietzsche, sagte: ›Gott ist tot‹« (GA 16, 111). Diese Bemerkung
ist alles andere als bloße Rhetorik. Mit dem Projekt, dem »ersten
Anfang« der Philosophie bei »den Griechen« mit einem »anderen
Anfang« bei »den Deutschen« zu beantworten, entsteht zwischen
der Philosophie und dem Christentum nicht nur eine Differenz, mit
der sozusagen beide gut leben könnten. Das Christentum wird nun
selbst wie schon bei Nietzsche für den Verlust spezifischer philosophischer Möglichkeiten im Kontext des »ersten Anfangs« verantwortlich gemacht.

Es ist unbezweifelbar, dass Heidegger Nietzsches berühmten
Aphorismus 125[44] aus der Schrift *Die fröhliche Wissenschaft*, »Der
tolle Mensch«, sehr ernst genommen hat. Der Tod des christlichen
Gottes, seine Transformation in ein für Heidegger abgestorbenes
»Kulturchristentum«, war für Heidegger ein »geschichtliches« Faktum. Daraus erklären sich auch die vielen Attacken, die er in den
Schwarzen Heften gegen das Christentum führt (vgl. z. B. GA 94,
463). Für den »anderen Anfang« war diese Religion nicht mehr zu
gebrauchen. Im Gegenteil, die Vorstellung von einem »Schöpfer-
gott«, diesem vermeintlichen Komplizen der »Machenschaft«, war
alles andere als »anfänglich«.

Es ist wichtig, zu sehen, wie Heidegger die bittere Einsicht des
»tollen Menschen« interpretiert. Nietzsche meint unbezweifelbar
den christlichen Gott. Ihn haben »wir«, indem »wir« seine Frohe
Botschaft nicht mehr zur verbindlichen Ordnung »unseres« Lebens
machen, »getödtet«. Doch mit dem christlichen Gott ist noch etwas
anderes gemeint. Nach Heidegger ist Gott in Nietzsches Aphorismus »der Name für den Bereich der Ideen und Ideale« (GA 5, 216),
für die seit Platon in der europäischen Philosophie sich durchhaltende Sphäre des »Übersinnlichen« schlechthin. Mit dem Absterben

[44] Friedrich Nietzsche: Die fröhliche Wissenschaft. Sämtliche Werke. Bd. 3.
Hrsg. von Giorgio Colli und Mazzino Montinari. Kritische Studienausgabe
(KSA) 3. DTV und De Gruyter: München, Berlin und New York 1980, 480.

des christlichen Gottes und dieser Sphäre des »Übersinnlichen« sind
alle das Leben ordnenden moralisch-ethischen Kriterien unglaub-
würdig geworden. Der absolute Maßstab, an dem sich alle anderen
Maßstäbe orientierten, ist verschwunden: »Giebt es noch ein Oben
und Unten? Irren wir nicht wie durch ein unendliches Nichts?«,
fragt der »tolle Mensch«. Das Irren »durch ein unendliches Nichts«
ist der »Nihilismus«. Mit dem Tode Gottes bricht die »seinsgeschichtliche« Epoche des »Nihilismus« an.

Doch es ist nicht nur Nietzsche, der das Absterben des Göttlichen in der europäischen Welt konstatiert. Auch Hölderlin hat von
der »Flucht der Götter« (GA 4, 195), zu denen der Dichter auch
Jesus Christus zählt, gesprochen. Und genau wie Nietzsche hat
Hölderlin die Möglichkeit einer Wiederkehr des Göttlichen nicht
aus den Augen verloren. Es ist nicht zu wenig gesagt, dass in diesem nicht nur von Hölderlin und Nietzsche (auch von Schelling, im
20. Jahrhundert von George und Rilke und selbst noch von Ernst
Jünger) initiierten Diskurs über einen Zusammenbruch der christlichen Gottesauffassung bei gleichzeitiger Wiederkehr anderer »Götter« ein deutscher Sonderdiskurs entsteht, der gerade bei Heidegger
deutliche Spuren hinterlassen hat. In Frankreich hat es Ähnliches
nicht gegeben.

Einerseits hält Heidegger die Botschaft des »tollen Menschen«
für unbezweifelbar. Die Kraft des christlichen Gottes hat sich in
den zwei Jahrtausenden europäischer Geschichte aufgebraucht. Andererseits lässt er von dem Gedanken nicht ab, dass nach dem Verschwinden Gottes Göttliches in der Welt »noch einmal« erscheinen
könne. Hatte er nicht schon in der Rektoratsrede von dem »den
Gott suchenden« Philosophen gesprochen? Die Verwendung des
bestimmten Artikels zeigt an, dass Heidegger den niemals mit Artikel ansprechbaren christlichen Gott nicht gemeint hatte. Insofern ist
Hölderlins Charakterisierung der gottverlassenen »Seins«-Epoche
als »Nacht« (GA 75, 51), in der sich die »Götter« entzogen haben,
um an einem kommenden »Morgen« wieder zu erscheinen, auch für
Heidegger wegweisend.

Zunächst aber, im unmittelbaren Kontext der Rektoratsrede,
hatte Heidegger Hölderlins Dichtung der »Götter« »metapolitisch«
zu nutzen versucht. Ohne Zweifel im Hinblick auf das, was er in
der Rektoratsrede ausgeführt hatte, nimmt Heidegger Hölderlins

Verse »... wenn aber / Ein Gott erscheint, auf Himmel und Erde
und Meer / Kömmt allerneuende Klarheit ...« so auf, dass er den
Bestand des »Volkes« von einer »ursprünglich einheitlichen Erfahrung der Rückbindung an die Götter« (GA 39, 147) abhängig macht.
In diesem Sinne gehe es »um das wahrhafte Erscheinen oder Nichterscheinen des Gottes im Sein des Volkes aus der Not seines Seyns
und für dieses«.[45] Hölderlin sollte der »Stifter des deutschen Seyns«
(GA 39, 220) sein, indem er dem »Volk« eine neue »Rückbindung«,
eine neue re-ligio, geben sollte. Freilich verblasste dieser im Grunde
blasphemische Gedanke so schnell, wie das Projekt der »Metapolitik
›des‹ geschichtlichen Volkes« abgebrochen wurde. Im Narrativ der
»Mytho-Logie des Ereignisses« spielte er jedoch weiter eine wichtige Rolle.

Die Rede von den »Göttern« bedarf einer Erläuterung. Hölderlin
bezieht sich in seinen Gedichten auf die Göttergestalten, die aus den
antiken Mythen der europäischen Geschichte vertraut sind. Vor allem die griechischen Götter und Halbgötter wie Apollon, Dionysos
und Herakles werden – wie auch Jesus Christus – in seinen Hymnen
besungen. Sie sind für Hölderlin keine toten Bildungsgegenstände,
sondern lebendige Gestalten im Kontext eines dem Dichter gegenwärtigen Mythos. Doch es gibt in Hölderlins Dichtung nicht nur
diese aus der europäischen Geschichte bekannten Namen. So spricht
Hölderlin manchmal einfach vom »Vater« oder von einer besonders
geheimnisvollen Gestalt, vom »Gott der Götter« oder dem »Fürsten
des Festes«. Sie lassen sich nicht in den Kanon der uns bekannten
Götternamen einordnen.

Heidegger nimmt Hölderlins Charakterisierungen dieser »Götter« zunächst nicht auf. In den *Beiträgen zur Philosophie* kommt
Heidegger auf das Problem des Polytheismus zu sprechen. Der Gebrauch des Plurals »Götter« solle nicht das »Vorhandensein einer
Vielzahl gegenüber einem Einzigen« behaupten. Vielmehr solle da-

[45] Vgl. Christian Sommer: Heidegger, politische Theologie. In: Heidegger,
die Juden, noch einmal. Hrsg. von Peter Trawny und Andrew J. Mitchell.
Vittorio Klostermann Verlag: Frankfurt am Main 2015, 43–53. Die Heidegger-Forschung verdankt Christian Sommer in der Untersuchung von
Heideggers Situation um 1933 viel. Vgl. auch Christian Sommer: Heidegger 1933. Le programme platonicien du Discours de rectorat. Hermann:
Paris 2013.

mit eine »Unentschiedenheit« (GA 65, 437) zur Sprache gebracht werden. »Unentschieden« soll sein, ob es »noch einmal« eine Anwesenheit von »Göttern« oder von »einem Gott« geben könne. Es solle offen bleiben, wie diese »Götter« oder wie der »Gott« aussehen werden. Die »Unentschiedenheit« solle allerdings keine »leere Möglichkeit« sein. Aus ihr solle die »Entscheidung« kommen, ob eine Epiphanie des Göttlichen noch geschehen könne oder nicht.

Bemerkenswert, dass Heidegger bei dieser »Unentschiedenheit« nicht stehen geblieben ist. Er selbst hat gleichsam einen Schritt zur »Entscheidung« getan und sein Narrativ von der »Geschichte des Seins« potenziert. Wenn Hölderlin das Erscheinen eines noch »kommenden Gottes« (*Brod und Wein*, 10. Strophe) ankündigt, dann hat Heidegger diese Ankündigung in sein Denken übernommen. Am Schluss der Einleitung zur *Besinnung*, die als Entfaltung der »Geschichte des Seins« zur Nachbarschaft der *Beiträge zur Philosophie* gehört, deutet Heidegger an, dass zum Geschehnis der »Wahrheit des Seyns«, der »Lichtung des Sichverbergens«, die der Mensch als »Dasein« zu »gründen« habe, notwendig der »einmalige Dienst des noch nicht erschienenen aber verkündeten Gottes« (GA 66, 12) gehöre. Dieser »Gott« ist, wie Heidegger in den *Beiträgen zur Philosophie* ausführt, der »letzte Gott«. »Verkündet« wurde er in der Dichtung Hölderlins, was natürlich nicht heißt, dass Heidegger nicht noch ganz anders von ihm sprechen kann als der Dichter – und dies auch tun wird.

Die narrative Figur des »letzten Gottes« ist besonders schwierig zu bestimmen. Heidegger spricht von ihm, ohne ihn deutlich in einen bekannten theologischen Kontext einzuschreiben. Das führte dazu, dass Interpreten bestimmte Wendungen wie z. B. die vom »Vorbeigang des letzten Gottes« (GA 65, 248) an biblische Formulierungen zurückbanden (2. Mose, 22) – eine bewährte, doch im vorliegenden Fall unpassende Gewohnheit der Hermeneutik. Denn Heidegger spricht vom »letzten Gott« als dem »ganz Anderen gegen die Gewesenen, zumal gegen den christlichen« (GA 65, 403). Am ehesten scheint noch die Bezeichnung der »Letztheit« einen Hinweis zu geben. In der »seinsgeschichtlichen« Epoche der »Seinsverlassenheit« kann die »Eröffnung eines ganz anderen Zeit-Raumes« (GA 65, 405) nur von einem »Gott« ausgehen. Die Verknüpfung der »Letztheit« mit einer »Eröffnung«, der Gedanke, dass eine End-

zeit in eine Ankunft, eine Parusie, umschlägt, ist aus der christlichen Theologie als »Eschatologie« bekannt. Das *éschaton* ist das
Äußerste oder Letzte als zeit-räumliche Bestimmung. Am Ende der
Zeiten offenbart sich Gott noch einmal, um die Menschheit zu rich-
ten. Heidegger spricht dagegen von einer »Eschatologie des Seins«
(GA 5, 327). Das »Sein selbst« sei »als geschickliches in sich eschatologisch«. Die christliche Vorstellung von einer letzten Offenba-
rung am Ende der Zeiten ist demnach eine von der »Eschatologie
des Seins« abgeleitete Vorstellung.

Dass die narrative Figur des »letzten Gottes« in eine eschatologische Erzählung gehört, bezeugt das sogenannte *Spiegel-Gespräch*,
ein Interview, das Heidegger 1966 dem nach Todtnauberg gereisten
Rudolf Augstein gab. Dort fallen die berühmt gewordenen Worte:
»Die Philosophie wird keine unmittelbare Veränderung des jetzigen
Weltzustandes bewirken können. Dies gilt nicht nur von der Philo-
sophie, sondern von allem bloß menschlichen Sinnen und Trachten.
Nur noch ein Gott kann uns retten.« (GA 16, 671) Wiederholt ver-
wendet Heidegger in der Rede von »Gott« einen Artikel. Es wäre
wohl zu leichtfertig, zu behaupten, Heidegger habe in ihr an den
»letzten Gott« gedacht. Dennoch ist das Szenario ähnlich wie in den
Beiträgen zur Philosophie. Der »jetzige Weltzustand« wird von der
»Seinsvergessenheit« beherrscht. Es geht nicht mehr nur um eine
»Veränderung«, sondern um eine »Rettung«. Noch einmal berührt
Heidegger den revolutionären Kern seines Denkens, um ihn in einer
Steigerung des Dramas mit dem theo-narrativen Ereignis einer »Ret-
tung« aufzuladen.

Wenn Heideggers philosophischer Anfang mit einem katholischen »Zauber« eines »Duftes von Tannen und Lichtern« verbunden
ist, so hat sich sein späteres Denken in einen anderen »Zauber« bege-
ben. Er hat selbst einmal auf sein »Anti-Christentum« (GA 97, 199)
hingewiesen. Er sei »nicht Christ«, weil er »christlich gesprochen,
die Gnade nicht habe«. Heideggers Entscheidung für die Philosophie war ohne Zweifel auch eine gegen die Theologie und das in ihr
vertretene Christentum, das an anderer Stelle ausdrücklich von der
»Christlichkeit« unterschieden wird (GA 97, 205). Der »Glaube«
blieb eine radikale, unberührbare Alternative zum »Denken«. Er
blieb der »Todfeind«. Für ein zur Gewohnheit gewordenes Christentum aber galten die Worte des »tollen Menschen«.

Und doch – Heideggers »Anti-Christentum« lässt sich keineswegs (nur) als eine bescheidene Zurückhaltung gegenüber dem »Glauben« und der »Gnade« verstehen. In den *Anmerkungen IV*, einem der *Schwarzen Hefte* aus den vierziger Jahren, bemerkt Heidegger einmal, dass »Jehova« »derjenige der Götter« sei, »der sich anmaßte, sich zum auserwählten Gott zu machen und keine anderen Götter mehr neben sich zu dulden« (GA 97, 369). So fragt er: »Was ist ein Gott, der sich gegen die anderen zum auserwählten hinaufsteigert? Jedenfalls ist er ›nie‹ der Gott schlechthin, gesetzt, daß das so Gemeinte je göttlich sein könnte.« Wenn Heidegger in den *Beiträgen zur Philosophie* die Differenz zwischen Mono- und Polytheismus in einer »Unentschiedenheit« in der Schwebe halten wollte, wird er nun deutlicher. Die »modernen Systeme der totalen Diktatur« entstammten dem »jüdisch-christlichen Monotheismus« (GA 97, 438). Noch einmal wiederholt Heidegger seine antisemitische Strategie, das Täter-Opfer-Verhältnis zwischen Deutschen und Juden wenn nicht umzudrehen, so doch bis zur Aufhebung auszugleichen. Der »jüdisch-christliche Monotheismus«, »Jehova«, der sich zum »auserwählten Gott« mache, verrate die Vielfalt der »Götter«, um die »modernen Systeme der totalen Diktatur« vorzubereiten. Dagegen steht die Tatsache, dass der antirömische, antikonfessionelle, antiuniversalistische und natürlich antisemitische Nationalsozialismus gerade für jene Dichter, Denker und Komponisten große Sympathien hegte, die die »Götter« dem einen und einzigen Gott vorzogen. Heideggers »Anti-Christentum« war in der Zeit des Nationalsozialismus kein ungewöhnliches Phänomen.

Das »Wesen der Technik«

Friedrich Nietzsche und Ernst Jünger

Als Anfang der fünfziger Jahre des letzten Jahrhunderts, wie Rüdiger Safranski schreibt, »Heideggers Ausdruck *Gestell* als Bezeichnung für die technische Welt in Deutschland die Runde machte«[1], hatte dieser sich bereits seit ungefähr zwanzig Jahren mit dem »Wesen der Technik« beschäftigt. Mit der Zeit wurde die Technik zu einem seiner Hauptthemen.

In seinem Bericht *Das Rektorat 1933/34* aus dem Jahre 1945 weist Heidegger darauf hin, dass er bereits um das Jahr 1932 Ernst Jüngers Schriften *Die totale Mobilmachung* (1930) und *Der Arbeiter. Herrschaft und Gestalt* (1932) studiert und »durchgesprochen« (GA 16, 375) habe. Auch den Aufsatz *Über den Schmerz* (1934) hatte er aufmerksam gelesen. Heidegger gibt zu verstehen, dass sich in diesen Texten »ein wesentliches Verständnis der Metaphysik Nietzsches« ausspreche, »insofern im Horizont dieser Metaphysik die Geschichte und Gegenwart des Abendlandes gesehen und vorausgesehen« werde. Nietzsche und Jünger sind die beiden Figuren, die Heideggers Interpretation der Technik zunächst als »Machenschaft« und dann als »Gestell« angestoßen haben. Vermutlich nahm der Philosoph durch die erwähnten Texte Ernst Jüngers die Technik zum ersten Mal als ein philosophisches Problem wahr.

Das soll nicht heißen, dass Heidegger nicht schon vorher mit Phänomenen zu tun hatte, die sich als Derivate der »technischen Welt« erweisen. Die Analyse des »Man« in *Sein und Zeit* hat es mit einer dieser Erscheinungen zu tun. Der Philosoph erwähnt die ni-

---

[1] Rüdiger Safranski: Ein Meister aus Deutschland. Heidegger und seine Zeit. Carl Hanser Verlag: München und Wien 1994, 453.

vellierende Wirkung der »Benutzung öffentlicher Verkehrsmittel«, der »Verwendung des Nachrichtenwesens (Zeitung)« (GA 2, 169), doch auf die epochale Neuheit der modernen Technik wurde er erst von Jünger hingewiesen.

Jüngers Essays versuchen zu durchschauen, wie in Folge der »Materialschlachten« des Ersten Weltkriegs in der Geschichte ein neuer »Typus« des Menschen erscheint. Ein »Typus« ist eine Art von Muster oder Modell. Was ihn von vornherein bestimmt, ist die Technik. Sie charakterisiert Jünger in Anspielung an militärisches Vokabular als »totale Mobilmachung«, d. h. als ein In-Bewegung-setzen aller Welt- und Lebensbereiche.

In den »Materialschlachten« des Ersten Weltkrieges erwies sich für Jünger der »Soldat« als der »Typus«, der der »totalen Mobilmachung« zu entsprechen vermochte. In Kriegstagebüchern wie *In Stahlgewittern* (1920) oder *Wäldchen 125* (1925) hatte Jünger den Kriegs-Alltag beschrieben. Der »Soldat« weiß, dass es in diesem Alltag nicht auf ihn als Individuum ankommt. Er habe seine »Arbeit« möglichst perfekt zu verrichten. Dazu gehört die »Maschine« als »Ausdruck des menschlichen Willens zur Herrschaft über die Materie«[2]. Mit ihr habe der »Soldat« »zu verschmelzen«[3], ein »technischer Instinkt« müsse ihm »im Blute liegen«.

Diese Einstellung des »Soldaten« zu seiner Welt hatte sich für Jünger nach dem Ersten Weltkrieg als »typische« Lebensweise etabliert. Der »Typus« dieser Lebensart ist nun aber nicht mehr der »Soldat«, sondern der »Arbeiter«. Er fasse das Leben nicht als persönliche Möglichkeit zum Glück auf, sondern als Aufgabe, dem »Willen zur Macht« zu dienen und durch diesen Dienst zur Herrschaft zu gelangen: die Welt musste im Sinne der »totalen Mobilmachung« organisiert werden. Der »Typus« des »Arbeiters« ist keine soziologische oder ökonomische Erscheinung, sondern eine metaphysische »Gestalt«. Indem Jünger die Begriffe des »Typus« und der »Gestalt« verwendet, steht er für Heidegger in der Tradition des platonischen Denkens. Die »Überwindung der Metaphysik« musste demnach auch Jüngers Texte betreffen.

---

[2] Ernst Jünger: Das Wäldchen 125. Eine Chronik aus den Grabenkämpfen 1918. E.S. Mittler & Sohn: Berlin 1925, 121.
[3] Ebd., 127f.

Im *Arbeiter* findet Jünger folgende Definition der Technik: »Die Technik ist die Art und Weise, in der die Gestalt des Arbeiters die Welt mobilisiert.«[4] Die Phänomene, die Jünger im Blick hat, liegen auf der Hand. Es handelt sich um die Erfahrung einer allgegenwärtigen Beschleunigung von Mensch, Maschine und Information. Systematisch durchkämmt Jünger in seinem Essay alle Weltbereiche (der Sport, die Freizeitgestaltung überhaupt, werden als »Arbeit« gedeutet), um überall die Steigerung von Betrieb, Geschwindigkeit und Energieverbrauch festzuhalten.

Heidegger machte zurecht darauf aufmerksam, dass Jünger in dieser Denkweise ein Schüler und Erbe Friedrich Nietzsches war. Für Jünger ist Nietzsche der Philosoph des »Willens zur Macht« und des »Übermenschen«. Exoterische Hauptgedanken des späteren Nietzsche, dass das »Leben« im »Willen zur Macht« bestehe und dass seine uneingeschränkte »Bejahung« den Menschen über sich hinaus, eben zum »Übermenschen«, führe, haben den Essay über den »Arbeiter« beeinflusst. So ist es Nietzsche, der in einem Nachlassfragment, das Jünger durch die damals gängige Ausgabe *Der Wille zur Macht* kannte, eine Verbindung zwischen dem »Soldaten« und dem »Arbeiter« herstellt: »Arbeiter sollten wie *Soldaten* empfinden lernen.« Es gehe darum, »das Individuum, *je nach seiner Art*, so [zu] stellen, daß es das *Höchste leisten*«[5] könne. In diese Richtung denkt Nietzsche auch in seiner früheren Apotheose der »Maschine«:

»Die Maschine als Lehrerin. – Die Maschine lehrt durch sich selber das Ineinandergreifen von Menschenhaufen, bei Actionen, wo Jeder nur Eins zu thun hat: sie giebt das Muster der Partei-Organisation und der Kriegsführung. Sie lehrt dagegen nicht die individuelle Selbstherrlichkeit: sie macht aus Vielen *eine* Maschine, und aus jedem einzelnen ein Werkzeug zu *einem* Zwecke. Ihre allgemeinste Wirkung ist, den Nutzen der Centralisation zu lehren.«[6]

---

4   Ernst Jünger: Der Arbeiter. Herrschaft und Gestalt. Sämtliche Werke. Bd. 8. Klett Cotta: Stuttgart 1981, 160.
5   Friedrich Nietzsche: Nachgelassene Fragmente 1885–1889. KSA 12. A.a.O., 350.
6   Friedrich Nietzsche: Menschliches, Allzumenschliches. II., KSA 2. A.a.O., 635.

Von solchen proto-kybernetischen Gedanken ausgehend konnte
Jünger seine Metaphysik der »totalen Mobilmachung« und des
»Arbeiters« auf eine sehr originelle und suggestive Art und Weise
entwerfen.

Und doch gab es noch einen anderen Grund, warum Heidegger
dachte, um 1930 an Jüngers Diskurs der »totalen Mobilmachung«
anknüpfen zu können. In seinem Essay über *Die totale Mobilmachung* hatte Jünger sie zunächst »als Maßnahme des organisatori-
schen Denkens« bezeichnet, um sogleich hinzuzufügen, dass das
»nur eine Andeutung jener höheren Mobilmachung« sei, »die die Zeit
an uns«[7] vollziehe. Dieser Hinweis auf die »Zeit« und das Kollektiv-
Subjekt musste Heidegger auffallen. Der Schluss des Aufsatzes in
Anspielung auf Nietzsche bestätigte den Eindruck: »Und daher muß
die neue Rüstung, in der wir bereits seit langem begriffen sind, eine
Mobilmachung des Deutschen sein, – und nichts außerdem.«[8] Zwei
Jahre später wurde Jünger im *Arbeiter* noch deutlicher: »Und dies
ist unser Glaube: daß der Aufgang des Arbeiters mit einem neuen
Aufgange Deutschlands gleichbedeutend ist.«[9] Heidegger konnte an-
nehmen, er habe einen »metapolitischen« Bundesgenossen gefunden.

Im November 1933 bezieht sich Heidegger jedenfalls in einer
Rede zur Immatrikulation der Studenten emphatisch auf Jüngers
Arbeiter. Jünger habe »auf Grund der Erfahrung der Material-
schlacht im Weltkrieg die heraufkommende Seinsart des Menschen
des nächsten Zeitalters *durch* die *Gestalt* des Arbeiters schlechthin
gedeutet« (GA 16, 205). Damit habe er für die »Studenten« der Zukunft ein Vorbild gegeben: »Dieser Schlag von Studenten ›studiert‹
nicht mehr, d. h. er bleibt nicht irgendwo geborgen *sitzen,* um von
dort aus im Sitzen irgendwohin nur zu ›streben‹. Dieser neue Schlag
der Wissenwollenden ist jederzeit unterwegs. Dieser Student aber
wird zum *Arbeiter.*« (GA 16, 204) Im Zusammenhang seiner »metapolitischen« Überlegungen scheint sich Heidegger auch mit Jüngers »Arbeiter«-»Gestalt« beschäftigt zu haben. »Arbeit« versetze
und füge »das Volk in das Wirkungsfeld aller wesentlichen Mächte

---

[7]   Ernst Jünger: Die totale Mobilmachung. In: Ders.: Politische Publizistik
1919–1933. Hrsg. von Sven Olaf Berggötz. Klett-Cotta: Stuttgart 2001, 572.
[8]   Ebd., 582.
[9]   Jünger: Der Arbeiter: A.a.O., 31.

des Seins«. Der »nationalsozialistische Staat« sei der »Arbeitsstaat« (GA 16, 206). War Heidegger im Zuge der »Metapolitik ›des‹ geschichtlichen Volkes« bereit, die Technik als »totale Mobilmachung« zu akzeptieren?

Drei, vier Jahre später nimmt Heidegger in einem *Schwarzen Heft* noch einmal auf Jüngers Begriff der »totalen Mobilmachung« Bezug. Die »Technik« sei weder »›metaphysisch‹ – in der Wahrheit und Unwahrheit des Seyns – begriffen, noch gar bewältigt dadurch, daß man sie als ›totale‹ Bestimmung des Daseins« (GA 94, 356f.) ansetze. Dass sie das werden müsse, liege »in ihrem Wesen«. Doch wie sei dieses »zu bestehen«? Durch, wie Jünger selbst nahelegte, »bloße Anerkennung«? Heidegger verneint und fügt hinzu, dass man »Ernst machen« müsse »mit der Möglichkeit, daß durch die ›totale Mobilmachung‹ des Technischen selbst alles seinem Ende zugedrückt« werde, »vollends, wenn nirgends die Quellen möglicher Übersteigung dieses Geschehens geöffnet« würden. Das sei nur »möglich«, wenn »wir in *geschichtlicher* Besinnung sehr weit« zurückgingen – »auf den Zusammenhang von *téchne, alétheia* und *ousía*«. Und wie um es noch einmal auf den Punkt zu bringen: »Nur aus dem Fragen nach dem Seyn und seiner Wahrheit ersteht uns der *Raum* der Auseinandersetzung mit der Technik […].« Das war das Programm, mit dem sich Heidegger nun der »Technik« philosophisch näherte.

Als daher Heidegger Anfang des Jahres 1940 noch einmal öffentlich in einem »kleinen Kreis von Kollegen« Jüngers *Arbeiter* polemisch interpretiert, war dieser für ihn ein »metaphysischer Spießbürger« (GA 90, 33) geworden. Nun galt er Heidegger als »Zeitliterat« (GA 96, 224), neben Oswald Spengler bloß als eine der »besten und wirksamsten Popularisierungen der Metaphysik Nietzsches« (97, 171). Jünger hatte 1939 mit *Auf den Marmorklippen* einen Roman veröffentlicht, der als eine finstere Parabel auf den Nationalsozialismus verstanden werden konnte. Für Heidegger war er nur der Ausdruck einer »Ratlosigkeit innerhalb des Zeitalters der vollendeten Metaphysik (Nietzsche)« (GA 90, 29). Und doch erkannte Heidegger im Begriff der »totalen Mobilmachung« eine Herausforderung, die ihn schließlich dazu brachte, den nach Safranski legendären »Ausdruck *Gestell* als Bezeichnung für die technische Welt« zu finden.

»Machenschaft« und »Ge-Stell«

Heideggers Philosophie der Technik kommt »aus dem Fragen nach dem Seyn und seiner Wahrheit«, d. h. sie hat ihren Platz im Narrativ der »Geschichte des Seins«. Das bedeutet, dass die Technik nicht als ein isolierbares Phänomen, sondern stets im Zusammenhang einer 2500 Jahre andauernden Geschichte betrachtet wird. Die Technik oder das Technische zu verstehen heißt also, diese Geschichte zu interpretieren und zu erklären. Das wiederum bedeutet, dass Heidegger die Geschichte der Technik an das Auftauchen des Wortes *téchne* knüpft. Wie überall beginnt die »Geschichte des Seins« auch in dieser Hinsicht bei »den Griechen«.

Heideggers Beschäftigung mit der Technik bei »den Griechen« besteht beinahe ausschließlich in der Übersetzung und Auslegung des ersten Standlieds des Chores in Sophokles' *Antigone*. Das beginnt in Heideggers Übersetzung mit den Worten:

»Vielfältig das Unheimliche, nichts doch über den Menschen hinaus Unheimlicheres ragend sich regt.« (GA 40, 155)

Die Charakterisierung des Menschen als des »Unheimlichsten« schlechthin bezieht Sophokles auf die Fähigkeiten des Menschen, sich die Natur nutzbar zu machen. Sophokles verwendet das Wort *téchne*, indem er es mit dem anderen Wort *tò machanóen* verbindet. Das Wort hängt mit dem Adjektiv *mechanikós* zusammen, das »erfinderisch«, »geschickt« oder »listig« bedeutet. *Tò machanóen*, die Geschicklichkeit des Menschen, Heidegger übersetzt mit »Gemache« (GA 13, 36), sei klug (*sophón*). Wem gilt diese Geschicklichkeit? Der Technik (*téchne*). Anders als die von der *téchne* redenden Philosophen (Aristoteles, der ungefähr zwanzig Jahre nach Sophokles' Tod geboren wird, beschäftigt sich mit dem Begriff z. B. in der *Nikomachischen Ethik*, 1140 a 10) betont Sophokles die ambivalente, ja tragische Dimension der Technik. Zwar zeigt sich in der klugen Geschicklichkeit und der Kunstfertigkeit die Größe des Menschen, doch durch sie, verführt zum Wagnis (*tólma*), steht er stets in der Gefahr des Scheiterns.

Den entscheidenden Schritt in der »Geschichte des Seins« für die Bedeutung der Technik und nicht nur für sie macht am Beginn der

Neuzeit René Descartes. Für Heidegger wird das »Seiende« dort zu einem mess- und berechenbaren Objekt, wo sich der Mensch als Subjekt zu verstehen beginnt. Die »Vergegenständlichung des Seienden« vollziehe sich »in einem Vor-stellen, das darauf zielt, jegliches Seiende so vor sich zu bringen, daß der rechnende Mensch des Seienden sicher und d. h. gewiß sein« (GA 5, 87) könne. In der Tat bestimmt Descartes die Wahrheit als Gewissheit (*certitudo*), d. h. als eine Wahrheit, die vom Subjekt geprüft und damit ein für alle Mal festgestellt werden kann. Dass er sich dabei der in der Neuzeit erfundenen technischen Mittel (z. B. Mikro- und Teleskop) bedienen kann, liegt nahe. Dazu passt, dass Descartes im *Discours de la méthode* von 1637 den Menschen als »maître et possesseur de la nature«[10], als Meister und Besitzer der Natur, bezeichnet. Die Technik wird zur »Machenschaft«.

Den Begriff der »Machenschaft« zu verwenden, ist nicht unproblematisch. Heidegger selbst verweist darauf, dass »›Machenschaft‹ gewöhnlich die auf Vorteile und eine Übervorteilung erpichten *menschlichen* Umtriebe unter dem Schein harmloser Beschäftigungen« (GA 69, 186) meine. *Diese* »Machenschaft« reiche nicht zu, um die »seinsgeschichtliche« Form der Technik, die Jünger als »totale Mobilmachung« vorgedacht hatte, zu erfassen. »Machenschaft« nenne »das Wesen des Seins, das alles Seiende in die Machbarkeit und Machsamkeit« (GA 69, 46) versetze. Alles »Seiende« werde »immer schon« unter dem Gesichtspunkt des »Machens« betrachtet. Wenn die »Machenschaft« das »Wesen des Seins« sei, wie es sich in der »Neuzeit« ergeben habe, dann könne die »Machenschaft« als »menschlicher Umtrieb« kein Primat beanspruchen. Trotzdem denkt Heidegger auch hier im Verhältnis des gegenseitigen »Brauchens«. Die »Machenschaft« komme daher »als menschliche ›Haltung‹ erst dort ungehemmt ins Spiel, wo das Menschentum schon inmitten des Seienden« stehe, »dessen Sein als Macht sein Wesen ins Äußerste der Machenschaft« (GA 69, 186) aufsteigere. In dieser Hinsicht könne sich die »menschliche« »Machenschaft« nur insofern ereignen, als eine »seinsgeschichtliche« ihr vorausgehe. Wer immer

---

[10] René Descartes: Discours de la méthode pour bien conduire sa raison, et chercher la verité dans le sciences. In: Ders.: Philosophische Schriften in einem Band. Felix Meiner Verlag: Hamburg 1996, 100.

also als Agent der »Machenschaft« in Erscheinung tritt – Nationalsozialisten, Bolschewiken, Amerikaner oder das »Weltjudentum« –,
kann nicht als Ursprung der »Machenschaft« fungieren. Das ändert
freilich nichts daran, dass es offenbar ein »Menschentum« gebe, das
der »Machenschaft« besonders gut entsprechen könne.

Damit haben sich jedoch schon die Probleme dieser Heideggerschen Begriffswahl gezeigt. Indem Heidegger das »Wesen der Technik« als »Machenschaft« bezeichnet, schreibt er diesem »Wesen«
nun, in der Mitte der dreißiger Jahre, unweigerlich eine moralische
Wertung ein. Diesen Eindruck erhärten die *Schwarzen Hefte*, so
wenn Heidegger über »*Technik und Entwurzelung*« nachdenkt.
»Radio und allerlei Organisation« hätten »das innere Wachsen und
d. h. ständige Zurückwachsen in die Überlieferung im Dorf und damit dieses selbst« (GA 94, 364) zerstört. »Man« errichte nun »Pro-
fessuren für ›Soziologie‹ des Bauerntums« und schreibe »haufen-
weise Bücher über das Volkstum«. Das gehöre jedoch selbst zur
»Entwurzelung«, die als ein Effekt der »Machenschaft« verstanden
werden muss.

Aufgrund solcher »Entwurzelungs«-Erscheinungen spricht Heidegger von der »Ungeschichte der Machenschaft« (GA 69, 23). Heidegger weist dem »Wesen der Technik« im Narrativ der »Geschichte
des Seins« demnach zunächst einen denkbar schlechten Platz zu. Die
»Machenschaft« zerstöre »Geschichte«, mache sie unmöglich. Damit
entsteht im »Sein selbst« eine gewisse Spannung, der Heidegger zu
widersprechen versucht. Es gehe darum, »durch den Einsprung in
die Über-windung der Metaphysik die Geschichte [zu] erschüttern
und so das Seiende im ganzen aus den Angeln der Machenschaft
heben [zu] helfen« (GA 69, 24). Das sei »die Befreiung in die Freiheit für die Wahrheit des Seyns«. Mit anderen Worten: Heidegger
meint, dass die »Machenschaft« ein zu »überwindendes« »Wesen des
Seins« darstelle. Er nimmt an, es gehe um eine »Befreiung« vom so
gedachten »Wesen der Technik«.

Heideggers Betrachtungen zum Zweiten Weltkrieg und seinen
Zerstörungen stehen ganz im Zeichen dieser »Befreiung«. Selbst
wenn er einmal bemerkt, dass »*diese* ›Machenschaft‹«, d. h. die »Machenschaft« im Sinne »menschlicher Umtriebe« »höchstens eine ent-
fernte Folge der seynsgeschichtlich gedachten« (GA 69, 47) sei, so
steht doch gerade sie nun ganz im Fokus seiner Aufmerksamkeit.

Dabei wird deutlich, dass eine »Über-windung« der »Machenschaft« letztlich nur möglich werde, wenn diese in ihre »Selbstvernichtung« (GA 97, 18) treibe. Heideggers Bejahung der zerstörerischen Ereignisse des Zweiten Weltkriegs folgt dieser Logik: Je tiefere Spuren die Zerstörung hinterlassen wird, umso wahrscheinlicher wird eine »Über-windung der Metaphysik« und d. h. der »Machenschaft«.

Ganz abgesehen davon, dass ein solcher Gedanke moralische Probleme enthält, die noch verstärkt werden, wenn Heidegger den »Deutschen« im Krieg die Rolle des »Opfers« (GA 54, 250) für die »Wahrheit des Seins« zuspricht und die Technik mit dem »wesenhaft ›Jüdischen‹« (GA 97, 20) identifiziert, kann das »Wesen der Technik« auf diese Weise nicht verstanden werden. Indem es als »Machenschaft« begriffen wird, wird es von Anfang als eine üble »Macht« gedeutet, die sich letztlich selbst vernichten muss, um einem anderen »Wesen des Seins« – der »Freiheit für die Wahrheit des Seyns« – Platz zu machen. Dieser Gedanke bleibt in einem *manichäischen Narrativ* befangen, in dem die Technik letztlich immer als Übel erscheinen muss. Gehört jedoch die Technik zum »Sein«, dann gibt es – bei allen faktisch negativen Erscheinungen, zu denen sogar Krieg und Massenmord gehören – keinen Grund, sie als »Machenschaft« zu denunzieren.[11]

Mit dem Zusammenbruch des »Dritten Reichs« im Mai 1945 gibt es auch in Heideggers Denken einen Einschnitt. Nicht nur in Bezug auf das Problem der Technik muss sich der Philosoph neu orientieren. Das Narrativ der »Geschichte des Seins« musste umgeschrieben werden. Die Rolle der »Deutschen« als Garanten des »anderen Anfangs« hatte sich erledigt. Heidegger wusste, dass er diese für ihn Hölderlinsche Denkfigur nicht mehr öffentlich vertreten konnte. Doch auch »seinsgeschichtlich« hatte sich eine andere Situation ergeben. Die »Machenschaft« hatte sich nicht selbst vernichtet. Die Dramatik des Narrativs eines »Untergangs« (vgl. GA 73.1, 843) war einer Ernüchterung gewichen, die in Heideggers Denken einen an-

---

[11] Heidegger schreibt einmal: »Das Gestell weder göttlich noch teuflisch – nicht ontisch erklärbar aus Gutem und Bösem, aber in ihm verstellt und wesenhaft sich durch sich verstellend *das Böse; somit im Seyn selber das Böse.« (GA 76, 354) Es wurde schon darauf hingewiesen, dass Heidegger das »Böse« als einen Moment des »Seins« versteht. Kann dann aber eine Art von »Manichäismus« überhaupt vermieden werden?

deren Ton bewirkte. Durch alle Zerstörungen hindurch hatte sich
die »technische Welt« erhalten. Die Technik musste unter den veränderten Bedingungen noch einmal durchdacht werden.

Als Heidegger im Dezember 1949 im erlesenen Kreis des »Club
zu Bremen« seinen Vortragszyklus »Einblick in das was ist« vorstellt,
wird das Auditorium Zeuge eines veränderten Technik-Denkens.
Der Begriff der »Machenschaft« ist verschwunden. Das semanti-
sche Feld des »Machens« wird nun durch das des »Stellens« ersetzt.
Das »Seiende« sei zum »bestellbaren Bestand« (GA 79, 26) geworden. »Was heißt ›stellen‹?«, fragt Heidegger und verweist zunächst
auf die Wendungen »etwas vor-stellen, etwas her-stellen«. Doch es
gebe auch das »Stellen« als »herausfordern, anfordern, zum Sichstel-
len zwingen«, kurz, als »die Gestellung« (GA 79, 27). Das »Stellen«
geschieht einerseits hinsichtlich der Natur. Die Technik »stellt« sie,
»fordert sie heraus«, damit ihre Rohstoffe »gefördert« werden können. So wird das »Anwesende« der Natur zum »Bestand«. Doch
auch der »Mensch« wird »gestellt«. Er wird von der Technik »gestellt«, die Natur »herauszufordern«. Zugleich aber »stellt« er sich
selbst, macht sich selbst zum »Bestand«. Das »Stellen« wird total
und reißt alles in seine Dynamik hinein.

So glaubt Heidegger, sagen zu können:

»Ackerbau ist jetzt motorisierte Ernährungsindustrie, im Wesen das Selbe
wie die Fabrikation von Leichen in Gaskammern und Vernichtungslagern, das Selbe wie die Blockade und Aushungerung von Ländern, das
Selbe wie die Fabrikation von Wasserstoffbomben.« (GA 79, 27)

Die Strategie dieser Bemerkung ist offenbar. Heidegger will zeigen,
inwiefern auch der Mensch ein »Bestand« geworden ist. Es gibt
keine »industrielle« Auffassung des »Anwesenden«, vor der sich das
Menschliche hätte bewahren können. Der Mensch scheint sich selbst
zu einem »Rohstoff« gemacht zu haben. Ist die »Fabrikation von
Leichen in Gaskammern und Vernichtungslagern« nicht ein klarer
Beleg für diesen Schritt? Das Problematische an diesem Gedanken
besteht nicht darin, dass Heidegger diese Formulierung verwendet.
Sie ist auch bei Hannah Arendt zu finden.[12]

---

[12] Hannah Arendt: Elemente und Ursprünge totaler Herrschaft. Antisemi-

In der Äußerung lassen sich eigentlich zwei Probleme aufweisen. Heidegger geht es um das »Wesen« der genannten Phänomene.
Dieses sei überall »das Selbe«. Zugleich aber weiß er darum, dass
die Zuhörer seines Vortrags nicht bereit sein konnten, in *moralischer* Hinsicht mit dem Gedanken übereinzustimmen. Diese Hinsicht wird gänzlich ausgeblendet. Doch aus welchem Grund möchte
Heidegger dann erklären, dass »Ernährungsindustrie« und »Fabrikation von Leichen« »im Wesen das Selbe« seien? »Funktioniert«
Heideggers Satz nicht nur deshalb, weil er das Schreckliche einfließen lässt, als *wäre* es selbstverständlich? Was verschwiegen wird, ist,
dass in moralischer Hinsicht Lebensmittelproduktion und Massenmord keineswegs »im Wesen des Selbe« sind. Mag sein, dass durch
dieses Schweigen der rhetorische Effekt umso größer war. Doch
auf welche Weise ist es zu legitimieren, die Shoah als rhetorischen
Effekt zu benutzen?

Darüber hinaus hatte Heidegger ungefähr acht Jahre zuvor in
einem der *Schwarzen Hefte* einen ähnlichen Gedanken gefasst, um
ihn jedoch vollständig anders zu formulieren. Dort hatte Heidegger von einem »wesenhaft ›Jüdischen‹ im metaphysischen Sinne«
(GA 97, 20) gesprochen, das »gegen das Jüdische« kämpfe. Wo das
geschehe, sei der »Höhepunkt der Selbstvernichtung in der Geschichte erreicht«. Auch dieser Gedanke bedient sich der Erkenntnis, dass alles »im Wesen das Selbe« sei – nämlich alles »das Selbe«
sozusagen im »jüdischen Wesen«. Das kann aber hier nur als eine
synonyme Bezeichnung für die »Machenschaft« verstanden werden. Wo so verstandenes »›Jüdisches‹« mit »Jüdischem« »kämpfe«,
gebe es ein Maximum an »Selbstvernichtung«. Manifestierte sich
diese »Selbstvernichtung« nicht in der »Fabrikation von Leichen
in Gaskammern und Vernichtungslagern«? In den *Bremer Vorträgen* hatte sich die Formulierung beinahe desselben Gedankens aus
naheliegenden Gründen geändert. Das unsäglich Verbrecherische
der Shoah konnte oder wollte er nicht benennen.

Gemäß der Dramaturgie des Vortrags wussten die Zuhörer an
dieser Stelle des Textes noch nicht, worauf das Ganze hinauslief.
Heidegger wies auf noch weitere Formen des »Stellens« hin. Das

tismus, Imperialismus, totale Herrschaft. Piper Verlag: München u. Zürich
1986, 912.

»Bestellen«, so erklärt er, befalle »Natur und Geschichte, Menschliches und Göttliches« (GA 79, 31), es betreffe »alles Anwesende mit Gestellung hinsichtlich seiner Anwesenheit« (GA 79, 31 f.). Diese »von sich her gesammelte Versammlung des Stellens, worin alles Bestellbare in seinem Bestand« wese, sei *»das Ge-Stell«* (GA 79, 32). Es nenne »das aus sich gesammelte universale Bestellen der vollständigen Bestellbarkeit des Anwesenden im Ganzen«; Heideggers ontologische Auslegung von Jüngers »totaler Mobilmachung«.

Die Formulierung »im Wesen das Selbe« hat damit ihren eigentlichen Sinn bekommen: Das »Wesen«, das alles zum »Selben« mache, sei das »Ge-Stell«. »Ge-Stell« – *»Wesen der Technik«* (GA 79, 33). Heidegger betont, dass das »Wesen der Technik selber nichts Technisches« (GA 79, 60) sei. Das »Ge-Stell« ist nichts »Seiendes«. Es sei nicht nur nichts »Seiendes«, sondern, wie er nicht selten bemerkt, »das erste Scheinen des Ereignisses« (GA 76, 258).

Dieser Gedanke allerdings bleibt dunkel. Wenn Heidegger andeutet, dass das »Wesen der Technik« »seinerseits in seinem ereignishaften Wesen zu denken«, dass es »im Grunde erst mit dem E[reignis] zu verstehen sei, dann blitzt der alte »eschatologische« Zug seines Philosophierens noch einmal auf. Es sei der »Bereich erlangt, *innerhalb* dessen der verborgene Bezug des Menschen *im* E[reignis] zum E[reignis] die Verwindung der Technik« (GA 76, 325) gewähre. Die »Geschichte des Seins« war noch nicht zu Ende. Vom Gedanken einer »Verwindung der Technik« konnte ihr Erzähler nicht lassen.

Ausgehend von einer Lektüre Jüngerscher Texte über die »totale Mobilmachung« hatte Heidegger entschieden, dass eine Philosophie der Technik »aus dem Fragen nach dem Seyn und seiner Wahrheit« entspringen muss. Das Denken des »Ge-Stells« ist die letzte Antwort, die Heidegger als Philosoph der Technik zu geben vermochte. Doch es bleibt unvollständig, wenn ein anderer Weg seines späten Denkens nicht zur Darstellung kommt.

Ankunft im »Geviert«?

Die *Bremer Vorträge* sind nicht nur die Geburtstexte des »Ge-Stells«, sondern auch des »Gevierts«[13]. »Ge-Stell« und »Geviert« gehören auf eine spezifische Art und Weise zusammen. Dabei ist allerdings wichtig, zu sehen, wie Heidegger den Gedanken des »Gevierts« einführt. Zudem muss betrachtet werden, inwiefern das »Geviert« die letzte Station auf einem »Denkweg« darstellt, auf dem Heidegger das Problem der »Welt« entfaltet hat.

Im Kontext der Frage nach der Technik unterscheidet Heidegger zwischen »Ding«, »Gegenstand« und »Bestand«. In dem Vortrag mit dem Titel *Das Ding* geht es eigentlich zunächst um die »Nähe« (GA 79, 6). Der Philosoph will zeigen, was »Nähe« sei und greift zur Erklärung nach etwas, das »in der Nähe« sei. Das seien »Dinge«: »Doch was ist ein Ding?« Damit beginnt eine einzigartige Analyse eines »Seienden«, das Heidegger »Ding« nennt.

Dabei entscheidet er sich für ein *bestimmtes* »Ding«, einen »Krug«. Doch wie schon beim »Ding«, muss nun auch beim »Krug« gefragt werden, was er sei. Was folgt, ist eine eindrucksvolle »phänomenologische« Beschreibung, die darin gipfelt, dass gezeigt wird, inwiefern der »Krug« »Erde und Himmel, die Göttlichen und die Sterblichen«, die »Einfalt der Vier«, kurz: das »Geviert« (GA 79, 12) versammele. Da das »Ding« dieses vermag, lässt sich über sein »Wesen« sagen, dass das »Ding dingt« (GA 79, 13).

Dem »Gegenstand« und dem »Bestand« werden andere Eigenschaften zugesprochen. Dem »Gegenstand« entspreche stets ein »bloßes Vorstellen« (GA 79, 6). Der »Gegenstand« ist demnach zunächst einfach das »Objekt«, das immer »Objekt« eines »Subjekts« sein muss. »Subjekt« und »Objekt« gehören nach Heidegger seit Descartes in der »Subjekt-Objekt-Beziehung« (GA 65, 198) zusammen. Vom »Gegenstand« müsse auch noch der »Bestand« unterschieden werden. Der »Gegenstand« wahre im »Gegenüber« zunächst einen »Abstand« (GA 79, 25). Doch dieser »Abstand« habe keine Stabilität. Er schlägt um ins »Abstandlose«. Nun verfallen alle

---

[13] Die ausführlichste, genaueste und schönste Analyse des »Geviert«-Denkens ist Andrew Mitchell: The Fourfold: Reading the Late Heidegger. Northwestern University Press: Evanston, IL 2015.

»Gegenstände« dem »Gleich-Gültigen«. Das »Anwesende« werde
nicht mehr als »Gegenstand«, sondern als »Bestand« erfahren. Das
geschehe im »universalen Bestellen« des »Ge-Stells«.

Im »Geviert« aber gebe es »Dinge«, zu denen Heidegger auch
Pflanzen und Tiere (GA 79, 21) zählt. Das »Geviert« sei die »weltende Welt« (GA 79, 20). Der Philosoph hatte sich seit den zwanziger Jahren mit der Frage nach dem einheitlichen Zusammenhang
beschäftigt, in dem das »Seiende« und als besonderes »Seiendes« das
»Dasein« in einem Verhältnis stehen. Diese einheitliche, differen-
zierende Struktur ist für ihn die »Welt«, die er früh als »*Umwelt*«,
»*Mitwelt*« und »*Selbstwelt*« unter verschiedenen Aspekten betrachten kann. In *Sein und Zeit* wird das »Dasein« als »In-der-Welt-sein«
analysiert. Die »Welt« sei das, »worin« das »Dasein« lebe.

Die Andeutung über die spezifische Räumlichkeit der »Welt«
lässt sogleich erkennen, dass sie, die Alles in sich enthält, kein »Seiendes« sein kann. Würde sie als »Seiendes« verstanden, müsste sie
als eine Art von begrenztem und seinen Inhalt begrenzenden Be-
hälter dargestellt werden. Einen solchen Super-Gegenstand gibt es
aber nicht. Mit dieser Einsicht in die Ungegenständlichkeit oder,
um es mit einem Wort von Heidegger zu sagen, »Nichtseiendheit«
der »Welt«, ist eine Verbindung zwischen dem »Seinsproblem« und
dem »Weltproblem« (GA 27, 394) evident. Heidegger hat das diskutiert, scheint aber nicht bereit gewesen zu sein, die »Seinsfrage«
zu relativieren. Zuletzt schien ihm das »Sein« ein ursprünglicheres Phänomen darzustellen. Das lässt sich insofern verstehen, als
die platonische und aristotelische Philosophie die Bedeutung des
»Weltproblems«, wie es erst in der Neuzeit z. B. bei Kant auftaucht,
nicht kennt. Trotzdem muss auf Grund des ontologischen Status'
der »Welt«, dass sie kein »Seiendes« sei, Heideggers Interesse am
»Weltproblem« deutlich bleiben.

Der Umstand, dass die »Welt« kein »Seiendes« sei, zugleich aber
auch nicht mit dem »Sein« identifiziert werden darf, scheint apore-
tisch zu sein. Was kann über die »Welt« noch gesagt werden, wenn
der Begriff weder etwas Besonderes im Verhältnis zu etwas Allge-
meinem, noch etwas Allgemeines über einem Besonderen darstellt?
(Der Plural »Welten« funktioniert nur durch eine genauere Anzeige,
die eine einzelne »Welt« von einer anderen trennt: z. B. »Welt des
Handwerks«, womit aber das »Weltproblem« als solches schon

unkenntlich geworden ist.) Aus dieser scheinbaren Aporie befreit sich Heidegger mit einer Tautologie: »*Welt weltet*.« (UK, 30). »Das »Sein« der »Welt« soll demnach sein, dass sie »weltet«.

Heidegger hat häufiger solche Tautologien verwendet (z. B. das »Ding dingt«). Von der Alltagssprache her sind uns tautologische Formulierungen bekannt: Das »Grün« »grünt« oder der »Tag« »tagt«. Diese Verben werden, um die Wiederholung zu vermeiden, mit dem impersonalen »Es« verwendet. Worauf es Heidegger ankommt, ist die ganz eigentümliche Weise ausdrücken zu können, in der sich die »Welt« »seinsmäßig« ereignet, ohne doch das »Sein selbst« zu sein. Dass »Welt« und »Sein« sich in einer Nähe befinden, bezeugt wiederholt Heideggers Äußerung aus dem *Kunstwerk*-Vortrag: »*Welt weltet* und ist seiender als das Greifbare und Vernehmbare, worin wir uns heimisch glauben.« Dass die »weltende Welt« »seiender« sein könne als greif- und vernehmbares »Seiendes« ist ein Gedanke, der zum Narrativ der »Geschichte des Seins« gehört. Zwar kennt die Geschichte der Philosophie eine Ökonomie der Ontologie, in der das »Sein« wie z. B. in der platonischen Unterscheidung zwischen einem *óntos ón* und einem *mè ón* in verschiedenen Intensitätsgraden gedacht werden kann, doch Heidegger will ohne Zweifel auf den Ereignis-Charakter von »Welt« hinaus. So fügt er erläuternd hinzu: »Wo die wesenhaften Entscheidungen unserer Geschichte fallen, von uns übernommen und verlassen, verkannt und wieder erfragt werden, da weltet die Welt.« (UK, 31) Die »Welt« ist der Ort des Dramas, der Tragödie. So wird sie nicht in erster Linie als ein stabiler Lebensraum des »Daseins« verstanden, sondern als ein Ort, an dem dieser Lebensraum aufgrund schwerwiegender politischer Ereignisse prekär wird, ja, an dem er zerbricht. Genau das hatte Heidegger an dem den »vollen Bruch« (GA 60, 69) suchenden »faktischen Leben« des »Urchristentums« interessiert. Und genau das erkannte er in der »nationalen Revolution« von 1933 wieder.

Heidegger hat diese Dramatisierung konsequent inszeniert. »Im Welten« sei »jene Geräumigkeit versammelt, aus der sich die bewahrende Huld der Götter« verschenke oder versage. Auch das »Verhängnis des Ausbleibens des Gottes« sei »eine Weise, wie Welt weltet«. Im »metapolitischen« Zusammenhang seines Denkens um 1933 hatte Heidegger konstatiert, dass es »um das wahrhafte Erscheinen oder Nichterscheinen des Gottes im Sein des Volkes« (GA 39, 147)

gehe, sollte sich überhaupt einmal ein »Volk« konstituieren können.
Das »Weltproblem« von einer solchen Theophanie bzw. ihrem Aus-
bleiben abhängig zu machen, gehört zum narrativen Grundzug der
Heideggerschen »Seinsgeschichte«.

Welche Probleme eine solche Auffassung der »Welt« enthalten,
zeigt Heideggers Formulierung von der »Weltlosigkeit des Judentums« (GA 95, 97). Heidegger scheint keineswegs der Ansicht zu
sein, dass diese »Weltlosigkeit« dem Judentum als solchem zugeschrieben werden müsse. Vielmehr macht er »eine der verstecktes-
ten Gestalten des *Riesigen* und vielleicht die älteste«, nämlich die
»zähe Geschicklichkeit des Rechnens und Schiebens und Durch-
einandermischens« für sie verantwortlich. Demnach ist es die »Machenschaft«, die die »Weltlosigkeit des Judentums« bewirkt. Trotzdem fällt auf, dass Heidegger von einer »vielleicht ältesten« »Gestalt
des Riesigen« spricht. Spielt das Judentum in der Geschichte der
»Machenschaft« vielleicht doch eine besondere Rolle, da Heidegger
ihm ja eine »*betont rechnerische Begabung*« (GA 96, 56) nach-
redet? Wie dem auch sei: Der Gedanke einer »Weltlosigkeit« im
Unterschied zu einer »weltenden Welt« ist überhaupt nur möglich,
wenn in den Begriff der »Welt« narrative Bedeutungen einfließen.
Denn was ist eine »weltende Welt« anderes als ein Ereignis, von dem
es Vieles zu erzählen gibt? Dass das »Judentum« oder das »Weltjudentum« für Heidegger in diesem Narrativ offenbar eine Figur
der Narrationslosigkeit darstellt, bezeugt sein Interesse, die Juden
auf das Kalkulieren festzulegen.

Die narrative Grundtendenz fließt nun auch in Heideggers »Geviert«-Denken ein. Das »Geviert« vereint vier Elemente, nämlich die
zwei Paare »Erde und Himmel, die Göttlichen und die Sterblichen«
(GA 79, 17). Das Präfix »Ge-« charakterisiert im Deutschen die Versammlung von Verschiedenem, das zusammengehört. Ein Gebirge
z. B. ist die Versammlung verschiedener Berge. Die vier Elemente
»Erde und Himmel, die Göttlichen und die Sterblichen« bezeichnet
Heidegger dementsprechend als die »einigen Vier«, die »sich in der
Einfalt ihres aus sich her einigen Gevierts« versammeln.

Die »Welt« des »Gevierts« kann es – so der Philosoph – nur in
dieser Form der »einigen Vier« geben. Dass es sie so geben kann
oder gibt, sei unableitbar: Das »Geviert« sei »weder durch Anderes
erklärbar noch aus Anderem ergründbar«. Es ereignet sich oder es

ereignet sich nicht. Heidegger verfolgt eine antimetaphysische Idee: Die »Welt« als »Geviert« hat keinen Grund in Gott, im Subjekt oder gar in der Natur. Sie existiert grundlos oder »abgründig«.

Aus der Grundlosigkeit entsteht für das Denken des »Gevierts« ein bestimmtes Problem. Heidegger muss es ganz aus sich selbst heraus erläutern. Das tut er in einer Mischung von phänomenologischen und narrativen Erklärungen. Zunächst betont Heidegger, dass jedes Element des »Gevierts« zwar einzeln betrachtet, nicht aber isoliert »gedacht« werden könne. Bezüglich der »Erde« lautet das folgendermaßen: »Sagen wir Erde, dann denken wir schon, falls wir denken, die anderen Drei mit aus der Einfalt des Gevierts.« (GA 79, 17) Die »Erde« sei nur sie selbst, wenn sie sich mit dem »Himmel, den Göttlichen und den Sterblichen« in einem Verhältnis befinde. Das ist ein phänomenologischer Hinweis, der an der »Erde« selbst verifiziert werden kann. Die »Erde« kann nur, wie der Philosoph sagt, die »Fruchtende« sein, wenn sie vom »Himmel« Regen empfängt. Mit der Fruchtbarkeit der »Erde« verbinden sich Geschichten von den »Göttlichen«. Heidegger wird an Hölderlins Hymne »Mutter Erde« gedacht haben. Die »Sterblichen« stehen u. a. so zur »Erde«, dass sie darin (jedenfalls im christlichen Kulturkreis) bestattet werden. Diese Beziehung, dass jeweils einer »der Vier« ohne »die anderen Drei« nicht »gedacht« werden könne, gilt für alle Elemente. Da sich im »Geviert« auf diese Weise immer vier in vier zugleich zeigen, sich vielfach gegenseitig spiegeln, nennt Heidegger die Gesamtheit dieser Beziehungen »Spiegel-Spiel« (GA 79, 18).

Warum das »Geviert« letztlich einen narrativen »Welt«-Begriff darstellt, lässt sich am besten hinsichtlich des Paares »der Göttlichen und der Sterblichen« zeigen. Heidegger charakterisiert »die Göttlichen« näher als die »winkenden Boten der Gottheit« (GA 79, 17). In dieser Bestimmung orientiert sich der Philosoph einerseits an der Gestalt des Engels. Die Engel (*angelloí*) sind die »Boten«, die sich nach christlicher Auffassung im Raum zwischen Gott und Mensch befinden und Gottes Ratschluss verkünden (z. B. die Empfängnis und Geburt Christi). Heidegger aber bezeichnet sie als »*winkende* Boten«. Ein »Wink« ist ein Hinweis auf etwas, das verborgen ist oder noch kommt. Das ist nach Heidegger die »Gottheit«. Sie sei jedoch nicht schon »der Gott« selbst, sondern so etwas wie eine Dimension, in die sich »der Gott« erst einfinden könne. So schreibt Heidegger:

»Aus dem verborgenen Walten dieser [der Gottheit, P. T.] erscheint
der Gott in sein Wesen, das ihn jedem Vergleich mit dem Anwesenden entzieht.« (GA 79, 17) Die »Göttlichen« sind also noch nicht
»der Gott«. Sie bereiten erst sein Kommen vor. Auch im »Geviert«
also herrscht ein eschatologisches Narrativ.

Das bestätigt Heideggers Erzählung der »Sterblichen«. In seinem
späteren Denken ersetzt Heidegger den Begriff des »Da-seins« mit
dem der »Sterblichen«. Seit *Sein und Zeit* hatte er im »Sein zum
Tode« eine für das »Dasein« zentrale »Seinsweise« gesehen. Zudem
konnte er sich bei der Übertragung des »Da-seins« zum »Sterblichen« an der griechischen Tragödie orientieren. Diese fasste von
den Mythen des Orakels von Delphi ausgehend den Menschen als
thnetós oder *brotós*, als ein im Unterschied zu den Göttern sterb-
liches Wesen. Platon und noch mehr Aristoteles haben diese tragischen Bestimmungen des Menschen abgelehnt. Auch das wird Heidegger angeregt haben, sie zu übernehmen.

Dass die Menschen die »Sterblichen« seien, bedeutet für Heidegger nicht, dass sie so oder so sterben müssen. Vielmehr seien sie
die »Sterblichen«, »weil sie den Tod als Tod vermögen«. Mit diesem
Gedanken wird der Tod wie schon in *Sein und Zeit* als eine positive
Möglichkeit der Existenz betrachtet. Wir »können« sterben, nicht
im Sinne einer ars morendi, aber doch im Sinne einer Offenheit für
den Tod. Und wenn Heidegger in dem Wort »vermögen« sogar das
»mögen« hören will, dann wird deutlich, dass der Tod in diesem
Sinne das »Wesen« des Menschen ausmacht, ein »Wesen«, das der
Mensch »mag«, weil er es ist.

Für Heidegger aber zeigt die Geschichte, dass der Mensch den
Tod noch keineswegs »vermag«. Im zweiten *Bremer Vortrag* über
das »Ge-Stell« schreibt er:

»Hunderttausende sterben in Massen. Sterben Sie? Sie kommen um. Sie
werden umgelegt. Sterben Sie? Sie werden Bestandstücke eines Bestandes
der Fabrikation von Leichen. Sterben sie? Sie werden in Vernichtungslagern unauffällig liquidiert. Und auch ohne Solches – Millionen ver-
elenden jetzt in China durch den Hunger in ein Verenden.« (GA 79, 56)

Der wohl kaum in jeder Hinsicht »unauffällige« Massenmord der
Shoah ist das Paradigma einer Auffassung vom Menschen, die Heid-

eggers Rede von den »Sterblichen« widerspricht. Für den Philosophen ist der Tod »in Massen« ein »grausig ungestorbener Tod«. Das Verbrechen galt nicht nur der Vernichtung des Lebens, sondern darüber hinaus des Todes. Dieser Gedanke, dass die Vernichtungslager nicht nur das Leben, sondern auch den Tod der Getöteten vernichtete, wird von Vielen geteilt. So schreibt z. B. Elie Wiesel in seiner Erzählung »Der Tod meines Vaters«:

> »Sein Tod hat ihm nicht einmal gehört, und ich weiß nicht, auf was ich ihn zurückführen, in welches Buch ich ihn eintragen soll. Es besteht keine Verbindung zwischen seinem Tod und dem Leben, das er geführt hat. Sein Tod, verloren in der Masse, hat nichts gemeinsam mit der Persönlichkeit, die mein Vater darstellte.«[14]

Die »Fabrikation von Leichen« ist für Heidegger ein Hinweis darauf, dass der Mensch »noch nicht der Sterbliche« sei (GA 79, 56). Das aber hat wichtige Konsequenzen für das »Geviert«. Seine Struktur ist, indem es »den Sterblichen« »noch nicht« gibt, unvollständig. Das führt überhaupt auf die Frage, ob nicht dasselbe für »Erde und Himmel« sowie für »die Göttlichen« gilt. Welchen ontologischen Status hat eigentlich das »Geviert«?

Die *Bremer Vorträge* beginnen mit einem Vortrag über das *Ding*, d. h. über das »Geviert«. Der zweite Vortrag handelt vom *Ge-Stell*. Indem Heidegger die Möglichkeit, dass der Mensch »der Sterbliche« sei, negiert, macht er deutlich, dass es im »Ge-Stell« kein »Geviert« gibt. Im »Ge-Stell« gibt es »Bestand«, doch keineswegs das »Ding«, das das »Geviert« in sich versammelt. In welchem Verhältnis stehen dann aber »Ge-Stell« und »Geviert«? Das »Geviert« ist die »Welt«,

---

[14] Elie Wiesel: Gesang der Toten. Erzählungen. Bechtle Verlag: München und Esslingen 1968, 7. Wiesels Vater starb in Buchenwald, also im Sinne der Differenzierung der Lagertypen in keinem Vernichtungslager. Arendt und auch Adorno teilen Heideggers Interpretation, dass der Tod »in der Masse« ein »ungestorbener« sei. Ich möchte an dieser Stelle ein Fragezeichen setzen: Das Sterben hat eine den Vergegenständlichungen der Situation, in der es stattfindet, absolut abgekehrte Seite. Wie kann man daher den in den Gaskammern gestorbenen Menschen absprechen, dass sie ihren Tod starben? Triumphiert nicht der Täter ein letztes Mal, wenn man ihm die Macht überlässt, den Tod »nehmen« zu können? Der Unterschied zwischen Heidegger, Arendt, Adorno und Wiesel besteht natürlich darin, dass Wiesel Zeuge wurde.

in der sich die »Verwindung der Technik« – die »Verwindung« des »Ge-Stells« – ereignet hat. Diese »Welt« wird vom »Ge-Stell« verhindert oder vielleicht sogar verweigert. Was verweigert wird, ist nicht unmöglich. Es kann nicht verwundern, dass Heidegger darauf hinweist, »jäh vermutlich« könne doch einmal die »Welt als Welt welten« (GA 79, 21).

Das »Geviert« gehört zur »Mytho-Logie des Ereignisses«, es ist eine »gedichtete« »Welt«. Auch das »Ge-Stell« ist eine mythische Denkfigur, vor allem wenn es im Verhältnis zum »Geviert« betrachtet wird. Doch: »Wie kann man wissen, was Geschichte ist, wenn man nicht weiß, was Dichtung ist [...].« (GA 76, 233) Erschließt sich aber die »Geschichte« wirklich nur, indem die »Dichtung« ihr ihre Sprache leiht? Der Satz steht über dem gesamten Denken Heideggers nach dem Beginn der dreißiger Jahre, nach dem Fund der »Geschichte des Seins«; er steht vielleicht sogar über allem, was Heidegger nach dem Ende des Ersten Weltkriegs zu sagen hatte. Es ist die »Dichtung« im weitesten Sinne, ein durch und durch poetischer Blick auf die philosophischen Probleme, die dieses Denken so produktiv gemacht hat. Seine »Wege«, sein Abweg in die »Irre«, sind nicht nur durch die »Dichtung« verursacht, der Gedanke selbst, dass das Denken ein »Weg« und eine »Irre« sein kann, ist poetisch gefärbt.

Die Frage ist, ob und wie die Philosophie des 21. Jahrhunderts an ein derartig narratives Denken anschließen kann. Die Nüchternheit, die heute die Diskurse der Philosophie beherrscht, scheint auf eine strikte Trennung von Mythos und Philosophie zu bestehen. Ist der Mythos überhaupt noch ein mögliches Thema? Was von Heidegger bleiben wird, ist absehbar: *Sein und Zeit*, die Vorlesungen, die das Hauptwerk vorbereiten und die auf es folgen. Doch das ist nur ein historisches, museales Faktum. »Das Entwachen in das Ereignis muß erfahren, es kann nicht bewiesen werden.« (GA 14, 63), sagt Heidegger einmal in einem seiner spätesten Texte. Die Philosophie muss über ihre historische Vermittlung hinausgehen. Das kann nur geschehen, wenn einer anfängt, zu philosophieren. Und vielleicht folgt ein solcher Anfang, der weder mit dem »ersten« noch mit dem »anderen« verwechselt werden kann, einem poetischen Impuls. Was über die historische Überlieferung von Heideggerschen Werken hinaus von diesem Denken bleiben wird, ist, dass Philosophie darin besteht, immer wieder anzufangen.

Wirkungen

Die Auswirkungen von Heideggers Philosophie auf das geistige Klima Europas und darüber hinaus der ganzen Welt sind unübersehbar. Heidegger ist einer der am meisten übersetzten deutschen Philosophen. Die aktuelle französische Philosophie ist ohne sie nicht zu verstehen.[1] Keine Geisteswissenschaft konnte sich dem Einfluss von Heideggers Denken entziehen, wenn sich auch die eine, wie z. B. die Literaturwissenschaft, mehr, die andere, wie z. B. die Geschichtswissenschaft, weniger beeindruckt zeigte. Das liegt auch daran, dass Heidegger eine große Anzahl von Schülern und Schülerinnen hatte, die selber wiederum großen Einfluss ausübten.

Ein besonderes Kapitel der Diskussionen um Heideggers Denken stellt das Verhältnis der sprachanalytischen Philosophie zu diesem Denktypus und seinen Nachfolgern dar. Ein Beispiel für die auf beiden Seiten bestehenden immensen Schwierigkeiten einer Annäherung ist *Rudolf Carnaps* schon 1932 erschienener Aufsatz *The Overcoming of Metaphysics through Logical Analysis of Language*. In diesem Text zeigt Carnap anhand einiger Sätze von Heidegger und Hegel, inwiefern diese Art und Weise des Denkens »meaningless«[2] sei. Die Sätze dieser Denker verfingen sich immer wieder in eigentümlichen Fallen der Sprache, denen keine von den »empirical sciences« erforschbaren »empirical facts« entsprechen. Darum bezeichnet Carnap ein solches Denken noch nicht einmal

---

[1] Dominique Janicaud: Heidegger en France. 2 Bde. Albin Michel: Paris 2001. Die aktuelle Situation in Frankreich wird von Namen wie Jean-Luc Nancy, Jean-Luc Marion oder auch Alain Badiou, der noch vor kurzem seine Seminare über Heidegger veröffentlichte (Alain Badiou: Heidegger. L'être 3 – Figure du retrait. 1986–1987. Fayard: Paris 2015), bestimmt.
[2] Rudolf Carnap: The Overcoming of Metaphysics through Logical Analysis of Language. In: Heidegger and Modern Philosophy. Yale University Press: New Haven and London 1978, 26f., 27f., 32, 33.

als »mere speculation« oder »fairy tales«, sondern als »phraseology«
und »pseudostatement«. Sie dürften lediglich als *expression of the
general attitude of a person toward life*«, also als der Ausdruck eines »Lebensgefühls«, gelten. In diesem Sinne charakterisiert Carnap
Denker wie Heidegger, Hegel oder auch Nietzsche als »musicians
without musical ability«. Der philosophische Graben, der zwischen
einem solchen Denken und Heidegger besteht, ist kaum zu über-
springen. In den aktuellen Kontexten der »Philosophy of Mind« ist
ein Anschluss an Heidegger daher auch kaum zu finden.

Hans-Georg Gadamer ist ein Schüler Heideggers aus der Marburger Zeit. Sein Hauptwerk *Wahrheit und Methode. Grundzüge
einer philosophischen Hermeneutik* von 1960 ist eine Fortsetzung
der »phänomenologischen Hermeneutik«, die Heidegger noch in
Sein und Zeit als den Kern seiner Methode darstellte. *Wahrheit und
Methode* beeinflusste in den sechziger Jahren die Geisteswissen-
schaften ingesamt. In Gadamers »Hermeneutik« wird das Auslegen
von Texten jedoch nicht mehr bloß als Methode verstanden. Für Gadamer ist das Philosophieren selbst ein Gespräch mit der »Überlieferung«. »Überlieferung« bringt sich nicht als ein reines Textcorpus
zur Erscheinung, sie muss vielmehr – und auch hier folgt Gadamer
einer Heideggerschen Intuition – »hermeneutisch erfahren«[3] werden. In dem Gedanken einer »eigentlichen Erfahrung« als Erfahrung der eigenen »Geschichtlichkeit« kehrt Heideggers Auslegung
einer in der »Eigentlichkeit« durchsichtig gewordenen »Faktizität
des Lebens« wieder.

Jacques Derridas Rezeption von Heideggers Philosophie ist
in seinen Texten allgegenwärtig, ohne als solche immer eindeutig
erkennbar zu sein. Im Zusammenhang von »Schrift«, »Text« und
»Sprache« erhellt Derrida einen von der Vorherrschaft des metaphysischen Denkens hervorgetriebenen »Logozentrismus« und »Pho-
nozentrismus«, die die ursprüngliche Bedeutung der »Schrift« und
des »Textes« *notwendig* verstellen.[4] Die ursprünglichere Bedeutung
der »Schrift« kann nicht als Grund oder Prinzip verstanden werden.
Sie bleibt vielmehr von der »différance«, einem Differieren im dop-

---

3   Hans-Georg Gadamer: Wahrheit und Methode. Grundzüge einer philosophischen Hermeneutik. J.C.B. Mohr: Tübingen ⁶1990, 363.
4   Derrida: Grammatologie. A.a.O., 16 f.

pelten Sinne als »aufschieben« und »verschieden sein«, d. h. von einem Grund verweigernden Grund bestimmt. Obwohl Heideggers Denken einerseits in der Geschichte des »Logozentrismus« verbleibt, beschreibt seine Philosophie den »Abschluss (*clôture*)« einer Epoche, aus der das Denken nicht herauszutreten vermag, indem es sie gleichzeitig verlassen hat. Die Beschäftigung mit dieser Epoche ist für Derrida ein Projekt der »Dekonstruktion«, eines Abbaus von Bedeutungen, die die »différance« verstellen, der aber gleichwohl von ihr her ermöglicht wird. Diese »Dekonstruktion« erhält bei Derrida einen eindeutig ethischen Sinn.

Emmanuel Lévinas hat einmal in einem Interview seine »Bewunderung und Enttäuschung«[5] gegenüber Heideggers Denken ausgedrückt. So betont er, dass mit Heidegger »die ›Verbalität‹ des Wortes Sein wiedererweckt worden« sei. Diese Geschehnishaftigkeit des »Seins« habe Heidegger als »Ereignis« gedacht. Die spezifische Verbindung zwischen der »Bedeutung von Sein als Verb« und dem Denken von Lévinas liegt darin, dass mit Heideggers Denken die Phänomenologie aus dem »Transzendentalen Programm« von Husserl ausschwenkte, um mit der Zeitlichkeit des »Seins« den Boden zu entdecken, auf dem praktische Fragen und Erfahrungen möglich wurden. Der hervorragende Gedanke von Lévinas, dass sich das »Selbst« des Subjekts durch den »Anspruch« des »Anderen« erst konstituiere, könnte mit Heideggers ständigen Denkversuchen, das »Ereignis« aus dem Entgegenkommen zweier Relata zu erklären, verbunden werden. Dagegen muss betont werden, dass trotz der in *Sein und Zeit* vollzogenen Analyse des »Mitseins« bei Heidegger der »Andere« bzw. sein Begriff als solcher nicht nur keine Rolle spielt, sondern darüber hinaus verhindert wird. Das »Sein« ignoriert den »Anspruch« des »Anderen«. Das zeigt Lévinas' Aufsatz »Heidegger, Gagarin und wir«[6].

Hannah Arendt, eine Schülerin und frühe Geliebte Heideggers, denkt vor allem in ihrem wichtigen Buch *Vita activa oder Vom tätigen Leben* aus dem Jahre 1960 in der Nähe seiner Philosophie der

5 Emmanuel Lévinas: Bewunderung und Enttäuschung. In: Antwort. Martin Heidegger im Gespräch. A.a.O., 163 ff.
6 Lévinas: Heidegger, Gagarin und wir. A.a.O.

Technik.[7] Doch diese Philosophie scheint auch ihre Arbeiten zur
Shoah wie z. B. ihr erstes großes Werk *Elemente und Ursprünge
totaler Herrschaft* von 1951 beeinflusst zu haben.[8] Gewisse Einsichten, die Arendt aus dem Denken Heideggers gewonnen und auf
ihren späteren Text *Eichmann in Jerusalem* übertragen hat, könnten
bei der starken Kritik, die dieses Buch traf, eine Rolle gespielt haben.[9]
    Im Jahre 1964 erscheint *Theodor W. Adornos* kritischer Text
Jargon der Eigentlichkeit. Der Titel bezieht sich auf Heideggers
Erörterung der »Eigentlichkeit« in *Sein und Zeit*. Mahnend schreibt
Adorno: »In Deutschland wird ein Jargon der Eigentlichkeit gesprochen, mehr noch geschrieben, Kennmarke vergesellschafte-
ten Erwähltseins, edel und anheimelnd in eins; Untersprache als
Obersprache.«[10] Was Adorno Heidegger vorwirft, ist ein unglaub-
würdiger »Provinzialismus« seines Denkens und ein ihm unterstell-
ter Glaube an das »Unmittelbare«, eine »Ideologie als Sprache, unter
Absehung von allem besonderen Inhalt«. Adorno richtet seine Kritik jedoch nicht nur auf Heidegger, sondern auch auf Philosophen
wie Otto F. Bollnow oder sogar Karl Jaspers. Neben diesen ideolo-
giekritischen Einwänden kommt Adorno auch zu philosophischen
Einsichten, so wenn er feststellt, dass im »Jargon der Eigentlichkeit«
»die tragenden Erfahrungen der Metaphysik bloß herabgemindert«
würden »zu einer Denkgewohnheit, die sie zum metaphysischen
Leiden sublimiert und vom realen Leiden« abspalte, »das sie veran-
laßte«. »Gegen dessen Bewußtsein« gehe »der ganze Haß des Jar-
gons«. In der Tat gibt es bei Heidegger eine seltsame Indifferenz
gegen das »reale Leiden« der Menschen.

---

[7]   Hannah Arendt: Vita activa oder Vom tätigen Leben. Piper Verlag: München u. Zürich 1981, 244 ff.
[8]   Arendt: Elemente und Ursprünge totaler Herrschaft. A.a.O., 913.
[9]   Arendts Erklärung der »Banalität des Bösen« basiert auf Eichmanns »Gedankenlosigkeit« (Hannah Arendt: Eichmann in Jerusalem. Ein Bericht von
der Banalität des Bösen. Piper Verlag: München u. Zürich 1986, 57: »Daß eine
solche Realitätsferne und Gedankenlosigkeit in einem mehr Unheil anrichten
können als alle die dem Menschen vielleicht innewohnenden bösen Triebe
zusammengenommen, war in der Tat die Lektion, die man in Jerusalem lernen konnte.«). Von der »Gedankenlosigkeit« handelt Heidegger ausführlich
in der 1954 veröffentlichten Vorlesung »Was heißt Denken?« (GA 8, 146).
[10] Theodor W. Adorno: Jargon der Eigentlichkeit. Suhrkamp Verlag: Frankfurt am Main 1964, 9, 44 ff., 65, 132, 135.

Günther Anders war zwischen 1921 und 1924 ein Schüler Heideggers. Erst im Jahr 2001 erschienen kritische Aufzeichnungen, die belegen, dass Anders sich über Jahrzehnte hinweg intensiv mit dem Denken seines Lehrers beschäftigt hatte. Ähnlich wie Lévinas moniert er, dass Heidegger zwar einerseits die Philosophie des 20. Jahrhunderts entscheidend vitalisiert, andererseits aber ethisch-politische Merkmale der menschlichen Existenz stark vernachlässigt habe. So habe Heidegger durch ein starres Festhalten an »*dem* Dasein« die Pluralität des freien Menschseins nicht berücksichtigt.[11] Zudem markiert der Kritiker an Heideggers Philosophie eine Blindheit für die basal-menschliche Bedürftigkeit des Leibes. Warum spreche Heidegger in *Sein und Zeit* von der »Geworfenheit«, wenn alles »Dasein« z. B. vom »Hunger« getrieben werde? Heideggers Spätwerk wird als »Sprach-Esoterik« und »Frömmigkeitsphilosophie« dekuvriert.

Eine marxistisch-leninistische Heidegger-Lektüre präsentiert *Georg Lukács* in seinem Buch »Die Zerstörung der Vernunft. Der Weg des Irrationalismus von Schelling zu Hitler«. Interessant ist, was Lukács zur »elementaren Geschichtlichkeit des ›Daseins‹«[12] zu sagen hat. Sie als »Grundlage für das Erfassen der Geschichte« anzusehen, sei »reine Spiegelfechterei«. Für Heidegger sei das »Urphänomen der Geschichte das Dasein«. Lukács schließt daraus ziemlich schief, dass so der Zusammenhang des »Erlebnisses« zum Grund der »Geschichtlichkeit« werde. Daraus entstehe eine »doppelte Verzerrung«. Erstens würden nicht »die historischen Tatbestände in der Natur« als das »Urphänomen der Geschichte« anerkannt, zweitens erkenne Heidegger nicht, dass sein »Urphänomen« eine »Folge des gesellschaftlichen Seins, der gesellschaftlichen Praxis der Menschen« sei. *Sein und Zeit* beziehe sich »auf die von der Krise des imperialistischen Kapitalismus der Nachkriegszeit hervorgerufenen seelischen Zustände«. In der Tat trifft Lukács damit einen Punkt. Heidegger hat die marxistische Überbau/Unterbau-Differenz niemals anerkannt. Das »gesellschaftliche Sein« musste stets in ein Narrativ transfor-

---

11 Günther Anders: Über Heidegger. Hrsg. von G. Oberschlick. C.H. Beck: München 2001, 61 ff., 278 ff.
12 Georg Lukács: Die Zerstörung der Vernunft. Der Weg des Irrationalismus von Schelling zu Hitler. Aufbau-Verlag: Berlin 1955, 406, 406 f., 399.

miert werden. Hätte es sich gezeigt, wie es war, hätte Heidegger es als »geschichtslos« betrachtet.

Heideggers Philosophie bildet einen nicht zu unterschätzenden Einfluss auf die Texte *Peter Sloterdijks*. Das zeigt sich vor allem in seiner Aufsatzsammlung *Nicht gerettet. Versuche nach Heidegger*. In einer Vorbemerkung schreibt er:

> »Die Leistung Heideggers – und ihretwegen die Unentbehrlichkeit seiner Stimme im Gespräch der gegenwärtigen mit den künftigen Zeiten – besteht nach meinem Dafürhalten darin, daß er unter dem Titel der Frage nach dem Sein zeitlebens an einer Logik der Verbindlichkeit gearbeitet hat, die, noch vor der Trennung zwischen Ontologie und Ethik, dem Widerspiel von losreißenden und verpflichtenden Tendenzen im Dasein der Sterblichen und Geburtlichen auf der Spur blieb.«[13]

Sloterdijks »Logik der Verbindlichkeit« ist jene »responsive« Struktur, die Heidegger von der Ausarbeitung der »ontologischen Differenz« ausgehend in den zentralen Figuren seines Denkens erläuterte. Heideggers Denken ist am »Ereignis des Ver-Hältnisses« (GA 86, 471) interessiert und sucht dieses überall auf, wo es möglich ist.

Ein ähnlich ethisches Interesse verfolgt *Jean-Luc Nancy* in seinem Aufsatz *Heideggers ›ursprüngliche Ethik‹*. Nancy ist der Ansicht, dass »nur ein blindes Lesen oder der komplette Verzicht auf die Lektüre hat glauben können, dass Heidegger ethische Fragestellungen fremd seien«[14]. Nancy erläutert, dass ein ethisches Handeln à la Heidegger in einer »Sinn-Eigenschaft des Seins« liege, »die genau genommen in einem Sinn-zu-machen-haben« bestehe »und nicht in der Verfügbarkeit eines gegebenen eigen(tlich)en Sinns«. Der »Nihilismus« erscheine dabei als »allgemeine Auflösung des Sinns«. Und so erklärt der Philosoph, dass »das Denken in seinem Sinne einer ›ursprünglichen Ethik‹« »das auf die Probe stellende Empfinden (*épreuve*) dieser absoluten Verantwortung für den Sinn« sei.

Ein wenig beachtetes, aber noch zu schreibendes Kapitel ist Heideggers Einfluss auf die »Medientheorie«, insbesondere hervorgeru-

---

[13] Peter Sloterdijk: Nicht gerettet. Versuche nach Heidegger. Suhrkamp Verlag: Frankfurt am Main 2001, 8 f.
[14] Nancy: Das nackte Denken. A.a.O., 104, 115, 132.

fen von *Friedrich Kittler,* der nachgerade schuldbildend gewirkt hat. Kittlers Untersuchungen zur Geschichte und Theorie des Mediums haben sich immer mehr Heideggers Philosophie genähert, die er ganz und gar affirmativ rezipierte. In der Heidegger-Forschung blieb diese Wirkung von Heideggers Denken bisher unbeachtet, nicht so in der Kittler-Forschung.[15]

Ein besonderer Aspekt der Wirkungsgeschichte von Heideggers Denken bildet sein Einfluss auf Dichterinnen und Dichter. Eine besondere Rolle spielt er nicht nur im Verhältnis von *Paul Celan* und *Ingeborg Bachmann,* die 1949 über Heidegger promovierte[16], sondern für Celan überhaupt. Heidegger schickte Celan schon in den fünfziger Jahren all seine Veröffentlichungen nach Paris, die Celan aufmerksam las. Heidegger schrieb 1967 an Gerhart Baumann: »Ich kenne alles von ihm, weiß auch von der schweren Krise, aus der er sich selbst herausgeholt hat, soweit dies ein Mensch vermag.«[17] Celan besuchte im selben Jahr Heidegger in Todtnauberg. Aus diesem Besuch entstand das gleichnamige berühmte Gedicht.[18] Die Begegnung wurde mythisiert.[19] In einem nicht datierten Briefentwurf schrieb Celan:

»Heidegger
… daß Sie (durch Ihre Haltung) das Dichterische und, so wage ich zu vermuten, das Denkerische, in beider ernstem Verantwortungswillen, entscheidend schwächen«[20]

---

15 Vgl. Kittler Now. Current Perspectives in Kittler Studies. Ed. by Stephen Sale and Laura Salisbury. Polity: Cambridge 2015.
16 Ingeborg Bachmann: Die kritische Aufnahme der Existentialphilosophie Martin Heideggers (Dissertation Wien 1949). Piper Verlag: München und Zürich 1985.
17 Gerhart Baumann: Erinnerungen an Paul Celan. Suhrkamp Verlag: Frankfurt am Main 1992, 59f.
18 Paul Celan: Lichtzwang. Suhrkamp Verlag: Frankfurt am Main 1970, 29f.
19 Alain Badiou: Manifest für die Philosophie. Verlag Turia + Kant: Wien ²2010, 79f.
20 Zitiert bei Axel Gellhaus: »… seit ein Gespräch wir sind …«. Paul Celan bei Martin Heidegger in Todtnauberg. Spuren 60. Deutsche Schillergesellschaft Marbach am Neckar 2002, 15. Vgl. dazu auch Peter Trawny: Celan und Heidegger. Noch einmal. In: Heidegger, die Juden, noch einmal. A.a.O., 233–250.

Als im Jahre 1993 Botho Strauß' Essay *Anschwellender Bocksge-sang* erschien, schlug in den Feuilletons genauso schnell Empörung hoch, wie sie wieder abflaute. Mit diesem Text stellte Strauß eine Verbindung zu Heideggers und Ernst Jüngers Denken her, indem er schreibt: »Sie haben Heidegger verpönt und Jünger verketzert – sie müssen jetzt dulden, daß neben dem großen Schritt dieser Autoren, Dichter-Philosophen, ihr braver Insurgenteneifer wie eine trockene Distel übrigbleibt am Wegesrand.«[21] Auch später hat sich Strauß noch einmal mit Heideggers Spruch-Dichtung, wie sie im Band 81 der Gesamtausgabe veröffentlicht worden ist, beschäftigt. Strauß bemerkt, dass ihre Lektüre die »kommunikative Intelligenz einer Feuerprobe«[22] aussetze. Es handele sich »zugleich« um »ein Feuer, das einen Haufen zeitgeschichtlichen Müll« verbrenne. Es geschehe eine »Reinigung«.

In einem Interview von 1986 bekennt Peter Handke, dass es ihm darum gehe, »das Wort ›Welt‹ wieder an eine Stelle einfügen oder anfügen ... eine Stelle für es finden« zu können, »wo es aus dem Schatten wieder heraustritt ans Licht«. Diese Intention fühle er auch bei Heidegger, der es »ja [...] ungeheuer versucht«[23] habe. Zugleich jedoch distanziert er sich von der zu »dichten Fügung« der Worte in Heideggers Sätzen. Doch ist nicht nur ein inhaltlicher Anklang an Heideggers Denken zu hören, wenn Handke in teilweise identi-schem Wortlaut schreibt:

»Ein Flußübergang ließ sich spüren als Brücke; eine Wasserfläche wurde zum See; der Gehende fühlte sich immer wieder von einem Hügelzug, einer Häuserreihe, einem Obstgarten begleitet, der Innehaltende dann von etwas Leibhaftigem umgeben, wobei das Gemeinsame all dieser Dinge die gewisse herzhafte Unscheinbarkeit gewesen ist, eine Aller-

---

[21] Botho Strauß: Der Aufstand gegen die sekundäre Welt. Bemerkungen zu einer Ästhetik der Anwesenheit. Hanser Verlag: München u. Wien 1999, 66.
[22] Botho Strauß: Heideggers Gedichte. Eine Feuerprobe unserer kommu-nikativen Intelligenz: Zum einundachtzigsten Band der Gesamtausgabe. In: Heidegger und die Literatur. Hrsg. von Günter Figal und Ulrich Raulff. Vittorio Klostermann Verlag: Frankfurt am Main 2012, 15.
[23] Peter Handke: Aber ich lebe von den Zwischenräumen. Ein Gespräch geführt von Herbert Gamper. Amman Verlag: Zürich 1987, 206.

welthaftigkeit: eben das Wirkliche, welches wie wohl nichts sonst jenes Zuhause-Gefühl des ›Das ist es, jetzt bin ich endlich hier!‹ ermöglicht.«[24]

Einen Einschnitt in der Wirkungs- und Rezeptionsgeschichte von Heideggers Philosophie stellt die Veröffentlichung der ersten neunzehn *Schwarzen Hefte* im Jahr 2014 dar. Den Ausschlag gaben weniger Äußerungen, die Heideggers Nähe zum und Ablösung vom Nationalsozialismus belegen, sondern die Verwendung antisemitischer Stereotype im Zusammenhang des »seinsgeschichtlichen« Narrativs. *Victor Farías* hatte bereits 1989 in einer Studie über »Heidegger und den Nationalsozialismus«[25] eine erste internationale Diskussion über das problematische Thema losgetreten, war aber wegen seltsamer Irrtümer mit seiner Interpretation in der Heidegger-Rezeption eher wirkungslos geblieben. Mit dem im Jahre 2005 in Paris erschienenen Buch von *Emmanuel Faye* »Heidegger. Die Einführung des Nationalsozialismus in die Philosophie« machte die Diskussion um Heideggers politische Irrwege einen Quantensprung. Faye formuliert in diesem Werk eine Position, die die Veröffentlichung der *Schwarzen Hefte* zu bestätigen scheint. Für Faye habe Heidegger, »anstatt die Philosophie zu bereichern«, »ihre Zerstörung ins Werk gesetzt, indem er sie in den Dienst einer Bewegung« gestellt habe, »welche in der mörderischen Diskriminierung, durch die sie sich selbst am Leben hielt, und im Unternehmen der völligen Vernichtung, die sie durchführte, die radikale Negation aller Menschlichkeit wie auch allen Denkens«[26] darstelle. Doch wie schon Farías schwächt Faye seine Auslegung durch unnötige Spekulationen wie die, dass die »Annahme nicht absurd« sei, nach der »in den verborgenen Netzwerken des Nationalsozialismus, die auch heute

---

24 Peter Handke: Abschied des Träumers vom Neunten Land. Eine Wirklichkeit, die vergangen ist: Erinnerungen an Slowenien. Suhrkamp Verlag: Frankfurt am Main 1991, 13 f.
25 Farías: Heidegger und der Nationalsozialismus. A.a.O. Verwechslungen wie die, dass Farías das von Heidegger verwendete Zitat des Predigers Abraham a Sancta Clara aus dem 17. Jahrhundert »unser Friede ist soweit entfernt vom Krieg wie Sachsenhausen von Frankfurt« auf das Konzentrationslager nahe Berlin bezieht, während der Stadtteil von Frankfurt gemeint war, schwächten die Position des Autors.
26 Emmanuel Faye: Heidegger. Die Einführung des Nationalsozialismus in die Philosophie. Matthes & Seitz: Berlin 2009, 13, 203.

noch schlecht erforscht« seien, »Heidegger eine gewisse Rolle beim
vorbereitenden Entwurf bestimmter Hitler-Reden« gespielt haben
könnte; eine These, die durch nichts belegt werden konnte.

Im Jahr 2010 veröffentlichte *Holger Zaborowski* sein ausführli-
ches Buch »›Eine Frage von Irre und Schuld?‹ Martin Heidegger und
der Nationalsozialismus«[27]. Der Autor reagiert auf Fayes schein-
bare Dekomplizierung mit einer Rekomplizierung. So zeige sich
bei der Betrachtung des sujets schnell, »wie komplex die Frage nach
dem Verhältnis zum Nationalsozialismus eigentlich« sei. »Letztlich«
gebe es »auch nicht einfach ›die‹ Frage nach Heideggers Verhältnis zum Nationalsozialismus«. Wer daher »historisch wie philosophisch redlich sich mit diesem Thema« beschäftige, werde »schnell
sehen, dass es mit den einfachen Antworten nicht getan« sei und,
»so viele Fragen nun auch beantwortet werden« könnten, »immer
auch viele Fragen« offen blieben. Inzwischen werden diese Positio-
nen durch *Donatella Di Cesares* Überlegungen übertroffen, die in
ihrem Buch »Heidegger, die Juden, die Shoah«[28] von einem »metaphysischen Antisemitismus« bei Heidegger spricht, den er allerdings
mit einer ganzen Reihe von Philosophen wie Kant, Fichte, Hegel
oder Nietzsche teile. Heidegger sei mit seinem Antisemitismus in die
Metaphysik, die er doch vorgibt, überwinden zu wollen, zurückge-
fallen. Die Diskussionen um Heideggers *Schwarze Hefte* sind noch
im Gang. Das Echo, das ihre Veröffentlichung national und inter-
national ausgelöst hat, beweist, dass Heideggers Denken nach wie
vor eine Schlüsselstellung im allgemeinen und öffentlichen Interesse
an der Philosophie einnimmt.

---

[27] Holger Zaborowski: »Eine Frage von Irre und Schuld?« Martin Heidegger und der Nationalsozialismus. S. Fischer Verlag: Frankfurt am Main 2010,
77 f.
[28] Donatella Di Cesare: Heidegger, die Juden, die Shoah. A.a.O., 256–262.
Ich selber spreche in meinem Buch »Heidegger und der Mythos der jüdischen Weltverschwörung. Vittorio Klostermann Verlag: Frankfurt am Main
³2015 von einem »seinsgeschichtlichen Antisemitismus«. Damit betreibe ich
auf keinen Fall eine »Sublimierung« (Habermas, Interview in Revue Esprit,
2015/8) von Heideggers Antisemitismus. Antisemitismus zu »sublimieren«,
ist unmöglich. Viel eher geht es um eine Entsublimierung der »Geschichte
des Seins«.

Biographische Daten
im historischen Kontext

»Das Leben – mein Leben, Dein Leben, Ihr Leben,
unser Leben wollen wir in seiner allgemeinsten Typik
kennenlernen und zwar so, daß wir in ihm verbleiben,
in ihm selbst *in seiner Weise* uns umsehen [...].«
(GA 58, 30)

26. 9. 1889 Martin Heidegger wird in der badischen Kleinstadt Meßkirch geboren. Zu dieser Stadt am südöstlichen Rand der Schwäbischen Alb und oberhalb des Bodensees wird er zeit seines Lebens eine innige Beziehung aufrecht erhalten. Im selben Jahr werden u. a. Ludwig Wittgenstein (26. 4.) und Adolf Hitler (20. 4.) geboren.

1909–1911 Studium der Theologie und Philosophie an der Universität Freiburg. Gustav Mahler stirbt in Wien und Arnold Schönberg komponiert in Berlin die *Sechs kleinen Klavierstücke op. 19*. Rainer Maria Rilke veröffentlicht 1910 *Die Aufzeichnungen des Malte Laurids Brigge*.

1911–1913 Studium der Philosophie, der Geistes- und Naturwissenschaften an der Universität Freiburg. Ernest Rutherford entwickelt 1912 das Atommodell.

1913 Promotion bei Arthur Schneider in Freiburg. In New York findet die *Armory Show* statt. Künstler wie Marcel Duchamp, Pablo Picasso oder Kasimir Malewitsch zeigen ihre Werke zum ersten Mal in den USA. Henry Ford führt in Detroit das Fließband ein. Igor Strawinskys *Le sacre du printemps* wird mit einem der größten Konzertskandale der Musikgeschichte in Paris uraufgeführt.

1914   Ausbruch des Ersten Weltkriegs. Am 3. 11. stirbt Georg Trakl in einem Militärhospital in Krakau. Heideggers Dissertation *Die Lehre vom Urteil im Psychologismus. Ein kritisch-positiver Beitrag zur Logik* erscheint. Militärdienst, von Ende 1915 bis Anfang 1918 bei der militärischen Postüberwachungsstelle in Freiburg, von Ende August bis Anfang November bei der Frontwetterwarte 414 (3. Armee).

1915   Habilitation bei Heinrich Rickert über *Die Kategorien- und Bedeutungslehre des Duns Scotus* (erscheint 1916). Albert Einstein publiziert die Allgemeine Relativitätstheorie.

1916   Heidegger veröffentlicht den Aufsatz *Der Zeitbegriff in der Geschichtswissenschaft*. Tritton und Wilson entwickeln in Großbritannien den ersten Panzer.

1917   Heirat mit Elfride Petri. Oktoberrevolution in St. Petersburg.

1918   Im November wird Heidegger zum Gefreiten befördert. Am 9. November verkündet Philipp Scheidemann von einem Fenster des Reichstags aus das Ende des Kaiserreichs.

1919   Privatassistent bei Edmund Husserl an der Universität Freiburg. 21. 1. 1919 Geburt des ersten Sohnes Jörg.

1920   20. 8. Geburt des zweiten (nicht leiblichen) Sohnes Hermann, des späteren ersten Nachlassverwalters. Ernst Jüngers *In Stahlgewittern. Aus dem Tagebuch eines Stoßtruppführers* erscheint in Leipzig im Selbstverlag. Am 23. 11. wird Paul Celan in Czernowitz geboren.

1922   Bezug der von Elfride Heidegger geplanten Hütte in Todtnauberg / Südschwarzwald. Die offizielle Fassung von Wittgensteins *Tractatus-logico philosophicus* erscheint in London. Am 31. 10. übernimmt Benito Mussolini in Rom die Herrschaft über Italien.

1923   Ordentlicher Professor ad personam auf einem außerordentlichen Lehrstuhl in Marburg. Rilke veröffentlicht die *Duineser Elegien*. 8./9. November Hitlerputsch scheitert in München.

1924 Hannah Arendt nimmt ihr Studium bei Heidegger in Marburg auf. Wladimir Iljitsch Lenin stirbt in Gorki bei Moskau.

1926 Hitlers *Mein Kampf* erscheint im zweiten Band in München. Der erste erschien ein Jahr zuvor. Rilke stirbt am 29. 12. in der Nähe von Montreux, am Genfer See. Am 1. 6. wird Norma Jean Baker alias Marilyn Monroe in Los Angeles geboren.

1927 *Sein und Zeit* erscheint im Rahmen des »Jahrbuchs für Philosophie und phänomenologische Forschung« in Halle. Umsetzung auf den ordentlichen Lehrstuhl für Philosophie in Marburg. Fritz Lang veröffentlicht den Film *Metropolis*.

1928 Nachfolger Husserls auf dem Lehrstuhl I in Freiburg. Einzug in das von Elfride gebaute Haus auf dem Rötebuck in Freiburg-Zähringen. Stefan Georges letzte Gedichte in *Das neue Reich* erscheinen. Am 6. 8. wird Andy Warhol in Pittsburgh geboren.

1929 Antrittsvorlesung *Was ist Metaphysik?*, die im selben Jahr veröffentlicht wird. Zugleich erscheint *Kant und das Problem der Metaphysik* und der Aufsatz *Vom Wesen des Grundes* in der Festschrift für Edmund Husserl zum 70. Geburtstag. Vladimir Zworykin erfindet in den USA die Kineskop-Röhre. In Davos diskutiert Heidegger mit Ernst Cassirer über Kant.

1930 Heidegger lehnt zum ersten Mal einen Ruf nach Berlin ab. Die NSDAP wird hinter der SPD zweitstärkste Partei. Erste Regierungsbeteiligungen in den Ländern. Am 15. 7. wird Jacques Derrida in El Biar / Algerien geboren. Max Schmeling wird am 12. 6. in New York zum ersten Mal Boxweltmeister.

1931 Ernst Ruska und Max Knoll bauen an der TH Berlin das erste Transmissionselektronenmikroskop. Heidegger beginnt, das Manuskript der *Überlegungen*, das erste der *Schwarzen Hefte*, zu schreiben.

1933 Hitler zum Reichskanzler ernannt. Heidegger wird fast einstimmig zum Rektor der Freiburger Universität bestellt. Eintritt in die NSDAP. Am 27. Mai des Jahres hält Heidegger seine Rektorats-rede mit dem Titel *Die Selbstbehauptung der deutschen Universität*. Seine Vorlesung im Sommer 1933 behandelt die *Grundfrage der Philosophie*. Ablehnung des zweiten Rufs nach Berlin sowie eines Rufs nach München. Am 4. 12. stirbt Stefan George in Minusio bei Locarno am Lago Maggiore. Hannah Arendt emigriert nach Paris.

1934   Rücktritt vom Rektorat. Vorlesung im Winter 1934/35 *Hölderlins Hymnen »Germanien« und »Der Rhein«*. 6./7. 1934 Röhm-Putsch, d. h. Ermordung der Führungsebene der SA (Sturmabteilung).

1935   Vorlesung im Sommer *Einführung in die Metaphysik*. Die *Nürnberger Rassegesetze* werden verabschiedet. Am 1. 12. wird Woody Allen in Brooklyn, New York, geboren.

1936   Veröffentlichung von *Hölderlin und das Wesen der Dichtung*. Erste Vorlesung über *Nietzsche: Der Wille zur Macht als Kunst* im Winter 1936/37. Heidegger arbeitet an den *Beiträgen zur Philosophie (Vom Ereignis)*, die erst 1989 erscheinen. Die Focke-Wulf Fw 61 erscheint in Bremen als der erste gebrauchsfähige Hubschrauber. In Berlin werden die Olympischen Sommerspiele ausgetragen. Alan Turing präsentiert die *Turingmaschine*. Am 5. 2. wird Charlie Chaplins Film *Modern Times* in den USA uraufgeführt.

1937   Die Legion Condor bombadiert *Guernica*, Picasso beginnt mit der Arbeit am gleichnamigen Gemälde. In Nanking kommt es im Zweiten japanisch-chinesischen Krieg zu einem Massaker der japanischen Armee an der chinesischen Bevölkerung. *Snow White and the Seven Dwarfs* von Walt Disney erscheint.

1938   Am 27. 4. stirbt Husserl in Freiburg. Im November kommt es zur *Reichspogromnacht*. Die sich ganz in der Nähe der Universität befindende Freiburger Synagoge wird niedergebrannt. In New York wird der Fotokopierer erfunden.

1939   Der Zweite Weltkrieg beginnt.

1940 Heidegger hält in einem kleinen Kollegenkreis an der Freiburger Universität Vorträge über Ernst Jüngers *Der Arbeiter. Herrschaft und Gestalt*. Jünger selbst dient als Kompaniechef am Westwall. Im Oktober werden in Freiburg Juden in das französische Lager Gurs deportiert. Am 9. 10. wird John Lennon in Liverpool geboren.

1941 *Hölderlins Hymne »Wie wenn am Feiertage...«* wird publiziert. Auschwitz-Birkenau wird gebaut. Der erste Düsenjäger der Welt, die Messerschmitt 262, entsteht in Augsburg. Konrad Zuse baut in Berlin die Z3, den ersten funktionsfähigen Computer. Hannah Arendt erreicht New York.

1942 Am 20. 1. treffen sich 15 hochrangige Funktionäre der NSDAP am Wannsee, um die *Endlösung der Judenfrage* zu besprechen. Heidegger liest über *Hölderlins Hymne »Andenken«*. *Platons Lehre von der Wahrheit* erscheint. Der Film *Die große Liebe* mit Zarah Leander, der bis heute erfolgreichste deutsche Film, kommt heraus. Am 6. 12. wird Peter Handke in Griffen, Kärnten, geboren.

1943 In Stalingrad wird die 6. Armee vernichtet. Der Vortrag und Aufsatz *Vom Wesen der Wahrheit* erscheint. Am 30. November wird der Heidegger-Übersetzer (*Vom Wesen des Grundes*) und Filmregisseur Terrence Malick (*The Thin Red Line*) in Waco, Texas, geboren.

1944 Die Westalliierten landen in der Normandie. Heidegger wird im November zum Volkssturm eingezogen, im Dezember wieder entlassen. Der größte Teil der Freiburger Altstadt wird durch Luftangriffe vernichtet. Am 20. 7. scheitert das Attentat des ehemaligen George-Schülers Claus von Stauffenberg, der am 21. 7. in Berlin hingerichtet wird. Es erscheinen die *Erläuterungen zu Hölderlins Dichtung*. Celans *Todesfuge* entsteht.

1945 Am 27. 1. wird Auschwitz-Birkenau von der Roten Armee befreit. Hitlers Tod. Bedingungslose Kapitulation Deutschlands. Der politische Bereinigungsausschuss empfiehlt, Heidegger mit der »Möglichkeit beschränkter Lehrtätigkeit« zu emeritieren. Die Wohnung der Familie Heidegger wird beschlagnahmt. Die Söhne Hermann und Jörg befinden sich in russischer Gefangenschaft. Die amerikanische Luftwaffe bombadiert Hiroshima und Nagasaki mit der Atombombe. Am 11. 9. wird Franz Beckenbauer geboren.

1946 Heidegger befindet sich zeitweilig in psychologischer Behandlung in Badenweiler. Der Senat der Universität Freiburg schlägt eine Emeritierung vor und erteilt keine Lehrerlaubnis. Auch die französische Besatzungsmacht verbietet Heidegger die Lehre. Er begegnet zum ersten Mal Jean Beaufret. Am 16. 10. werden in Nürnberg zwölf deutsche Hauptkriegsverbrecher, darunter Alfred Rosenberg und Julius Streicher, hingerichtet.

1948 Norbert Wiener veröffentlicht *Kybernetik. Regelung und Nachrichtenübertragung im Lebewesen und in der Maschine.*

1947 Es erscheint der sogenannte *Brief über den Humanismus* gemeinsam mit dem schon älteren Aufsatz *Platons Lehre von der Wahrheit.* Der jüngere Sohn Hermann kehrt aus russischer Gefangenschaft zurück. Thomas Mann veröffentlicht *Doktor Faustus.* Arnold Schönberg komponiert *A Survivor from Warsaw op. 46.*

1949 Das französische Lehrverbot wird aufgehoben. Heidegger hält seine *Bremer Vorträge.* Der Sohn Jörg kehrt ebenfalls aus russischer Kriegsgefangenschaft zurück. Am 1. 10. proklamiert Mao Zedong die Volksrepublik China.

1950 Pensionierung. Wiederbegegnung mit Hannah Arendt. Die *Holzwege* werden veröffentlicht. Der japanische Film *Rashomon* von Akira Kurosawa erscheint.

1951 Emeritierung. Im Wintersemester 1951/52 und im darauf folgenden Sommer hält er seine letzte große Vorlesung *Was heißt Denken?,* die 1954 publiziert wird. Am 13. 7. stirbt Schönberg in Los Angeles.

1952 *Mohn und Gedächtnis* von Paul Celan erscheint.

1953 Stalin stirbt am 5. 3. in der Nähe von Moskau.

1954 *Vorträge und Aufsätze* erscheint. Deutschland wird in Bern zum ersten Mal Fußballweltmeister. In Obninsk (UDSSR) wird das erste Kernkraftwerk in Betrieb genommen.

1955 Heidegger hält den Vortrag *Qu'est-ce que la philosophie?* in Cerisy-la-Salle in der Normandie, der ein Jahr darauf veröffentlicht wird. Beaufret organisiert den Vortrag. Glenn Gould spielt zum ersten Mal Bachs *Goldberg-Variationen* ein.

1957 Der *Sputnik* erreicht von Baikonur aus die Erdumlaufbahn. Die Weltraumfahrt beginnt.

1958 Hannah Arendts *Elemente und Ursprünge totaler Herrschaft* erscheint in Deutschland. Heidegger nimmt *Der Satz der Identität* auf Schallplatte auf.

1959 *Unterwegs zur Sprache* und *Gelassenheit* erscheinen. Heidegger hält seinen letzten großen Hölderlin-Vortrag *Hölderlins Erde und Himmel* in München. Die Revolution in Kuba ist erfolgreich. Miles Davis veröffentlicht *Kind of Blue*.

1961 *Nietzsche I/II* erscheint. Die Berliner Mauer wird errichtet. Adolf Eichmann, ein Jahr zuvor in Argentinien vom israelischen Geheimdienst gefangengenommen, wird in Jerusalem zum Tode verurteilt. Hannah Arendt verfolgt den Prozess im Auftrag von *The New Yorker*. 1964 erscheint ihr Buch *Eichmann in Jerusalem. Ein Bericht von der Banalität des Bösen* in Deutschland. Ornette Coleman spielt *Free Jazz: A Collective Improvisation* ein.

1962 Heidegger hält in Freiburg seinen Vortrag *Zeit und Sein*, der 1969 in *Zur Sache des Denkens* veröffentlicht wird. Das Ehepaar Heidegger macht seine erste Griechenlandreise. Die erste englische Übersetzung von *Sein und Zeit* von John Macquarrie und Edward Robinson erscheint in New York. Am 5. 8. tötet sich Marilyn Monroe in Brentwood, Los Angeles. Im Oktober kommt es zur sogenannten »Kubakrise«. Sowjetische Mittelstreckenraketen sollen auf

Kuba stationiert werden. Heidegger kauft sich ein Grundig Röhren-radio (Type 88), um sich in Todtnauberg über die Weltgeschehnisse zu informieren. Andy Warhol malt *Campbell's Soup Cans.*

1965   Erste Verurteilungen in den sogenannten *Auschwitzprozessen.*

1966   Heidegger hält das für die französische Rezeption seines Denkens enorm wichtige erste Seminar in Le Thor ab. Er begegnet René Char. Unter den Teilnehmern des Seminars ist auch Giorgio Agamben.

1967   Heidegger spricht über die *Herkunft der Kunst und die Bestimmung des Denkens* in Athen. Er begegnet Paul Celan in Todt-nauberg. Die *Beatles* veröffentlichen *Sgt. Pepper's Lonely Hearts Club Band.* Am 2. 6. wird der Student Benno Ohnesorg in West-Berlin erschossen. Kurt Cobain wird am 20. 2. geboren.

1969   Am 21. 7. betritt Neil Armstrong als erster Mensch den Mond. Heidegger veröffentlicht *Die Kunst und der Raum.*

1970   Vermutlich am 20. 4. nimmt sich Paul Celan in der Seine das Leben. Die terroristische *Rote Armee Fraktion* wird u. a. von Andreas Baader und Ulrike Meinhof gegründet. Jimi Hendrix stirbt am 18. 9. in London. Franz Beckenbauer scheidet am 17. 6. in Mexiko (Mexiko-Stadt) mit der Nationalmannschaft im Halbfinale der Weltmeisterschaft im sogenannten »Jahrhundertspiel« gegen Italien (3 : 4 n. V.) aus.

1975   Die »Gesamtausgabe« beginnt zu erscheinen. Pink Floyd ver-öffentlicht *Wish you were here.*

1976   Am 26. 5. stirbt Heidegger in Freiburg-Zähringen im eige-nen Haus. Am 8./9. 5. erhängt sich Ulrike Meinhof in ihrer Zelle in Stuttgart-Stammheim. Am 1. 4. gründen Steve Jobs und Steve Woz-niak die Firma *Apple.*

Literatur für das weitere Studium

Sophie-Jan Arrien: L'inquiétude de la pensée. L'herméneutique de la vie du jeune Heidegger (1919–1923). Puf: Paris 2014

Alain Badiou: Heidegger. L'être 3 – Figure du retrait. 1986–1987. Fayard: Paris 2015

Donatella Di Cesare: Heidegger, die Juden, die Shoah. Vittorio Klostermann Verlag: Frankfurt am Main 2016

Alfred Denker: Unterwegs in Sein und Zeit. Einführung in Leben und Denken von Martin Heidegger. Klett-Cotta: Stuttgart 2011

Jacques Derrida: Die Schrift und die Differenz. Suhrkamp Verlag: Frankfurt am Main 1976

Emmanuel Faye: Heidegger. Die Einführung des Nationalsozialismus in die Philosophie. Matthes & Seitz: Berlin 2009

Martin Heidegger: Eine gefährliche Irrnis. Jahresgabe der Martin-Heidegger-Gesellschaft 2008

Heidegger-Handbuch. Leben – Werk – Wirkung. Hrsg. von Dieter Thomä. J. B. Metzler: Stuttgart ²2013

Heidegger-Jahrbuch. Hrsg. von Alfred Denker und Holger Zaborowski. Karl Alber Verlag: Freiburg u. München 2004 ff.

Heidegger, die Juden, noch einmal. Hrsg. von Peter Trawny und Andrew J. Mitchell. Vittorio Klostermann Verlag: Frankfurt am Main 2015

»Mein liebes Seelchen!« Briefe Martin Heideggers an seine Frau Elfride 1915–1970. Hrsg. von Gertrud Heidegger. DVA: München 2005

Friedrich-Wilhelm von Herrmann: Wege ins Ereignis. Zu Heideggers »Beiträgen zur Philosophie«. Vittorio Klostermann Verlag: Frankfurt am Main 1994

Friedrich Hölderlin: Sämtliche Werke und Briefe. 3. Bde. Hrsg. von Michael Knaupp. Carl Hanser Verlag: München u. Wien 1992

Dominique Janicaud: Heidegger en France. 2 Bde. Albin Michel: Paris 2001

Kittler Now. Current Perspectives in Kittler Studies. Ed. by Stephen Sale and Laura Salisbury. Polity: Cambridge 2015

Emmanuel Lévinas: Gott, der Tod und die Zeit. Edition Passagen: Wien 1996

Reinhard Mehring: Heideggers Überlieferungsgeschick. Eine dionysische Inszenierung. Königshausen & Neumann: Würzburg 1992

Andrew Mitchell: The Fourfold: Reading the Late Heidegger. Northwestern University Press: Evanston, IL 2015

Jean-Luc Nancy: Heideggers ›ursprüngliche Ethik‹. In: Ders.: Das nackte Denken. Diaphanes: Zürich u. Berlin 2014, 103–149

Rüdiger Safranski: Ein Meister aus Deutschland. Heidegger und seine Zeit. Carl Hanser Verlag: München u. Wien 1994

Christian Sommer: Heidegger 1933. Le programme platonicien du Discours de rectorat. Hermann: Paris 2013

Dieter Thomä: Die Zeit des Selbst und die Zeit danach. Zur Kritik der Textgeschichte Martin Heideggers 1910–1976. Suhrkamp Verlag: Frankfurt am Main 1990

Peter Trawny: Adyton. Heideggers esoterische Philosophie. Matthes & Seitz: Berlin 2011

Peter Trawny: Heidegger und der Mythos der jüdischen Weltverschwörung. Vittorio Klostermann Verlag: Frankfurt am Main ³2015

Helmuth Vetter: Grundriss Heidegger. Ein Handbuch zu Leben und Werk. Felix Meiner Verlag: 2014

Holger Zaborowski: »Eine Frage von Irre und Schuld?« Martin Heidegger und der Nationalsozialismus. S. Fischer Verlag: Frankfurt am Main 2010

Marlène Zarader: La dette impensée. Heidegger et l'héritage hébraïque. Éditions du Seuil: Paris 1999

Siglen-Verzeichnis
zu den verwendeten Texten der im Verlag Vittorio Klostermann
erscheinenden »Gesamtausgabe« Martin Heideggers

GA 1   Frühe Schriften. Hrsg. von Friedrich-Wilhelm von Herrmann. Frankfurt am Main 1978

GA 2   Sein und Zeit. Hrsg. von Friedrich-Wilhelm von Herrmann. Frankfurt am Main 1977

GA 4   Erläuterungen zu Hölderlins Dichtung. Hrsg. von Friedrich-Wilhelm von Herrmann. Frankfurt am Main 1981

GA 5   Holzwege. Hrsg. von Friedrich-Wilhelm von Herrmann. Frankfurt am Main 1977

GA 7   Vorträge und Aufsätze. Hrsg. von Friedrich-Wilhelm von Herrmann. Frankfurt am Main 2000

GA 8   Was heißt Denken? Hrsg. von Paola-Ludovika Coriando. Frankfurt am Main 2002

GA 9   Wegmarken. Hrsg. von Friedrich-Wilhelm von Herrmann. Frankfurt am Main 1976

GA 11   Identität und Differenz. Hrsg. von Friedrich-Wilhelm von Herrmann. Frankfurt am Main 2006

GA 12   Unterwegs zur Sprache. Hrsg. von Friedrich-Wilhelm von Herrmann. Frankfurt am Main 1985

GA 13   Aus der Erfahrung des Denkens 1910–1976. Hrsg. von Hermann Heidegger. Frankfurt am Main 1983

GA 16   Reden und andere Zeugnisse eines Lebensweges. Hrsg. von Hermann Heidegger. Frankfurt am Main 2000

GA 19   Platon: Sophistes. Hrsg. von Ingeborg Schüßler. Frankfurt am Main 1992

GA 24   Die Grundprobleme der Philosophie. Hrsg. von Friedrich-Wilhelm von Herrmann. Frankfurt am Main 1975

GA 27   Einleitung in die Philosophie. Hrsg. von Otto Saame
           und Ina Saame-Speidel. Frankfurt am Main 1996
GA 29/30   Die Grundbegriffe der Metaphysik. Welt – Endlich-
           keit – Einsamkeit. Hrsg. von Friedrich-Wilhelm von
           Herrmann. Frankfurt am Main 1983
GA 35   Der Anfang der abendländischen Philosophie. Aus-
           legung des Anaximander und Parmenides. Hrsg. von
           Peter Trawny. Frankfurt am Main 2012
GA 36/37   Sein und Wahrheit. 1. Die Grundfrage der Philosophie.
           2. Vom Wesen der Wahrheit. Hrsg. von Hartmut Tietjen.
           Frankfurt am Main 2001
GA 38   Logik als die Frage nach dem Wesen der Sprache. Hrsg.
           von Günter Seubold. Frankfurt am Main 1998
GA 39   Hölderlins Hymnen »Germanien« und »Der Rhein«.
           Hrsg. von Susanne Ziegler. Frankfurt am Main 1980
GA 40   Einführung in die Metaphysik. Hrsg. von Peter Jaeger.
           Frankfurt am Main 1983
GA 53   Hölderlins Hymne »Der Ister«. Hrsg. von Walter Bie-
           mel. Frankfurt am Main 1984
GA 54   Parmenides. Hrsg. von Manfred S. Frings. Frankfurt am
           Main ²1992
GA 55   Heraklit. 1. Der Anfang des abendländischen Denkens.
           2. Logik. Heraklits Lehre vom Logos. Hrsg. von Man-
           fred S. Frings. Frankfurt am Main ³1994
GA 56/57   Zur Bestimmung der Philosophie. 1. Die Idee der Phi-
           losophie und das Weltanschauungsproblem. 2. Phäno-
           menologie und transzendentale Wertphilosophie. Hrsg.
           von Bernd Heimbüchel. Frankfurt am Main ²1999
GA 58   Grundprobleme der Phänomenologie (1919/20). Hrsg.
           von Hans-Helmuth Gander. Frankfurt am Main 1993
GA 59   Phänomenologie der Anschauung und des Ausdrucks.
           Theorie der philosophischen Begriffsbildung. Hrsg. von
           Claudius Strube. Frankfurt am Main 1993
GA 60   Phänomenologie des religiösen Lebens. 1. Einleitung in
           die Phänomenologie der Religion. 2. Augustinus und
           der Neuplatonismus. 3. Die philosophischen Grund-
           lagen der mittelalterlichen Mystik. Hrsg. von Matthias

	Jung, Thomas Regehly und Claudius Strube. Frankfurt am Main 1995
GA 61	Phänomenologische Interpretationen zu Aristoteles. Einführung in die phänomenologische Forschung. Hrsg. von Walter Bröcker und Käte Bröcker-Oltmanns. Frankfurt am Main ²1994
GA 63	Ontologie (Hermeneutik der Faktizität). Hrsg. von Käte Bröcker-Oltmanns. Frankfurt am Main 1988
GA 65	Beiträge zur Philosophie (Vom Ereignis). Hrsg. von Friedrich-Wilhelm von Herrmann. Frankfurt am Main 1989
GA 66	Besinnung. Hrsg. von Friedrich-Wilhelm von Herrmann. Frankfurt am Main 1997
GA 69	Die Geschichte des Seyns. 1. Die Geschichte des Seyns (1938/40). 2. KOINON. Aus der Geschichte des Seyns (1939/40). Hrsg. von Peter Trawny. Frankfurt am Main 1998
GA 70	Über den Anfang. Hrsg. von Paola-Ludovika Coriando. Frankfurt am Main 2005
GA 73	1 und 2. Hrsg. von Peter Trawny. Frankfurt am Main 2013
GA 75	Zu Hölderlin – Griechenlandreisen. Hrsg. von Curd Ochwadt. Frankfurt am Main 2000
GA 76	Leitgedanken zur Entstehung der Metaphysik, der neuzeitlichen Wissenschaft und der modernen Technik. Hrsg. von Claudius Strube. Frankfurt am Main 2009
GA 79	Bremer und Freiburger Vorträge. Einblick in das was ist. Bremer Vorträge 1949. 2. Grundsätze des Denkens. Freiburger Vorträge 1957. Hrsg. von Petra Jaeger. Frankfurt am Main 1994
GA 86	Seminare Hegel – Schelling. Hrsg. von Peter Trawny. Frankfurt am Main 2011
GA 90	Zu Ernst Jünger. Hrsg. von Peter Trawny. Frankfurt am Main 2004
GA 94	Überlegungen II–VI (Schwarze Hefte 1931–1938). Hrsg. von Peter Trawny. Frankfurt am Main 2014
GA 95	Überlegungen VII–XI (Schwarze Hefte 1938/39). Hrsg. von Peter Trawny. Frankfurt am Main 2014

GA 96   Überlegungen XII–XV (Schwarze Hefte 1939–1941).
         Hrsg. von Peter Trawny. Frankfurt am Main 2014
GA 97   Anmerkungen I–V (Schwarze Hefte 1942–1948). Hrsg.
         von Peter Trawny. Frankfurt am Main 2015
NB   Phänomenologische Interpretationen zu Aristoteles.
         Ausarbeitung für die Marburger und die Göttinger Phi-
         losophische Fakultät (1922). Hrsg. von Günther Neu-
         mann. Vittorio Klostermann Verlag: 2013 (der soge-
         nannte *Natorp-Bericht*)
UK   Der Ursprung des Kunstwerkes. Hrsg. von Friedrich-
         Wilhelm von Herrmann. Vittorio Klostermann Verlag:
         Frankfurt am Main 2012

Register wichtiger Begriffe

(Seitenzahl nach ihrem ersten Auftauchen im Text)

Heidegger, die Juden, noch einmal

Herausgegeben von Peter Trawny
und Andrew J. Mitchell

2015. 256 Seiten.
ISBN 978-3-465-04245-7
Heidegger Forum 11
Auch als 𝕆 E-Book erhältlich

Ende Oktober 2014 organisierte das Martin-Heidegger-Institut in Wuppertal die erste internationale Tagung über Heideggers »Schwarze Hefte« in Deutschland. Im Frühjahr desselben Jahres hatte die Veröffentlichung der »Überlegungen«, der ersten Reihe der »Schwarzen Hefte«, gezeigt, dass Heidegger zwischen 1938 und 1941 in seinen Aufzeichnungen antisemitische Gedanken auftreten lässt. Es war und ist die Frage, welche Motive den Philosophen dabei leiteten. Wie sind jene Äußerungen zu verstehen? Wie weit betreffen sie Heideggers Denken überhaupt? Der Band versammelt die Resultate dieser Tagung. Er enthält Aufsätze von Jean-Luc Nancy, Donatella Di Cesare, Françoise Dastur u. a.

Vittorio Klostermann
Frankfurt am Main
Online: www.klostermann.de
E-Mail: verlag@klostermann.de

Donatella Di Cesare
Heidegger, die Juden, die Shoah

2016. 406 Seiten.
ISBN 978-3-465-04253-2
Heidegger Forum 12
Auch als E-Book erhältlich

In der aktuellen Diskussion um Martin Heideggers »Schwarze Hefte« spielt Donatella Di Cesares Buch »Heidegger, die Juden, die Shoah« eine zentrale Rolle. Es zeigt, dass Heidegger im Kontext einer langen Tradition des Antisemitismus in der Philosophie zu lesen ist, zu der auch Kant, Hegel und Nietzsche gehören. Der Philosoph schreibt dem Judentum eine spezifische Bedeutung in der Geschichte zu. Diese Bedeutung stellt sich als eine Anordnung von Stereotypen dar, die metaphysisch gerechtfertigt werden. Indem Heidegger die »Judenfrage« in sein Denken aufnimmt, fällt er also in ein metaphysisches Denken zurück. Di Cesare spricht deshalb von einem »metaphysischen Antisemitismus«. Zuletzt aber bildet die Shoah das Zentrum, auf das Heideggers Äußerungen bezogen werden. Das Buch ist auch ein Beitrag zur Frage nach der Verantwortung der Philosophie für die Vernichtung der Juden in Europa. Die deutsche Ausgabe ist erheblich erweitert und berücksichtigt bereits die »Schwarzen Hefte« der Jahre 1942 bis 1948. Donatella Di Cesare ist Professorin für Philosophie an der Universität La Sapienza in Rom.

Heidegger Forum

Vittorio Klostermann
Frankfurt am Main
Online: www.klostermann.de
E-Mail: verlag@klostermann.de